W0173741

Die Rückkehr der Engel

Pietro Bandini

Die Rückkehr der Engel

Von Schutzengeln, himmlischen Boten
und der guten Kraft, die sie uns bringen

Aus dem Italienischen von Timo Prohn

SCHERZ

Für A., in Dankbarkeit

Die Originalausgabe erschien unter dem
Titel «Il ritorno degli angeli» bei Mille Libri, Mailand.
Einzig berechtigte Übersetzung
aus dem Italienischen von Timo Prohn
Redaktion von Andreas Gößling, München

Erste Auflage 1995
Copyright © 1995 by Pietro Bandini. First published by
Mille Libri, Mailand. All Rights Reserved.
Alle deutschsprachigen Rechte beim Scherz Verlag, Bern,
München, Wien.
Alle Rechte der Verbreitung, auch durch Funk, Fernsehen,
fotomechanische Wiedergabe, Tonträger jeder Art und
auszugsweisen Nachdruck, sind vorbehalten.
Schutzumschlag von Graupner & Partner unter Verwendung
zweier Gemälde aus der Artothek, München.

Inhalt

Die Rückkehr der Himmelsboten

Obwohl ich mich seit Jahrzehnten mit Engelzeugnissen und -visionen, mit angelologischen Systemen und Debatten der gesamten dokumentierten Menschheitsgeschichte befasse, lag mir die Idee, ein Buch über Engel zu schreiben, lange Zeit fern. Der Gegenstand meines Interesses, ja meiner Leidenschaft schien meiner nüchternen Mitwelt entschieden zu fremd und entlegen zu sein, und soweit ich mich zurückerinnern kann, riefen meine engelkundlichen Forschungen überwiegend gutmütigen Spott hervor.

Als Privatgelehrter befinde ich mich in der glücklichen Lage, weder einen akademischen Lehrstuhl legitimieren noch weltliche Verleger zufriedenstellen zu müssen, indem ich meine in der Beschaulichkeit gewonnenen Erkenntnisse oder Spekulationen publiziere. Und so konnte ich mich, zwischen meinen Schreibstuben in Florenz und München wechselnd und hier und dort kleinere Forschungsreisen einschiebend, viele Jahre lang unbehelligt meiner zweifellos beflügelnden, in den Augen einer bodenständigen Mehrheit jedoch recht luftigen Liebhaberei hingeben.

Der plötzlich aufkommende «Engel-Boom», die jählings aufbrandende Welle der Publikationen zum himmlischen Thema traf niemanden weniger vorbereitet als mich. Auf einmal begehrten die Programmacher sämtlicher Medien – vom Fernsehen über Zeitschriften- und Buchverlage bis hin zu den Tageszeitungen, die veritable «Umfragen» zum Engelglauben in ihre Blätter hoben – nach Experten für die geflügelte Spezies. Damals verbrachte ich einige ziemlich aufreibende Wochen damit, Reporter und andere Medienbeauftragte abzuwehren, die sowohl in Florenz als auch in München meine Telefon- und Türglocken strapazierten. Um dies alles hinter mir zu lassen und eini-

engel
dänisch

engel
niederländisch

天
使
japanisch

aggelos
griechisch

Ängel
schweizerdeutsch

anjo
portugiesisch

enkeli
finnisch

anġlu
maltesisch

angel
spanisch

angel
mexikanisch

anĝelo
esperanto

malak
hocharabisch

Mal'ach
hebräisch

Malaika
suaheli

ange
französisch

angelo
italienisch

angel
russisch

ängel
schwedisch

gen vielversprechenden angelologischen Spuren nachzu-
gehen, reiste ich im Herbst 1994 nach Belgien.

Dort allerdings machte ich eine sonderbare Bekannt-
schaft, die meine Fluchtpläne sogleich wieder erschütterte.
Im Grunde ist der junge Mann, den ich in Br* kennenlernte
und der mir einige so verwirrende wie unvergeßliche Dinge
anvertraute, sehr viel eher als die gegenwärtige «Renaissance
der Engel» dafür verantwortlich, daß ich schließlich doch
dem Drängen eines namhaften Verlegers nachgab und mich
entschloß, vorliegende *Enzyklopädie der Engel* zu skizzieren.

Ich befreie mich vorab von dem Anspruch, eine «vollstän-
dige Geschichte» des Engelglaubens, der Überlieferung und
Legenden, der dokumentierten Visionen und angelologischen Systeme zu präsentieren. Diese Aufgabe würde alle
menschlichen Möglichkeiten bei weitem übersteigen und sowohl die Geduld wie die monetäre Großzügigkeit auch des
namhaftesten Verlegers dramatisch überfordern. Ich be-
schränke mich also auf einige zentrale Kapitel des so ergrei-
fenden wie tröstlichen und wahrscheinlich unergründlichen
Themas, mit einem gewissen Schwerpunkt in den biblischen
Epochen. Allen Leserinnen und Lesern, die in diesem Buch
Schilderungen der angelologischen Galaxien jenseits der jüdisch-christlichen vermissen, darf ich versichern, daß ich in
mir eine gewisse Entschlossenheit verspüre, dem vorliegenden Werk weitere dämonologische Bände folgen zu lassen.

Ohne Zweifel vermögen Poeten und Maler uns die Begegnung von Menschen und Geistwesen in ungleich strah-
lenderen Farben zu schildern als jede noch so redliche Gelehrsamkeit. Daher finden die Leserinnen und Leser auf den
folgenden Seiten eine Fülle künstlerischer Engelzeugnisse
eingestreut – eine leuchtende Spur der Himmelsboten, die
wie ein silbernes Band gestern und heute, Traum und Realität, Vision und Wirklichkeit verbindet.

Das letzte Wort auf diesen Blättern aber gebührt jenem,
der mich zum vorliegenden Buch anregte – oder sollte ich
sagen, *berief?*

Pietro Bandini, München/Florenz 1994/1995

Die Vertreibung aus dem Paradies, flämische Miniatur, 15. Jhdt.

Die Jacobsleiter, *Avignon-Schule*

Jenseits von Eden

Wächter-, Boten- und Racheengel
im Alten Testament

Das heroische Zeitalter des Alten Testamentes und seine wuchtige, oft grausame Archaik muten uns Heutige so faszinierend wie fremd an. Das gilt nicht zuletzt für das Engelbild der altbiblischen Schriften, denn unsere Vorstellungen vom Wirken und Wesen der Engel sind sehr viel stärker durch die Engelberichte des Neuen Testamentes und durch die Tradition der – insbesondere katholischen – sakralen Kunst geprägt.

Dagegen treten uns in der älteren jüdisch-christlichen Überlieferung – in den Schriften der *Genesis,* dem apokryphen *Henochbuch* oder in dem für Angelologen so ergiebigen *Buch Tobit* – machtvolle Engelsgestalten entgegen, die mit den kindlich-pausbäckigen Barockengeln oder mit den ätherisch schwebenden Wesen der Auferstehungsgeschichte wenig mehr gemein haben als den himmlischen Gattungsnamen.

Die Beziehung zwischen Menschen und Engeln ist, allgemein gesagt, schwieriger und spannungsvoller, als ihr Ruf dies vermuten ließe. Engel waren und sind für den Menschen durchaus nicht immer nur erbauliche Beschützer und Tröster. Vielmehr schwankt das menschliche Verhältnis zu den Engeln zwischen den Polen der Ehrfurcht, bewundernden Liebe und Dankbarkeit sowie des Neides, der Eifersucht und Empörung.

Oftmals ähnelt die Beziehung zwischen Engeln und Menschen dem Verhältnis zwischen Geschwistern, welche die gemeinsame Herkunft verbindet und die zugleich ein Unterschied hinsichtlich Alter und Weisheit trennt. Unermüdlich

Ja

Als der Herr mit mächt'ger
  Schwinge
Durch die neue Schöpfung fuhr,
Folgten in gedrängtem Ringe
Geister seiner Flammenspur.
Seine schönsten Engel wallten
Ihm zu Häupten selig leis,
Riesenhafte Nachtgestalten
Schlossen unterhalb den Kreis.
«Eh' ich euern Reigen löse»,
Sprach der Allgewalt'ge nun,
«Schwöret, Gute, schwöret, Böse,
Meinen Willen nur zu tun!»
Freudig jubelten die Lichten:
«Dir zu dienen, sind wir da!»
Die zerstören, die vernichten,
Die Dämonen, knirschten: «Ja.»

Conrad Ferdinand Meyer

sind die Engel damit beschäftigt, ihre törichten kleinen Menschengeschwister aus Notlagen zu befreien, vor drohenden Gefahren zu schützen, sie vor den Folgen unbedachten Handelns zu warnen oder in Stunden der Angst und Verzweiflung zu trösten. Doch dieses vorbildliche Verhalten der älteren, ungleich weiseren Brüder und Schwestern reizt die geretteten und beschämten Menschen immer wieder zu Auflehnung, Trotz und Spott. So sehr sie den Engeln nacheifern, so sehr können sie auch in Eifersucht entbrennen gegenüber den besseren und mächtigeren Verwandten. Denn während die Engel vom himmlischen Vater anscheinend ohne Vorbehalt geliebt werden, sind sie selbst, die Menschen, auf die Erde verbannt und müssen sich immer wieder aufs neue bewähren – von den Engeln beobachtet und bei jedem Fehltritt zwar beschützt, aber oft auch aufs peinlichste belehrt.

Doch wie wir sehen werden, sind umgekehrt auch die alttestamentarischen Engel über verschiedene Anfechtungen nicht immer gänzlich erhaben. Zuweilen lassen sie gar einen gewissen Überdruß an ihrer übermenschlichen Vorbildlichkeit erkennen und zeigen eine deutliche Neigung, auf die Stufe des Menschentums zurückzusinken – mit all seinen Vor- und Nachteilen der kompakteren Körperlichkeit und emotionalen Intensität, des begrenzteren Bewußtseins und des Anspruchs auf göttliche Nachsicht und Vergebung.

Wie könnte sich die *nachparadiesische* Beziehung zwischen Menschen und Engeln auch unkompliziert und spannungsfrei gestalten, nachdem sie mit diesem lange nachhallenden Mißton begann:

> Dann sprach Gott, der Herr: Seht, der Mensch ist geworden wie wir; er erkennt Gut und Böse. Daß er jetzt nicht die Hand ausstreckt, auch vom Baum des Lebens nimmt, davon ißt und ewig lebt! Gott, der Herr, schickte ihn aus dem Garten von Eden weg, damit er den Ackerboden bestellte, von dem er genommen war. Er vertrieb den Menschen und stellte

östlich des Gartens von Eden die Kerubim auf und
das lodernde Flammenschwert, damit sie den Weg
um Baum des Lebens bewachten. *(Genesis 3, 22-24)*

Tatsächlich ist dies die erste kanonische Erwähnung der Engel überhaupt: Die vornehmste Garde der himmlischen Herolde – die dem «ersten Chor» angehörenden Kerubim – stellt sich *East of Eden* in drohender Haltung auf, mit dem «lodernden Flammenschwert» bewaffnet, um den Ursündern Adam und Eva die Rückkehr in den Paradiesgarten zu verwehren – notfalls mit Gewalt, wie man folgern darf. Nach solch einem dramatischen Auftakt der alttestamentarischen Beziehung zwischen Menschen und Engeln kann es wirklich nicht verwundern, wenn diese noch längere Zeit zwiespältig und spannungsvoll bleibt.

Überdies wirft diese Ouvertüre eine Reihe geheimnisvoller Fragen auf: Haben Engel und Menschen bereits im Paradiesgarten zusammengelebt, ehe die Schlange so unheilvoll dazwischenfuhr? Wenn ja, wenn also schon Adam und Eva Schutz- und Wächterengel beigeordnet waren – haben diese nicht augenscheinlich in der ersten und so ungemein folgenreichen Krise versagt? Wo waren die Engel, als sich die Schlange, Eva und Adam zu jenem Geheimtreffen unter den Baum der Erkenntnis stahlen? War der Sündenfall demnach ein Vergehen nicht nur der Menschen – die das über den Baum verhängte Tabu brachen –, sondern auch der Engel, die ihre Schutz- und Wächterfunktion nicht erfüllten?

Als sodann «Gott, der Herr», indem er sich unzweifelhaft an die Engel wendet, den furchtbaren Fehlschlag kommentiert, läßt sich der vorwurfsvolle Unterton kaum überhören: «Seht, der Mensch ist geworden wie wir; er erkennt Gut und Böse. Daß er jetzt nicht die Hand ausstreckt, auch vom Baum des Lebens nimmt, davon ißt und ewig lebt!»

Dieses «geworden wie wir» scheint zu implizieren, daß die Engel genau diese Entwicklung verhindern sollten. Nachdem das offenbar mißglückt ist, tritt sozusagen Stufe zwei eines Notplanes in Kraft, der Paradiesgarten wird abgeriegelt,

Die Engel huldigen dem Schöpfer

Kaum hatte der Allmächtige geendet,
Als das gewaltige Heer der Engel laut
Mit einem Ruf aus Kehlen sonder Zahl,
Von seligen Stimmen süß erklingend, Freude
Bekundete, daß von dem Jubelschall
Der Himmel hallte und Hosannas laut
Die ewigen Gefilde füllten: tief
In Ehrfurcht neigen sie vor beiden Thronen
Sich nieder und in feierlichem Amt
Der Anbetung werfen die Kronen sie,
Aus Amarant und Gold gewirkt, zu Boden,
Aus Amarant, der unverwelklich blüht,
Die Paradiesblume, wie sie einst
Nah bei dem Baum des Lebens sich entfaltet,
Doch bald, entfremdet durch des Menschen Schuld,
Zurückgefunden hatte in den Himmel,
Wo sie noch grünt und blüht, den Lebensquell
Umschattend, und am Fluß der Seligkeit,
Der bernsteinfarben sein Gewässer durch
Die Himmelsmitte über Blumen, die
Elysisch dort gewachsen, hin ergießt.
Mit diesen, welche nie verblühen, binden
Die auserwählten Geister sich die Pracht
Der lichtumwundnen Strahlenlocken auf;
Nun aber lächelte von losen Kränzen,
In Massen hingestreut, die Himmelsflur;
Und wie ein Meer von Jaspis glühte rot
Darauf der Himmelsrosen Purpurschein.
Dann, wiederum gekrönet, faßten sie
Die immer reingestimmten Harfen an,
Die goldnen Harfen, welche köchergleich
Erglänzend ihnen dort zur Seite hingen,
Und leiteten den heiligen Gesang
Mit süßem Vorspiel schönster Klänge ein,
Verzückungen erweckend, und da blieb
Denn keine Stimme fern, es wußte wohl
Sich eine jede Stimme in das Ganze
Zu fügen; solcher Einklang herrscht im Himmel.

John Milton

die Menschen werden ausgesperrt – dies alles wiederum mit Hilfe der Engel, die demnach in dieser ganzen Angelegenheit eine recht zwiespältige Rolle gegenüber den Menschen spielen. Weit davon entfernt, Adam und Eva als Schutzengel zur Seite zu stehen, versagen sie zuerst in ihrer Wächterfunktion und wälzen sodann die gesamte Schuld auf das verjagte Menschenpaar ab.

Man könnte hier einwenden, daß dies eine zu «menschliche» Deutung der erhabenen Himmelsgestalten sei. Aber die Engel tragen – keineswegs nur in der alttestamentarischen Überlieferung – unverkennbar auch «menschlich-allzumenschliche» Züge, was uns ja überhaupt erst in die Lage versetzt, irgendeine Verbindung mit ihnen aufzunehmen. Sie sind ungleich weiser, mächtiger und bewußter als jedes Er-

Die Erschaffung der Engel, Holzschnitt, Nürnberg, 15. Jhdt.

denkind; ihr Blick blendet die Menschen; mit einem Flü-
gelschlag können sie Leben auslöschen oder Tote aufer-
wecken. Aber sie sind nicht vollkommen, nicht allwissend,
und ihre Macht ist nicht unbegrenzt. Aus göttlicher Höhe
und Vollkommenheit gesehen, mag die qualitative Differenz
zwischen den niedersten Engeln und den besten der Menschen sogar verschwindend gering sein. Jedenfalls treten uns
die alttestamentarischen Engel nicht nur oftmals in menschlicher Gestalt entgegen – gekleidet wie Menschen, ihre Flügel unter dem Gewand verbergend –, auch ihr Verhalten,
ihre Anfechtbarkeit und ihre augenscheinlichen Motive erinnern durchaus an vertraute Menschenart.

Hierzu eine denkwürdige Überlieferung, die anzudeuten
scheint, daß die Engel – diese ätherischen, heiligmäßigen
Himmelsbewohner – selbst der menschlichsten aller Versuchungen ausgesetzt seien: der Wollust.

Die Bosheit der Menschen
Als sich die Menschen über die Erde hin zu
vermehren begannen und ihnen Töchter geboren
wurden, sahen die Gottessöhne, wie schön die
Menschentöchter waren, und sie nahmen sich von
ihnen Frauen, wie es ihnen gefiel. Da sprach der
Herr: Mein Geist soll nicht für immer im Menschen
bleiben, weil er auch Fleisch ist; daher soll seine
Lebenszeit hundertzwanzig Jahre betragen. In jenen
Tagen gab es auf der Erde die Riesen, und auch später
noch, nachdem sich die Gottessöhne mit den
Menschentöchtern eingelassen und diese ihnen Kinder
geboren hatten. Das sind die Helden der Vorzeit, die
berühmten Männer.
(Genesis 6, 1-4)

Warum ist diese Passage der *Genesis* «Bosheit der Menschen»
überschrieben? Handelt sie nicht von der Wollust der «Gottessöhne», die sich mit «Menschentöchtern» vergnügen –
also von einem Akt, der sich so ohne weiteres als «boshaft»

nicht qualifizieren läßt und der überdies nicht von den Menschen, sondern von den Engeln ausgeht? In der kanonischen Überlieferung schließt sich an die zitierte Passage ein scheinbar klärender Absatz an, der das Rätsel allerdings auch nicht wirklich auflöst:

Vertreibung aus dem Garten Eden,
Basilica di San Zeno, Verona

> Der Herr sah, daß auf der Erde die Schlechtigkeit des Menschen zunahm und daß alles Sinnen und Trachten seines Herzens immer nur böse war. Da reute es den Herrn, auf der Erde den Menschen gemacht zu haben, und es tat seinem Herzen weh. Der Herr sagte: Ich will den Menschen, den ich geschaffen habe, vom Erdboden nehmen, mit ihm auch das Vieh, die Kriechtiere und die Vögel des Himmels, denn es reut mich, sie gemacht zu haben. Nur Noah fand Gnade in den Augen des Herrn. *(Genesis 6, 5-8)*

Dieses bittere Urteil Gottes, daß «alles Sinnen und Trachten» des Menschen «immer nur böse war», scheint unergründlich zu sein, zumal nur einen Satz davor erwähnt wird, daß ein beträchtlicher Teil der Menschenkinder Engel oder «Gottessöhne» zu Vätern habe. Und, abermals und seltsamer noch: Warum wird diese Bosheit allein auf dem Schuldkonto der Menschen verbucht? Obwohl das zitierte Gotteswort wiederum – wie vorher bei Sündenfall und Paradiesvertreibung – keinen offenen Vorwurf an die Adresse der Engel enthält, scheint es diese unterderhand auch in die finstere Vorgeschichte der Sintflut zu verstricken: Die Gottessöhne haben mit den Menschen Kinder gezeugt, und dennoch sind die Herzen der Menschen mit nichts als Bosheit erfüllt. Dennoch – oder gar *deswegen?*

   Mit etwas Glück werden wir später – bei der Betrachtung der apokryphen Schriften des Alten Testamentes – in dieser geheimnisvollen Frage ein wenig mehr Klarheit gewinnen. Zumindest aber deutet sich hier schon an, daß die Engel keineswegs immer ihre Rolle der erhabenen, weiseren älteren

Geschwister der Menschheit makellos zu spielen vermögen. Oder vielleicht muß man es so formulieren: Es spricht manches dafür, daß auch die Engel seit alttestamentarischen (oder noch früheren) Zeiten eine Entwicklung durchmessen, die mit der menschlichen Entwicklung – bei allen Unterschieden der Dimensionen und Voraussetzungen – grundsätzlich parallel verläuft. Dies würde bedeuten, daß der Bewußtseinsfortschritt und die energetische Metamorphose von Engeln und Menschen seit unvordenklicher Vorzeit in geheimnisvoller Weise miteinander verknüpft sind. Und es würde bedeuten, daß die Engel uns stets wie in einem magischen Spiegel erscheinen, durch die Jahrtausende in wechselnden Gestalten von wachsender Erhabenheit und Klarheit, die unser – menschheitliches oder persönliches – Ziel oder die Stufe unseres Weges in jeweils uns faßbaren Bildern spiegeln. Wir werden im Verlauf dieses Buches versuchen, diesen Gedanken von der einen oder anderen Seite zu beleuchten und so etwas anschaulicher werden zu lassen.

Jakobs Traum

Er sah eine Treppe, die auf der Erde stand und bis zum Himmel reichte. Auf ihr stiegen Engel Gottes auf und nieder. Und siehe, der Herr stand oben und sprach: Ich bin der Herr, der Gott deines Vaters Abraham und der Gott Isaaks. Das Land, auf dem du liegst, will ich dir und deinen Nachkommen geben. Deine Nachkommen werden zahlreich sein wie der Staub auf der Erde ... Ich bin mit dir, ich behüte dich, wohin du auch gehst, und bringe dich zurück in dieses Land. Denn ich verlasse dich nicht, bis ich vollbringe, was ich dir versprochen habe. Jakob erwachte aus seinem Schlaf und sagte: Wirklich, der Herr ist an diesem Ort, und ich wußte es nicht. Furcht überkam ihn, und er sagte: Wie ehrfurchtgebietend ist doch dieser Ort! Hier ist nichts anderes als das Haus Gottes und das Tor des Himmels.

(Genesis 28, 12-17)

Zu den sofort greifbaren Folgerungen zählt jedoch diese: Sowenig wie die Menschen sind die Engel unwandelbar. In den frühesten Überlieferungen treten sie uns in anderer Gestalt, mit anderen Eigenschaften entgegen als späterhin. Daher haften den Engeln der ältesten alttestamentarischen Schriften nicht nur etliche «menschliche» Züge noch an, in mancherlei Hinsicht erinnern sie gar an die archaischen Naturgeister und Dämonen, an die Hexen und Zauberer der vorchristlichen Mythen und Religionen.

Die frühesten Engelserscheinungen markieren den Übergang – oder, genauer gesagt, den hochdramatischen, bis heute unbegriffenen Wechsel – vom Mythos zur Frühgeschichte, von den matriarchalischen Naturreligionen zum heroisch-patriarchalischen Weltbild. Am einfachsten läßt sich diese unerhörte Revolution des Bewußtseins nachvollziehen, wenn man sich vorstellt, daß der *Blick* der Menschen, der bis dahin ehrfürchtig – also verehrend sowohl wie furchtsam – an der *Erde* haftete, sich auf einmal zum *Himmel* erhob und somit einen radikalen Wechsel von der Horizontalen zur Vertika-

len, von der sinnlichen zur geistigen Erfahrungsebene voll-
zog. Es ist unendlich viel über diesen unauslotbaren Qua-
litätssprung des menschlichen Bewußtseins spekuliert worden, und man darf vermuten, daß auch jener evolutionäre
Moment, da ein biologischer Urahn des *homo sapiens* sich
auf seine Hinterbeine erhob, nur ein *Gleichnis* für jenes Ereignis darstellt – und keine wirklich befriedigende *Erklärung.*
Jedenfalls müssen wir annehmen, daß jener Qualitäts-

*Adam und Evas Vertreibung aus
dem Paradies, Detail des Haywain-
Triptychons von Hieronymus Bosch,
ca. 1500-1502*

sprung nicht nur das *menschliche* Bewußtsein mit einer bis dahin ungekannten, zweifellos schockierenden Klarheit und Helligkeit erfüllte, sondern daß andere Wesenheiten parallel einen vergleichbaren Bewußtseinsschub erfuhren. Ob wir dieses so unerhört folgenreiche Ereignis als «Menschwerdung des Tieres» bezeichnen, ob wir es mit dem biblischen Sündenfall-Gleichnis erklären oder andere, phantasievoll erdachte Ursachen wie die «Phaeton»- oder «Atlantis»-Theorien bemühen wollen, bleibe jedem selbst überlassen. Tatsache ist immerhin, daß sich mit jenem kosmologiegeschichtlichen Moment die gesamte «Demographie und Dämonologie» unseres Planeten von Grund auf wandelt: Die ganzen Götter- und Völkerscharen der Naturdämonen und Waldgeister, der Erdgöttinnen und sonstigen irdisch-unterirdischen Wesenheiten sind plötzlich und seither vom Aussterben bedroht.

Jeder Engel ist schrecklich

Jeder Engel ist schrecklich. Und
    dennoch, weh mir,
ansing ich euch, fast tödliche
    Vögel der Seele,
wissend um euch. Wohin sind die
    Tage Tobiae,
da der Strahlendsten einer stand
    an der einfachen Haustür,
zur Reise ein wenig verkleidet und
    schon nicht mehr furchtbar;
(Jüngling dem Jüngling, wie er
    neugierig hinaussah).
Träte der Erzengel jetzt, der
    gefährliche, hinter den Sternen
eines Schrittes nur nieder und
    herwärts: hoch auf-
schlagend erschlüg' uns das eigene
    Herz. Wer seid Ihr? [...]

Rainer Maria Rilke

Ein zauberkundiger Engel: Raphael

Auch die «heidnische» Dämonologie kannte geflügelte, den Himmel bevölkernde Geistwesen, die dort jedoch noch in inniger Gemeinschaft mit den Naturgeistern lebten und deren Welt sehr viel eher als einer übernatürlichen Himmelssphäre zugehörten. Es scheint nun, daß zumindest eine gewisse *Klasse der alttestamentarischen Engel* aus der archaischen Gattung der *Naturdämonen* hervorgegangen ist, und zwar kraft des gleichen Bewußtseinssprungs oder der nämlichen energetischen Metamorphose, die auch die menschliche Spezies (im Moment der Erkenntnis, des Sündenfalls) erfuhr.

Der Moment, da Adam und Eva – aus Eden vertrieben – in den bis dahin rein naturhaften «Garten Erde» übertreten, bewirkt (oder verbildlicht) demnach eine schubhafte *Vergeistigung der Erde* und all ihrer Wesenheiten insgesamt.

Dies erklärt, wieso eine bestimmte Klasse von Engeln (wie wir nachher in den *Apokryphen* sehen werden) auf die Erde zurückkehren kann, um den Menschen uraltes – nicht ohne weiteres «engelhaftes» – Geheimwissen der Hexen, Zauberer und Schamanen in Erinnerung zu rufen: Diese Engel erinnern sich gleichsam selbst ihrer vorhimmlischen Herkunft und Vergangenheit als geflügelte Naturdämonen. Und es erklärt des weiteren, weshalb die Wundertaten der alttestamentarischen Engel so auffällig oft und genau dem uralten Liebes- und Fruchtbarkeitszauber aus den mythischen und matriarchalischen Naturreligionen gleichen.

Betrachten wir in diesem Zusammenhang eine der ausführlichsten und ergiebigsten Engelsschilderungen der (katholisch-) kanonischen Teile des Alten Testamentes. Der junge Tobias, Sohn des Tobit, wird in die Mysterien der Liebe eingeweiht, und zwar von keinem Geringeren als dem Erzengel *Raphael*, der ihm als Schutz- und Wächterengel zur Seite steht. Bemerkenswerterweise bedient sich auch der erhabene Raphael bei seinem Liebes- und Bannzauber (der die von der *Frau* ausgehende mörderische Gefahr bannen soll) uralter naturmagischer Praktiken aus eindeutig mythisch-matriarchalischer Zeit:

Die beiden kamen auf ihrer Reise abends an den Tigris, wo sie übernachteten. Als der junge Tobias im Fluß baden wollte, schoß ein Fisch aus dem Wasser hoch und wollte ihn verschlingen. Der Engel rief Tobias zu: Pack ihn! Da packte der junge Mann zu und warf den Fisch ans Ufer. Und der Engel sagte zu Tobias: Schneide den Fisch auf, nimm Herz, Leber und Galle heraus und bewahre sie gut auf! Der junge Tobias tat, was ihm der Engel sagte. Dann brieten sie den Fisch und aßen ihn.
Als sie weiterreisten und in die Gegend von Ekbatana kamen, fragte der junge Tobias den Engel: Asarja, lieber Bruder, wozu sollen die Leber, das Herz und die Galle des Fisches gut sein? Raphael antwortete:

> Wenn ein Mann oder eine Frau von einem Dämon
> oder einem bösen Geist gequält wird, soll man das
> Herz und die Leber des Fisches in Gegenwart dieses
> Menschen verbrennen; dann wird er von der Plage
> befreit. *(Tobit 6, 1-8)*

Auf ihrer Reise kehren die beiden bei Verwandten von Tobias
ein, und Raphael (den Tobias für einen gewöhnlichen Sterblichen namens Asarja hält) fordert seinen jungen Begleiter
dringlich auf, die junge Sara, die Tochter des Hauses, zu ehe-
lichen. Tobias jedoch, so unerfahren in der Liebe wie anscheinend noch ungefestigt im Glauben, weist dieses Ansin-
nen erschrocken zurück:

> Der junge Tobias antwortete: Asarja, Bruder, ich habe
> gehört, daß das Mädchen schon mit sieben Männern
> verheiratet war, daß aber alle im Brautgemach
> gestorben sind. Ich bin der einzige Sohn meines
> Vaters und habe Angst, daß ich ebenso sterben muß
> wie die anderen Männer, wenn ich das Brautgemach
> betrete. Ein Dämon liebt sie und bringt alle um, die
> ihr nahekommen ... Da sagte der Engel zu ihm:
> Erinnerst du dich nicht mehr, wie dein Vater dir
> aufgetragen hat, nur eine Frau aus deinem Volk zu
> heiraten? Darum hör jetzt auf mich, Bruder! Sie wird
> deine Frau werden. Und mach dir keine Sorgen
> wegen des Dämons! Noch in dieser Nacht wird sie
> deine Frau. Wenn du in das Brautgemach gehst,
> nimm etwas Glut aus dem Räucherbecken, leg ein
> Stück vom Herz und von der Leber des Fisches dar-
> auf, und laß es verbrennen! Sobald der Dämon den
> Geruch spürt, wird er fliehen und in alle Ewigkeit
> nicht mehr zurückkommen. Wenn du dann zu ihr
> gehst, steht beide auf und ruft den barmherzigen Gott
> an; er wird euch helfen und Erbarmen mit euch
> haben. Hab also keine Angst; das Mädchen ist schon
> immer für dich bestimmt gewesen ... Als Tobias das

hörte, faßte er Zuneigung zu dem Mädchen, und sein Herz gehörte ihr. *(Tobit 6, 14-19)*

Solcherart ermutigt, läßt sich Tobias bewirten, und dann ist der Augenblick für jenen Akt gekommen, der im christlichen Sprachgebrauch, seit Adam vom Baum der Erkenntnis aß, «das Weib erkennen» heißt. Dank der magischen Vorsorge des liebes- wie dämonenkundigen Engels geht alles gut aus:

Raphael führt Tobias und Sara nach Ninive, Zeichnung von Rembrandt (1601-1669)

> Nach der Mahlzeit führten sie Tobias zu Sara. Als er hineinging, erinnerte er sich an die Worte Raphaels; er nahm etwas Glut aus dem Räucherbecken, legte das Herz und die Leber des Fisches darauf und ließ sie verbrennen. Sobald der Dämon den Geruch spürte, floh er in den hintersten Winkel Ägyptens; dort wurde er von dem Engel gefesselt.
> Als Tobias und Sara in der Kammer allein waren, erhob sich Tobias vom Lager und sagte: Steh auf, Schwester, wir wollen beten, damit der Herr Erbarmen mit uns hat. Und er begann zu beten: … Du hast Adam erschaffen und hast ihm Eva zur Frau gegeben, damit sie ihm hilft und ihn ergänzt. Von ihnen stammen alle Menschen ab. Du sagtest: Es ist nicht gut, daß der Mensch allein ist; wir wollen für ihn einen Menschen machen, der ihm hilft und zu ihm paßt. Darum, Herr, nehme ich diese meine Schwester auch nicht aus reiner Lust zur Frau, sondern aus wahrer Liebe. Hab Erbarmen mit mir, und laß mich gemeinsam mit ihr ein hohes Alter erreichen. Und Sara sagte zusammen mit ihm Amen. Und beide schliefen die Nacht über miteinander.
> *(Tobit 8, 1-9)*

Bliebe zu erwähnen, daß Raguël, Saras Vater, sich morgens direkt nach dem Aufstehen in den Garten begibt, wo er mit düsterer Routine ein achtes Grab aushebt. Doch dieses Erdloch bleibt leer, denn der junge Tobias hat die Nacht mit

Der Metatron ist der Engel, der
Fürst des Angesichts, der Fürst des
Gesetzes, der Fürst der Weisheit,
der Fürst der Kraft, der Fürst
der Herrlichkeit, der Fürst des
Tempels, der Fürst der Könige,
der Fürst der Herrscher und der
Hohen und Erhabenen.

Otiot de Rabbi Akiba

der dämonenbesessenen Sara überlebt – dank der zauberkundigen Vorkehrungen des Engels Raphael, dessen hexenhafte Kenntnisse vom Gebrauch tierischer Eingeweide gewiß etwas älter sind als sein eigener Status als «Engel des Herrn».

Himmlische Feuermagie: Der «Engel des Herrn»

Mit seinem bescheidenen Auftreten und seinem eher harmlosen Natur- und Liebeszauber stellt Raphael – der als fröhlichster und geselligster der alttestamentarischen Engel gilt – in der heroischen Ära der Engelerscheinungen eine untypische Ausnahme dar. Während Raphael eher schon an die freundlich besorgten Himmelsboten des Neuen Testamentes erinnert, erscheinen die Engel in jener Epoche zumeist als furchterregende Wächter-, Kriegs- und Todesengel, die weder vor drastischen Drohungen noch vor gewaltsamen Eingriffen in die Menschenwelt zurückschrecken. Auffällig oft treten sie hierbei als Gebieter über das Element auf, das bis heute als Inbegriff zerstörerischer Kräfte gilt: das Feuer.

Mose weidete die Schafe und Ziegen seines Schwiegervaters Jitro, des Priesters von Midian. Eines Tages trieb er das Vieh über die Steppe hinaus und kam zum Gottesberg Horeb. Dort erschien ihm der Engel des Herrn in einer Flamme, die aus einem Dornbusch emporschlug. Er schaute hin: Da brannte der Dornbursch und verbrannte doch nicht. Mose sagte: Ich will dorthin gehen und mir die außergewöhnliche Erscheinung ansehen. Warum verbrennt denn der Dornbusch nicht?
Als der Herr sah, daß Moses näher kam, um sich das anzusehen, rief Gott ihm aus dem Dornbusch zu: Mose, Mose! Er antwortete: Hier bin ich. Der Herr sagte: Komm nicht näher heran! Leg deine Schuhe ab;

denn der Ort, wo du stehst, ist heiliger Boden. Dann
fuhr er fort: Ich bin der Gott deines Vaters, der Gott
Abrahams, der Gott Isaaks und der Gott Jakobs. Da
verhüllte Mose sein Gesicht; denn er fürchtete sich,
Gott anzuschauen. *(Exodus 3, 1-6)*

So beeindruckend der biblische Erzähler hier den himmlischen Feuerzauber schildert, so beiläufig wird andererseits ein
sehr viel bemerkenswerterer Umstand mitgeteilt: Der «Engel
des Herrn», der sich im lodernden Dornbusch manifestiert,
scheint niemand anderes als Gott selbst zu sein. Tatsächlich
geht bereits die älteste jüdische Überlieferung davon aus, daß
sich der Gott Jehova zu außergewöhnlichen Anlässen in der
Gestalt eines – meist menschenähnlichen – Engels offenbare.
So lesen wir im Talmud der Juden: «Der Metatron, der Engel
Jehovas, ist durch Wesenseinheit mit dem höchsten Gott verbunden.» Allerdings wird man der christlichen Lesart, daß
sich in solcher «Theophanie» – der Sichtbarwerdung Gottes –
die neutestamentarische Menschwerdung des Gottessohnes
Jesus ankündige, nicht ohne gewisse Zweifel folgen können:
Anders als der sanfte Messias des Christentums erscheint der
alttestamentarische Engel Jehovas durchweg als zorniger Rä-
cher und kriegerischer Beschützer, der die Verächter seiner
Gebote mit Tod und Verderben straft.

Bei der Flucht der Israeliten aus dem Land der Ägypter
spielt dieser «Engel Gottes» seine Macht mit irritierender
Skrupellosigkeit aus. Er stellt sich an die Spitze des Zuges
und setzt ein gewaltiges Naturspektakel in Szene – mit einer
«Feuer- und Wolkensäule», mit «Blitzen», die die Nacht erleuchten, «und der Herr trieb die ganze Nacht das Meer
durch einen starken Ostwind fort. Er ließ das Meer austrock-
nen, und das Wasser spaltete sich. Die Israeliten zogen auf
trockenem Boden ins Meer hinein, während links und rechts
das Wasser wie eine Mauer stand.» So wird der Pharao, der
die Flüchtigen verfolgt, mitsamt seiner Streitmacht ins Verderben gelockt und auf ein Zeichen Jehovas hin, der das Geschehen aus seiner «Feuer- und Wolkensäule» wie aus einer

Davids Dankgebet

Ich rufe: Der Herr sei gepriesen!, / und ich werde vor meinen
 Feinden gerettet.
Denn mich umfingen die Wellen des Todes, / mich
 erschreckten die Fluten des Verderbens.
Die Bande der Unterwelt umstrickten mich, / über mich fielen
 die Schlingen des Todes.
In meiner Not rief ich zum Herrn / und rief zu meinem
 Gott. / Aus seinem Heiligtum hörte er mein Rufen, / mein
 Hilfeschrei drang zu seinen Ohren.
Da wankte und schwankte die Erde, / die Grundfesten des
 Himmels erbebten. / Sie wankten, denn sein Zorn war
 entbrannt.
Rauch stieg aus seiner Nase auf, aus seinem Mund kam
 verzehrendes Feuer, / glühende Kohlen sprühten aus von ihm.
Er neigte den Himmel und fuhr herab, / zu seinen Füßen
 dunkle Wolken.
Er fuhr auf dem Kerub und flog daher, / er schwebte auf den
 Flügeln des Windes …
Da wurden sichtbar die Tiefen des Meeres, / die Grundfesten
 der Erde wurden entblößt / durch das Drohen des Herrn,
 vor dem Schnauben seines zornigen Atems.
Er griff aus der Höhe herab und faßte mich, / zog mich heraus
 aus gewaltigen Wassern.
Er entriß mich meinen mächtigen Feinden, / die stärker waren
 als ich und mich haßten.
Sie überfielen mich am Tag meines Unheils, / doch der Herr
 wurde mein Halt …
Ich verfolge meine Feinde und vertilge sie, / ich kehre nicht
 um, bis sie vernichtet sind.
Ich vernichte sie, ich schlage sie nieder, / sie können sich nicht
 mehr erheben, / sie fallen und liegen unter meinen Füßen …
Ich zermalme sie wie Staub auf der Erde, / wie Unrat auf der
 Straße zertrete, zermalme ich sie.

(2 Samuel 22, 4-43)

Sanssouci, Potsdam

Erzengel
Tobias,
(1446-14

Kommandozentrale beobachtet, mit Roß und Reiter im zurückflutenden Meer ersäuft. «Israel sah die Ägypter tot am Strand liegen. Als Israel sah, daß der Herr mit mächtiger Hand an den Ägyptern gehandelt hatte, fürchtete das Volk den Herrn.» *(Exodus 14, 19-30)* Sowenig dieser martialische «Engel Jehovas» dem Gottessohn des Neuen Testamentes ähnelt, sowenig sind – mit sehr seltenen Ausnahmen – auch die von ihm geschaffenen altbiblischen Engel durch jene Milde und verzeihende Güte der späteren katholischen Gottesboten charakterisiert.

Die Unduldsamkeit Jahwes, seine Neigung zur mörderischen Offenbarung, mag sich – einfach genug – mit der Tatsache erklären, daß seine Herrschaft in alttestamentarischer Zeit noch keineswegs gefestigt ist. Neben vielen anderen Göttern bedroht etwa zu Zeiten des Propheten Elija der «heidnische» Stammesgott *Baal* Jehovas Macht – ein Konflikt, der mit einem Feuerwunder-Wettbewerb beider Götter sowie mit Schwertern ausgefochten wird, bis auf seiten Jehovas als einziger Prophet Elija übrig geblieben ist *(1 Könige 18, 20ff.)*. Noch sehr viel drastischer greift der «Engel des Herrn» in das Geschehen ein, als der assyrische König Sanherib die Israelitenstadt Jerusalem attackiert. Zunächst läßt Jehova dem feindlichen König folgende Hohn- und Drohverse übermitteln:

Dich verachtet, dich verspottet / die Jungfrau, die
Tochter Zion.
Die Tochter Jerusalem / schüttelt spöttisch den Kopf
über dich.
Wen hast du beschimpft und verhöhnt, / gegen wen
die Stimme erhoben, / auf wen voll Hochmut
herabgeblickt? / Auf den Heiligen Israels ...
Weil du gegen mich wütest / und dein Lärm meine
Ohren erreicht hat, / ziehe ich dir einen Ring durch
die Nase / und lege dir einen Zaum in das Maul. /
Auf dem Weg, auf dem du herankamst, / treibe ich
dich wieder zurück. *(2 Könige 19, 21-28)*

Soweit die göttliche Botschaft – der sogleich mörderische Taten folgen:

> In jener Nacht zog der Engel des Herrn aus und
> erschlug im Lager der Assyrer hundertfünfundachtzig-
> tausend Mann. Als man am nächsten Morgen
> aufstand, fand man sie alle als Leichen. Da brach
> Sanherib, der König von Assur, auf und kehrte in sein
> Land zurück. *(2 Könige 19, 35f.)*

Auch wenn uns die biblischen Erzähler immer wieder versichern, diese und weitere Bluttaten seien zum Wohle des auserwählten Volkes und aller Rechtgläubigen geschehen, reagiert der heutige Leser doch zumindest irritiert auf diesen bedenkenlosen Gebrauch einer göttlichen Macht, die im Effekt auf fatale Weise den Massenvernichtungswaffen unseres Jahrhunderts ähnelt. Wenn sich der Gott des Alten Testamentes als «Engel des Herrn» offenbart, so erweist er sich fast durchweg als Gott der Rache, des Zorns, als ein Todesengel, der Gnade und Skrupel zwar kennt, indes nur in seltenen Fällen mildernde Umstände anerkennt.

Der Zorn des Gottes, der die Feinde seiner Anhänger zu Hunderttausenden niedermetzelt, wirkt maßlos, doch das dahinterstehende Prinzip des «Auge um Auge» leuchtet immerhin auch uns Heutigen als archaische Form der «Gerechtigkeit» ein. Weitaus mysteriöser sind jene – im Alten Testament keineswegs seltenen – Vorfälle, bei denen Jehova persönlich seine treuesten Gläubigen «aufreizt», sich gegen seine Gebote zu versündigen. In Variation der paradiesischen Urszene werden die Gestrauchelten anschließend durch einen oder mehrere Engel, die Gottes Urteil exekutieren, für ein Vergehen bestraft, das Gott selbst durch unergründliche List provoziert hat. So ergeht es auch dem Goliath-Bezwinger David *(2 Samuel 24)*: «Der Zorn des Herrn entbrannte noch einmal gegen Israel, und er reizte David gegen das Volk auf und sagte: Geh, zähl Israel und Juda!»

Dieser Befehl ist paradox, da Gott den Israeliten zuvor

ebenso ausdrücklich die Zählung verboten hat, so daß König David – wie wir heute sagen würden – in eine ausweglose Beziehungsfalle gerät: Er kann den einen Befehl nicht ausführen, ohne gegen den anderen zu verstoßen. Nach der Volkszählung ergeht prompt das göttliche Strafurteil: Als Sühne für seinen (Un-) Gehorsam möge David zwischen «sieben Jahren Hungersnot in deinem Land», «drei Monaten, in denen dich deine Feinde verfolgen», oder einem dreitägigen Wüten der Pest in Israel wählen. David entscheidet sich für den Todesengel – also für die Pest – «und es starben zwischen Dan und Beerscheba siebzigtausend Menschen im Volk».

Nachdem Jehova seinem eigenen Volk dieses gewaltige Blutopfer abverlangt hat, folgt ein eigenartiger Akt göttlicher «Reue» und «Barmherzigkeit»:

> Als der Engel seine Hand gegen Jerusalem ausstreckte, um es ins Verderben zu stürzen, reute den Herrn das Unheil, und er sagte zu dem Engel, der das Volk ins Verderben stürzte: Es ist jetzt genug, laß deine Hand sinken! Der Engel war gerade bei der Tenne des Jebusiters Arauna. Als David den Engel sah, der das Volk schlug, sagte er zum Herrn: Ich bin es doch, der gesündigt hat; ich bin es, der sich vergangen hat. Aber diese, die Herde, was haben denn sie getan?
> *(2 Samuel 24, 16f.)*

Eine naheliegende Frage, auf die uns das Alte Testament keine ausdrückliche Antwort gibt. Aber indirekt vielleicht diese: Der «Engel Jehovas» des Alten Testamentes – und damit auch das streitbare Heer der von ihm geschaffenen, zumeist Tod und Verderben bringenden Engel – ist unermeßlich weit von den milden, sanften und harmlosen Gestalten des Neuen Testamentes, der katholischen Kirche und ihrer sakralen Kunst entfernt, die wir heute überwiegend mit dem Begriff «Engel» assoziieren.

Allerdings gibt es Ausnahmen, darunter die berühmte

Die drei Jünglinge im Feuerofen,
Mosaik im Kloster Hosios Lukas,
Griechenland

Rettung der «drei jungen Männer im Feuerofen» *(Daniel 3)*.
Zu Nebukadnezars Zeiten werden Schadrach, Meschach
und Abed-Nego, die sich weigerten, das Götzenstandbild an-
zubeten, in den «Feuerofen» geworfen, den der König so ge-
waltig schüren läßt, daß «die Flammen bis zu neunundvier-
zig Ellen hoch aus dem Ofen herausschlugen». Diesmal
erweist der «Engel Jehovas» seine Macht über das brennende
Element, indem er Flammen nicht auf die Erde herabschleu-
dert, sondern die vom Götzenkönig Nebukadnezar entfachte
Glut unschädlich macht. Daher gehen die scheinbar todgeweihten Juden unter lauten Gebeten und frommen Lobge-
sängen «in den Flammen umher»:

Aber der Engel des Herrn war zusammen mit Asarja und seinen Gefährten in den Ofen hinabgestiegen. Er trieb die Flammen des Feuers aus dem Ofen hinaus und machte das Innere des Ofens so, als wehte ein taufrischer Wind. Das Feuer berührte sie gar nicht; es tat ihnen nichts zuleide und belästigte sie nicht.
(Daniel 3, 49f.)

Noch und gerade in der zweiten Hälfte des 20. Jahrhunderts kann man diese uralte Textstelle schwerlich ohne Beklemmung lesen; die Frage, wo sich der «Engel des Herrn» aufgehalten habe, als die Juden im «Feuerofen» von Auschwitz und anderswo starben, beschäftigt seither nicht nur die Judenheit. Hatte sich Gott damals von seinen irdischen Geschöpfen abgewandt? Und was bedeutet vor diesem Hintergrund die Renaissance der Himmelsboten am Ende unseres Jahrhunderts – neue Hoffnung, eine weitere, vielleicht letzte Chance?

Der Gott des Alten Testamentes jedenfalls – und dies gilt dann erst recht für seine Engel – stellt sich oft genug als fehlbar, mit Schwächen behaftet, ja, zuweilen als geradezu wankelmütig dar. Ähnlich wie bei seinem paradoxen Befehl, David möge die Zählung der Israeliten zugleich durchführen und unterlassen, stellt er zuvor bereits dem Stammvater Abraham die unlösbare Aufgabe, seinen eigenen Sohn im «Brandopfer» zu töten (ohne zugleich gegen das Tötungsverbot zu verstoßen). Willfährig schichtet Abraham den Scheiterhaufen auf, bereit, Isaak zum Wohle des Herrn in die Flammen zu stoßen, da geschieht im letzten Moment eine himmlische Intervention:

Schon streckte Abraham seine Hand aus und nahm das Messer, um seinen Sohn zu schlachten. Da rief ihm der Engel des Herrn vom Himmel her zu: Abraham! Abraham! Er antwortete: Hier bin ich. Jener sprach: Streck deine Hand nicht gegen den Knaben aus, und tu ihm nichts zuleide! Denn jetzt weiß ich,

daß du Gott fürchtest; du hast mir deinen einzigen
Sohn nicht vorenthalten. *(Genesis 22, 10-12)*

Nach anderer Lesart war es nicht der «Engel des Herrn» –
also der sich offenbarende Gott selbst –, der im letzten Augenblick das blutige Opfer verhinderte. Vielmehr habe sich
der Erzengel Michael, der heroischste der alttestamentarischen Engel, gleichsam zwischen Abraham und Jahwe geworfen, um diesen Rückfall in heidnischen Menschenopfer-
kult zu verhindern. Trat somit an dem Ort Jahwe-Jire *(Der
Herr sieht)* Michael als Schutzengel auf, indem er Abraham
und Isaak vor ihrem (und seinem) eigenen Gott beschützte?
Es sind unauslotbare Fragen dieser Art, die der jüdischen Religion ihr labyrinthisches Gepräge verleihen. Dagegen weicht
die christliche Theologie, überwiegend auf das Neue Testament konzentriert, diesen paradoxen Fragen vielfach aus –
unter anderem mit der Folge, daß die heroischen, streitbaren
und oftmals grausamen Engelgestalten des Alten Testamentes im Christentum von jenen kitschigen Putten der katholischen Sakralkunst mehr und mehr überwuchert und ver-
drängt wurden. Der altbiblische Gott Jehova jedoch ist ein
Gott des Schwertes und des Feuers, der mörderischen Gewalt
und selbst der apokalyptischen Vernichtung, und seine Engel
sind zumeist nichts anderes als eine den Menschen furchtbar
überlegene Armee, die seine Urteile mit eiserner Konsequenz
vollstreckt.

Das führt uns zu Sodom und Gomorra.

*Kerubim bewachen die Bundeslade,
französische Miniatur, 14. Jhdt.*

Feuer und Schwefel: Der himmlische Holocaust

Die biblische Erzählung von Sodom und Gomorra gehört
ohne Zweifel zu den unheimlichsten und rätselhaftesten Passagen der Heiligen Schrift. Mochte sie Menschen früherer
Jahrhunderte als ein Gleichnis der ungeheuren göttlichen

Macht erscheinen, so lesen wir Heutigen diese Passage un-
willkürlich als poetisch verkleideten Bericht von grausig vertrauten Phänomenen wie Atomschlag und Holocaust. Hier
einige Auszüge aus dem Katastrophenprotokoll von Sodom
(*Genesis 19, 1-29*):

> Die beiden Engel kamen am Abend nach Sodom. Lot
> saß im Stadttor von Sodom. Als er sie sah, erhob er
> sich, trat auf sie zu, warf sich mit dem Gesicht zur
> Erde nieder und sagte: Meine Herren, kehrt doch im
> Haus eures Knechtes ein … Sie waren noch nicht
> schlafen gegangen, da umstellten die Einwohner der
> Stadt das Haus, die Männer von Sodom, jung und
> alt, alles Volk von weit und breit. Sie riefen nach Lot
> und fragten ihn: Wo sind die Männer, die heute
> abend zu dir gekommen sind? Heraus mit ihnen, wir
> wollen mit ihnen verkehren. Da ging Lot zu ihnen
> hinaus vor die Tür, schloß sie hinter sich zu und
> sagte: Aber meine Brüder, begeht doch nicht solch ein
> Verbrechen! Seht, ich habe zwei Töchter, die noch
> keinen Mann erkannt haben. Ich will sie euch heraus-
> bringen. Dann tut mit ihnen, was euch gefällt. Nur
> jenen Männern tut nichts an; denn deshalb sind sie ja
> unter den Schutz meines Daches getreten. Sie aber
> schrien: Mach dich fort!, und sagten: Kommt da so
> ein einzelner Fremder daher und will sich als Richter
> aufspielen! Nun wollen wir es mit dir noch schlimmer
> treiben als mit ihnen. Sie setzten dem Mann, nämlich
> Lot, arg zu und waren schon dabei, die Tür aufzu-
> brechen. Da streckten jene Männer die Hand aus,
> zogen Lot zu sich ins Haus und sperrten die Tür zu.
> Dann schlugen sie die Leute draußen vor dem Haus,
> groß und klein, mit Blindheit, so daß sie sich
> vergebens bemühten, den Eingang zu finden.

Auf drastische Weise wird hier dem Leser bedeutet, daß
Sodom und Gomorra die – bis heute sprichwörtlichen –

Philosophisches Wörterbuch

Diese Engel besaßen einen
physischen Leib; sie hatten Flügel
auf dem Rücken – ebenso wie
Merkur sie nach heidnischer
Auffassung an den Füßen hatte;
und bisweilen versteckten sie sie
unter ihrem Gewand. Und wie
hätten sie keinen Leib besitzen
können, wenn sie doch aßen und
tranken und wenn doch die
Einwohner von Sodom versuchten,
die Engel, die Lot besuchten,
geschlechtlich zu mißbrauchen?

Voltaire

Stätten des Lasters, des enthemmten und pervertierten Geschlechtstriebes seien. Zum Zeichen ihrer maßlosen Begierde sind die Männer von Sodom entschlossen, die soeben eingetroffenen «Fremden» sogleich ihrer Wollust dienstbar zu machen – woraufhin Lot, kaum weniger maßlos in seiner Gastfreundschaft, statt dessen die Auslieferung seiner jungfräulichen Töchter anbietet. Wenigstens ebenso irritierend ist allerdings die Vorstellung der sexuellen Vergewaltigung von Engeln durch Menschen.

Aber diese Engel verwirren und beunruhigen uns nicht nur durch ihre offenbar vollkommen menschenartige Leiblichkeit, sondern mehr noch durch ihre kriegerische Mission und ihre skrupellose Entschlossenheit, den ihnen erteilten Auftrag auszuführen. Als Geheimagenten Gottes sollen sie die Städte Sodom und Gomorra vernichten. An Bekehrung der Lasterhaften, an Versuche, sie durch Wundertätigkeit zu beeindrucken oder einzuschüchtern, selbst an die exemplarische Bestrafung einiger Rädelsführer wird diesmal kein Gedanke verschwendet. Einzig, als er die Sintflut beschwört, geht der alttestamentarische Gott noch grausamer vor als im Fall der Städte Gomorra und Sodom.

> Die Männer sagten dann zu Lot: Hast du hier noch einen Schwiegersohn, Söhne, Töchter oder sonst jemand in der Stadt? Bring sie weg von diesem Ort! Wir wollen nämlich diesen Ort vernichten; denn schwer ist die Klage, die über die Leute zum Herrn gedrungen ist. Der Herr hat uns geschickt, die Stadt zu vernichten …
> Als die Morgenröte aufstieg, drängten die Engel Lot zur Eile: Auf, nimm deine Frau und deine beiden Töchter, die hier sind, damit du nicht wegen der Schuld der Stadt hinweggerafft wirst. Da er noch zögerte, faßten die Männer ihn, seine Frau und seine

Die himmlischen Heerscharen *von Ridolfo Guariento, 14. Jhdt.* ▷

beiden Töchter an der Hand, weil der Herr mit ihm Mitleid hatte, führten ihn hinaus und ließen ihn erst draußen vor der Stadt los. Während er sie hinaus ins Freie führte, sagte er: Bring dich in Sicherheit, es geht um dein Leben. Sieh dich nicht um, und bleib in der ganzen Gegend nicht stehen! … Schnell, flieh dorthin; denn ich kann nichts unternehmen, bevor du dort angekommen bist.

Ähnlich wie Noahs Sippe und Gefolgschaft vor der Sintflut, werden einzig Lot und seine Familie evakuiert, ehe die Engel Vollzug melden und «der Herr im Himmel» gleichsam den atomaren Auslöser betätigt:

Als die Sonne über dem Land aufgegangen und Lot in Zoar angekommen war, ließ der Herr auf Sodom und Gomorra Schwefel und Feuer regnen, vom Herrn, vom Himmel herab. Er vernichtete von Grund auf jene Städte und die ganze Gegend, auch alle Einwohner der Städte und alles, was auf den Feldern wuchs. Als Lots Frau zurückblickte, wurde sie zu einer Salzsäule. Am frühen Morgen begab sich Abraham an den Ort, an dem er dem Herrn gegenübergestanden hatte. Er schaute gegen Sodom und Gomorra und auf das ganze Gebiet im Umkreis und sah: Qualm stieg von der Erde auf wie der Qualm aus einem Schmelzofen.

Dieser grausame Schlag, der noch den heutigen Gegnern sexueller Libertinage ein grimmiges Vergnügen bereitet, scheint mit dem christlich-neutestamentarischen Bild eines gütigen, verzeihenden Gottes und seiner milde gestimmten Engelscharen schlechterdings unvereinbar zu sein. Der Gott Jehova, der ganze Städte samt «allen Einwohnern» einäschert, ist eine fundamentalistisch agierende Gottheit, die

Engel-Aphorismus

Gefährlich ist es, den Menschen zu sehr darauf zu stoßen, wie sehr er dem Tiere gleicht, ohne ihm gleichzeitig seine Größe zu zeigen. Es ist auch gefährlich, ihm seine Größe ohne seine Niedrigkeit zu zeigen. Und noch gefährlicher ist es, ihn in der Unwissenheit über beides zu lassen. Aber sehr nützlich ist es, ihm beides vor Augen zu halten. Weder soll der Mensch meinen, er sei den Tieren gleich, noch er gleiche den Engeln …

Blaise Pascal

◁ *Engelfigur, San Miniato al Monte, Florenz*

Der Höllensturz *von*
Pieter Brueghel d. Ä., 1562

gegen eine abgefallene Sektion ihrer eigenen Kreaturen vorgeht, als gelte es, einen Vernichtungsschlag gegen einen ge-
fährlichen Widersacher zu führen. Manches spricht dafür, daß
dieser Widersacher, dem der mörderische Hieb gegen Sodom
galt, niemand anderes als der schwarze Engel Satan war.

Von dieser Nachtseite der Angelologie aber soll – mit aller
gebotenen Vorsicht – in einem späteren Kapitel die Rede
sein.

Engelmagie und Engelsturz

Die verborgene Angelologie der Apokryphen

Höchst aufschlussreiche Neuigkeiten über Herkunft und Wesen der Engel erwarten uns in den apokryphen Schriften, deren bunteste und volkstümlichste zu Recht den Namen *Schatzhöhle* trägt. Doch ehe wir diese Schätze genauer betrachten und prüfen, zunächst einige klärende Worte zu den geheimnisumwitterten «apokryphen Büchern» der Bibel selbst.

Der Begriff «bibloi apokryphoi» bezeichnet ursprünglich die «verborgenen Bücher» der Gnostiker, esoterische Geheimschriften, die der christlichen Kirche als Irrlehre galten. Mit wachsender Intoleranz, die ihren schaurigsten Ausdruck in den Marterkammern und Scheiterhaufen der Inquisition fand, ging die Kirche mehr und mehr dazu über, alle «nicht-kanonischen» als «apokryphe» Schriften zu bannen – ungeachtet der Frage, ob diese verbotenen Schriften häretische Gedanken oder bloß naiv-volkstümliche Legenden enthielten. Das erklärt, weshalb den «Apokryphen» bis heute etwas Dämonisches, Schwarzmagisches anzuhaften scheint – als ob diese aus dem biblischen Kanon ausgeschiedenen Schriften geheime Offenbarungen enthielten, welche die Kirche mit Bedacht vor ihren Gläubigen verberge.

Tatsächlich enthalten die apokryphen Bücher der Bibel – insbesondere die verborgenen Schriften des Alten Testamentes – zwar manche Überraschungen und erweisen sich insbesondere für den Angelologen als nahezu unerschöpfliche Schatztruhen voll kostbarer Engellegenden, angelologischer Systeme und Himmelsvisionen. «Verbotenes Wissen» oder gar dämonologische Geheimlehren aber wird man in den Apo-

Beschluß der Kirchenversammlung von Braga, 561 A.D.

Wer sagt, die Menschenseelen und die Engel bestünden aus Gottes Substanz, wie es manichäische und priscillanische Lehre ist, der sei ausgeschlossen.

kryphen ebenso vergeblich suchen wie in den kanonischen Teilen der Heiligen Schrift.

Weshalb Texte wie das äthiopische *Buch Henoch* oder das *Buch der Jubiläen* vom Judentum ebenso wie von den christlichen Konfessionen verworfen werden, ist nicht leicht zu verstehen. Manche dieser Ausgrenzungen waren das Ergebnis innerkirchlicher Macht- und Richtungskämpfe und wurden nach der endgültigen Festlegung des katholischen Kanons (1545) nicht mehr revidiert, obwohl sich der Bannspruch heutigen Gläubigen kaum mehr erschließt. In anderen Fällen leuchtet die Grenzziehung auch heute noch ein – so etwa bei der Erzählung vom «Leben Adams und Evas», die aufgrund ihres naiv-frommen Tons und schlichten geistigen Gehalts eher den volkstümlich-erbaulichen Heiligenlegenden ähnelt. Wie auch immer – selbst der heilige Kirchenvater Augustinus hat den Apokryphen zugestanden, daß sie (neben etlichen Irrtümern) auch manches Wahre enthielten. Und so begeben wir uns nun getrost auf die Suche nach Zeugnissen und Spuren der geflügelten Himmelsboten in den apokryphen Schriften des Alten Testamentes.

Friedhof in Montagnana, Italien

Im Zusammenhang mit den «verborgenen Büchern» begegnet man neben dem Begriff «apokryph» immer wieder auch den Termini «deuterokanonisch», «Septuaginta» und «pseudoepigraphisch», deren Verhältnis daher hier kurz erläutert sei. Die unterschiedlichen Bezeichnungen erklären sich aus der Tatsache, daß das Judentum, die katholische und die lutherische Konfession sich in der Hauptsache auf dieselben heiligen Texte beziehen, jedoch nicht alle Schriften des Alten Testamentes gleichermaßen als kanonisch anerkennen.

So umfaßt die *hebräische Bibel* der Juden 39 Bücher – sechs weniger als die *römisch-katholische Bibel*, deren Kanon im Jahr 1545 auf dem Konzil von Trient festgelegt wurde. Mit Rücksicht auf den jüdischen Katalog der Heiligen Schrift nennt die katholische Kirche ihre sechs ergänzenden Texte *deuterokanonisch*, also zweitkanonisch. Es sind dies die Bücher Tobias und Judit, das Buch der Weisheit, Jesus Sirach, Baruch und das 1. und 2. Buch der Makkabäer.

Da diese deuterokanonischen Schriften auch in der *Septuaginta* – der griechischen Übersetzung der Bibel – standen, findet man sie oft auch unter dem Begriff benannt.

Inspiriert von Hieronymus (ca. 345-420 n. Chr.), der die hebräische Bibel ins Lateinische übersetzt und seinerzeit dafür plädiert hatte, die Schriften der Septuaginta zu verwerfen, schied Martin Luther die deuterokanonischen Schriften aus dem protestantischen Kanon aus. Die *lutherische Bibel* umfaßt daher – ebenso wie die jüdische – 39 Bücher, und die «deuterokanonischen» Schriften der Katholiken heißen bei den Protestanten, ebenso wie bei den Juden, *Apokryphen*.

Die «Apokryphen» der Katholiken aber – jene Schriften, die weder in den ersten noch in den zweiten Kanon aufgenommen wurden – nennen die Lutheraner *Pseudoepigraphen*, da fast alle Verfasser dieser Bücher unter Pseudonymen schrieben.

Erschaffung und Aufgaben der Engel in den Apokryphen

Während sich die kanonischen Schriften zur Frage der Erschaffung der Engel ausschweigen, wird dieser Schöpfungsakt in den Apokryphen ausführlich und detailreich geschildert. Im *Buch der Jubiläen* finden wir eine wahrhaft erschöpfende Aufzählung aller Engel, die Gott am ersten Tag geschaffen habe. Es sind allerdings Kräfte und Gewalten, die weniger dem alt- oder gar dem neutestamentarischen Engelbild als vielmehr archaischen Vorstellungen von Naturgeistern und -dämonen ähneln:

> Und der Engel des Angesichts sprach zu Mose nach dem Worte Gottes, indem er sprach: Schreibe die ganze Geschichte der Schöpfung auf, wie Gott der Herr am sechsten Tag alle seine Werke und alles, was er geschaffen hat, vollendete und am siebenten Tage Sabbat hielt und ihn für alle Ewigkeiten heiligte und ihn zu einem Zeichen machte für all sein Werk. Denn am ersten Tage schuf er die Himmel droben und die Erde und die Wasser und alle Geister, die vor ihm dienen: Die Engel des Angesichts und die Engel der Heiligung und die Engel des Feuergeistes und die Engel des Windgeistes und die Engel des Geistes der Wolken, der Finsternis und des Schnees und des Hagels und des Reifs und die Engel der Stimmen und der Donnerschläge und der Blitze und die Engel der Geister der Kälte und der Hitze und des Winters und des Frühjahrs und der Erntezeit und des Sommers und aller Geister seiner Werke in den Himmeln und auf Erden und in allen Abgründen der Tiefe und aller Geister der Finsternis und des Abends und des Lichts und der Morgenröte und des Morgens, was er mit dem Wissen seines Herzens bereitet hat.

Erzengel Michael im Kampf mit dem Dämon, Radierung, Italien, 17. Jhdt.

Diese überraschende Gleichsetzung der «Engel» mit Naturgewalten und irdischen Erscheinungen stellt keineswegs die
abseitige Meinung eines vereinzelten Verfassers dar. Vielmehr
lesen wir in der *Schatzhöhle* – einer weiteren apokryphen
Schrift – die folgende Schilderung der «Erschaffung der
Welt», welche die Engel noch ausdrücklicher mit den Ele-
menten und Naturgewalten identifiziert:

> Am Anfang, am ersten Tag, dem heiligen Sonntag,
> dem Anfang und Erstgeborenen aller Tage, schuf
> Gott Himmel und Erde, Wasser, Luft und Licht,
> d.h. (!) die Engel und Erzengel, die Thronen, Fürsten,
> Herrschaften, Machthaber, Kerube und Seraphe,
> alle Ordnungen und Heere der Geister, ferner die
> Finsternis, das Licht, die Nacht, den Tag, die
> Winde und Stürme; alle diese wurden am ersten
> Tage geschaffen.

Diese Textstellen lassen immerhin erahnen, weshalb sich die
frühchristlichen Kirchenväter beeilten, Schriften wie das *Buch
der Jubiläen* und die *Schatzhöhle* aus dem Kanon der zuge-
lassenen Bücher zu verbannen. Die Engel des Alten Testamentes sind zumeist in himmlische Sphären entrückt und zeigen
sich nur in dramatischer Mission auf der Erde. Dagegen scheinen die Engel der Apokryphen mit den irdischen Verhältnissen eng verbunden, ja, teilweise fast verschmolzen zu sein.
   Die apokryphe Definition der Engel als eine Art Naturgeister hat immense Folgen für die ursprüngliche Rangordnung im Verhältnis zwischen Engel und Mensch: Sind die
Engel ein Heer der Wetter- und Erntegeister, der Wind-,
Licht- und sonstigen Naturdämonen, dann waren sie in der
ursprünglichen himmlischen Hierarchie zwangsläufig *dem
Menschen unterworfen*. Denn der Mensch, am sechsten Tag
als Vollendung und Abschluß des Schöpfungsaktes geschaffen, ist die gottesebenbildliche Kreatur, während die Engel
lediglich als Herrscher über einzelne Naturgewalten eingesetzt waren. Das Gebot «Macht euch die Erde untertan!»,

Erzengel aus der Apsis St. Georg,
Kurbinovo, Jugoslawien, 1191

von Jehova den ersten Menschen gegeben, unterwarf also auch zumindest die Engel, die als Oberste irdischer Gewalten geschaffen waren, dem Regiment des gottesebenbildlichen Menschen.

Obwohl diese Folgerung anscheinend größere Teile des vertrauten Erd- und Himmelsgebäudes auf den Kopf stellt, schrecken die apokryphen Erzähler vor ihr keineswegs zurück. Statt dessen wird die Unterwerfung der Engel unter die Herrschaft des Menschen im zuversichtlichen Tonfall der Volksfrömmigkeit als göttliches Gebot verkündet:

> Und die Engel und die Gewalten hörten die Stimme Gottes, der zu ihm sprach: «Adam! Ich mache dich jetzt zum König, Priester und Propheten sowie zum Herrn, Haupt und Führer aller geschaffenen Wesen und Geschöpfe. Dir dienen sie alle und sollen dein eigen sein; ich gab dir die Herrschaft über alles, was ich geschaffen habe.» Als die Engel dies Wort hörten, beugten sie alle die Knie und verehrten ihn.

In den apokryphen Schriften finden wir daher auch einige überraschende Antworten auf Fragen, die wir bisher – im Kontext der kanonischen Schriften – vergeblich zu klären versuchten: Wo waren die Engel, als sich Adam und Eva im Paradies aufhielten? Waren sie dort bereits den Menschen als Schutz- und Wächtergestalten beigeordnet? Haben somit, als die Schlange ihr tückisches Werk in Szene setzte, nicht die Engel ebenso wie die Menschen versagt?

Nebenher finden wir in der *Schatzhöhle* auch erste Antworten auf eine beunruhigende Frage, die uns insbesondere im folgenden Kapitel beschäftigen wird: Wie kam es zum Sturz jenes einstmals glänzendsten aller Engel, der unter dem Namen *Satanel* schaurige Berühmtheit erlangte? Die apokryphe Antwort ist so einleuchtend wie verblüffend:

> Als das Haupt der unteren Ordnung sah, welche Größe dem Adam gegeben worden war, beneidete er

ihn vom gleichen Tage an, wollte ihn nicht verehren und sprach zu seinen Mächten: «Verehret ihn nicht und preiset ihn nicht mit den Engeln! Ihm ziemt es, mich zu verehren, mich, der ich Feuer und Geist bin, und nicht mir, daß ich den Staub verehre, der aus einem Staubkörnchen gebildet ist.»

Dieser Rebellionsversuch führt zu der bekannten Verstoßung Satans, der von Jehova in unterirdische Höhlen verbannt wird. In der *Schatzhöhle* aber erhält diese Verstoßung einen besonderen dramatischen Akzent: Da das «Haupt der unteren Ordnung» – also Satan als Oberster der Natur- und Erdgeister – sich Adam nicht unterwerfen wollte, wird dieser gleichsam in Nachfolge Satanas als irdischer Regent eingesetzt:

Als der Satan vom Himmel gestoßen wurde, ward Adam erhöht, so daß er zum Paradies in einem feurigen Wagen hinauffuhr. Während nun die Engel vor ihm lobsangen, die Seraphe ihn heiligten und die Kerube ihn segneten, fuhr Adam unter Jubel und Lobgesang zum Paradies empor.

Eine wahrhaft erstaunliche Wendung: Die Heerschar der Engel, die wir aus den kanonischen Schriften nur als unermeßlich überlegene, die Menschen strafende oder rächende Gestalten kennen, huldigen Adam, dem gottesebenbildlichen Erdenherrscher, der gar im Engelswagen zum Paradies gefahren wird. Dieses «Hinauffahren» muß man sich nach den Apokryphen so vorstellen, daß sich der Garten Eden an der erhabensten Stelle der Gegend befand, also wohl auf einem Berggipfel ähnlich dem Olymp der Griechen, dem Himmel angenähert, aber doch noch auf der Erde. Und vieles spricht dafür, auch diese Installation des Paradiesgartens und die Inthronisation Adams als Gleichnis jenes «Evolutionssprungs» zu lesen, den uns bis heute keine Wissenschaft befriedigend erklären kann: Mit dem Sturz Satanels, des Er-

denfürsten der ersten Schöpfung, wurde auch die gesamte
Demographie und Dämonologie unseres Planeten umwälzend
geändert; es verschwand die ganze «satanische» Drachen-
und Saurierfauna, von der uns bis heute Mythen und Kno-
chenfunde künden, und statt dessen traten die Fauna und
Flora der neuen Schöpfung – mit dem Menschen als gedach-
ter «Krone» – auf den Plan.

Doch aus der *Schatzhöhle* erfahren wir auch, daß es mit
Adams Regentenherrlichkeit nur «neun Stunden» nach der
Erschaffung Evas schon wieder vorbei war …

Mit Flüchen und Trompeten:
Aus den Memoiren von Adam und Eva

Bereits von der Ahnung beschlichen, daß man ihre Schriften
dem Kanon nicht zuschlagen werde, versuchten die Verfasser
der Apokryphen, die Glaubwürdigkeit ihrer Berichte zu steigern, indem sie diese ehrwürdigen Propheten und Heiligen
zuschrieben. Das ging in einigen Fällen so weit, daß die
frommen Visionen und Erzählungen niemand Geringerem
als Adam und Eva selbst in den Mund gelegt wurden. Er-
freulicherweise können wir daher den Apokryphen weitläu-
fige Auszüge aus dem Erfahrungsbericht der Menschheits-
stammutter entnehmen. Während die alttestamentarische
Erzählung erst nach der Paradiesvertreibung einsetzt, schildert Eva in den Apokryphen aus eigener Anschauung die
dramatischen Ereignisse, die der Verstoßung unmittelbar
vorangingen:

> Und zur selbigen Stunde hörten wir den Erzengel
> Michael seine Trompete blasen und die Engel rufen:
> «So spricht der Herr: Kommt mit mir ins Paradies
> und hört den Spruch, mit dem ich Adam richten
> werde!» Als wir nun den Erzengel trompeten hörten,

dachten wir: Siehe, Gott kommt ins Paradies, uns zu richten. Daher fürchteten und verbargen wir uns. Da fuhr Gott zum Paradies auf dem Kerubwagen, und die Engel lobsangen ihm.

Das Engelskonzert, *Detail, von Phillipe de Champaigne, 17. Jhdt.*

Die Zeiten, da Seraphim und Kerubim auch dem Menschen huldigten, sind hier eindeutig bereits vorbei. Statt dessen nimmt Gott auf seinem Thron im Garten Eden Platz und verkündet einen wortreichen Urteilsspruch, der mannigfaltige Verwünschungen sowohl der Schlange als auch des sündigen Menschenpaares enthält und in der bekannten Verstoßungsformel gipfelt. Anders aber als in der *Genesis*, wo sich die Kerubim scheinbar ungerührt als Wächter «östlich von Eden» aufpflanzen, zeigen sie in Evas Schilderung Anflüge von verbliebener Loyalität gegenüber dem einstigen Engelregenten Adam:

> Nachdem er [Gott] dies gesagt, befiehlt er seinen
> Engeln, uns aus dem Paradiese zu treiben. Als wir nun
> unter Wehklagen fortgetrieben wurden, flehte euer
> Vater Adam die Engel also an: «Laßt mir ein wenig
> Zeit, daß ich Gott bitte und er Mitleid habe und sich
> meiner erbarme, denn ich allein habe gesündigt!»
> Und als sie aufhörten, ihn fortzutreiben, schrie Adam
> weinend also: «Verzeih mir, Herr, was ich getan!»
> Da spricht der Herr zu seinen Engeln: «Warum hört
> ihr auf, Adam aus dem Paradiese fortzutreiben? Habe
> denn ich mich versündigt, oder habe ich falsch
> gerichtet?»
> Da fielen die Engel zur Erde und beteten den Herrn
> an: «Gerecht bist du, Herr, und gerecht sind deine
> Gerichte.»

Wie man sieht, entsinnen sich die Engel hier jedoch rasch
der wahren Machtverhältnisse – wobei vielleicht auch die Erinnerung an die exemplarische Bestrafung Satanels eine Rolle
spielt. Jedenfalls unterwerfen sie sich, nach diesem letzten
Versuch, zugunsten Adams zu intervenieren, sogleich wieder
der göttlichen Herrschaft. Anders als in den kanonischen
Schriften aber bleibt in den Apokryphen durchweg die alte
Loyalität der Engel gegenüber Adam und seiner Sippe spürbar. Das ist im Grunde nicht weiter verwunderlich, denn gerade die Kerubim, betraut mit der tristen Aufgabe, den ver-
waisten Paradiesgarten zu bewachen, haben ja das Scheitern
dieses Teils des göttlichen Planes ständig vor Augen.
    Glaubt man den Apokryphen, dann halten die Kerubim
etwa tausend Jahre lang «östlich von Eden» Wache. Denn
ungefähr so lange bleibt der Stammvater Adam, der Sterb-
lichkeit erst allmählich verfallend, am Leben – und auch an
der Schwelle des Todes ist er noch nicht bereit, den Verlust
der Unsterblichkeit hinzunehmen. Wie die apokryphe *Apokalypse des Moses* berichtet, schickt der greise Adam daher
Eva und seinen Sohn Seth mit folgendem Auftrag zum Paradiesgarten zurück:

«Bittet Gott, er möge sich meiner erbarmen, ins
Paradies den Engel senden und mir vom Baum,
woraus das Öl fließt, geben! Dann bring es mir, daß
ich mich damit salbe und Ruhe finde!» … Seth aber
ging mit seiner Mutter zu dem Paradies. Dort weinten
sie und baten Gott, er möge seinen Engel senden und
ihnen des Erbarmens Öl gewähren. Da sandte Gott
den Erzengel Michael, und dieser sprach zu Seth:
«Mann Gottes! Müh dich nicht ab mit Bitten und
Beten um den Baum, woraus das Öl ausfließt, zur
Salbung deines Vaters Adam! Noch wird's dir nicht
zuteil, erst in den letzten Zeiten … Geh nur zu
deinem Vater! Sein Lebensmaß wird in drei Tagen
voll. Wenn seine Seele ihn verläßt, dann schaust du
ihre fürchterliche Auffahrt.» Der Engel ging nach
diesen Worten fort von ihnen.

Wiederum aus der *Schatzhöhle* – einem wahren Schatz für
die Trost und Erbauung suchende Frömmigkeit – erfahren
wir sodann noch, daß Adam nach seinem Tod, nach tau-
sendjähriger Erdenstrafe, endlich die göttliche Verzeihung
erfuhr. Hierbei spielen wiederum die Engel eine wesentliche
Rolle: Während Gott sich «stundenlang» bitten läßt, «schre-
ien» sie unermüdlich zu Adams Gunsten, als sähen sie eine
Chance gekommen, sich zumindest um einen Schritt der alten Ordnung wieder anzunähern: der Erhebung des gottesebenbildlichen Menschen zum «Herrn, Haupt und Führer
aller geschaffenen Wesen und Geschöpfe» – und damit auch
zum Herrn über sie, die Engel, selbst.

Da blickte Eva zum Himmel und sah einen Licht-
wagen kommen, gezogen von vier glänzenden Adlern,
deren Herrlichkeit kein von Mutterleibe Geborener
auszusprechen noch ihr Antlitz anzusehen vermochte,
und Engel gingen dem Wagen voran … Und die
Engel fielen nieder und beteten Gott an, schrien und
sprachen: «Heiliger Jael, verzeih ihm, denn er ist dein

*Namen und Geschäfte der sechs
Erzengel*

Dies sind die Namen der heiligen
Engel, welche wachen: Uriel ist
einer der heiligen Engel, nämlich
der über das Engelheer und den
Tartarus gesetzte Engel. Raphael
heißt ein zweiter der heiligen
Engel, der über die Geister der
Menschen gesetzt ist; Raguel heißt
ein dritter der heiligen Engel,
der Rache übt an der Welt der
Lichter; Michael heißt ein vierter
der heiligen Engel, nämlich über
den besten Teil der Menschen
gesetzt, über das Volk Israel; Sariel
heißt ein fünfter der heiligen
Engel, der über die Geister, die
gegen den Geist sündigen, gesetzt
ist; Gabriel heißt ein sechster der
heiligen Engel, der über das
Paradies, die Schlangen und
die Kerube gesetzt ist.

(Buch Henoch)

Ebenbild und deiner heiligen Hände Geschöpf!»
…Nachdem aber die Engel dies gerufen hatten, siehe,
da kam der sechsflügligen Seraphe einer, raffte Adam
auf und entführte ihn zum acherontischen See, wusch
ihn dreimal ab und brachte ihn vor Gottes Angesicht.
Drei Stunden lag er da; danach streckte der Vater des
Alls seine Hand aus, auf seinem Throne sitzend, hob
Adam auf und übergab ihn dem Erzengel Michael mit
den Worten: «Erhebe ihn ins Paradies bis zum dritten
Himmel und laß ihn dort bis zu jenem großen und
furchtbaren Tage meiner Veranstaltung, die ich treffen
will mit der Welt.» Da erhob der Erzengel Michael
Adam und ließ ihn dort, wie Gott es ihm geboten hatte.
Und alle Engel sangen einen Engellobgesang, sich
verwundernd über die Adam gewordene Verzeihung.

Indem der Verfasser die «Verwunderung» der Engel betont,
will er sicherlich auch die Ehrfurcht des Lesers vor der Milde
Gottes steigern. Aber das Erstaunen der Engel hat noch einen weiteren, sehr viel bedeutsameren Grund – weite Teile
der Apokryphen kreisen um ein *geheimes Thema*, das niemals
direkt angesprochen wird und doch beinahe auf jeder Seite
spürbar ist: *Sind Menschen gefallene Engel?*

Eine naheliegende Frage, wenn man sich nochmals jene
göttliche Einsetzung Adams «zum König, Priester und Propheten sowie zum Herrn, Haupt und Führer aller geschaffenen Wesen und Geschöpfe» vor Augen führt. Überdies eine
Frage, für deren *Bejahung* die Apokryphen weitere überwäl-
tigende Argumente liefern, indem sie mit skandalöser Aus-
führlichkeit auch von den *Sünden der Engel* handeln. Wenn
auch Engel sündigen können, und wenn der erste Mensch,
ehe er fehlte, zum Fürsten (auch) der Engel eingesetzt war –
spricht dann nicht alles dafür, daß der Mensch vor dem Sündenfall seinem Rang nach ebendieses war: ein schimmernder
Engel, auf halber Höhe zwischen Gott und Erde, bestimmt
zu weiterem Aufstieg in himmlische Sphären und vom Sturz
in die Tiefe bedroht?

Es sind abgründige – dem jüdischen Denken geläufige – Fragen dieser Art, die auch das Christentum in seinem ersten Jahrtausend fesseln, bis die Inquisition mit glühenden Zangen und lodernden Scheiterhaufen solcher Neugier und Spekulationslust den Garaus bereitet.

Engel, Viterbo, Italien

Als die Engel lüstern wurden: Himmelssöhne und Erdentöchter im Henochbuch

Kehren wir noch einmal zurück zu jener rätselhaften Passage der *Genesis*, die «Bosheit des Menschen» überschrieben ist und doch offensichtlich von der Fehlbarkeit der Engel handelt. Nach einigen knappen Sätzen zu dieser heiklen Thematik greift in der *Genesis* offensichtlich ein Zensor ein. So entsteht in der kanonischen Schrift der Eindruck, als sei die Wollust der Himmelssöhne der «Bosheit des Menschen» entsprungen, weshalb auch dieser – und nicht die lüsterne Engelfraktion – mit der Sintflut zu bestrafen sei.

Im Kontext der *Genesis* ließ sich dieser mysteriöse und empörende Widerspruch nicht klären. Im angelologisch so ungemein ergiebigen *äthiopischen Buch Henoch* jedoch – so benannt, da es in äthiopischer Übersetzung überliefert wurde – begegnen wir genau der gleichen Schilderung noch einmal – nur mit dem Unterschied, daß wir diesmal mit wünschenswerter Genauigkeit über das Treiben der Engel, über das tatsächliche Urteil Gottes und über die bisher schleierhaften Zusammenhänge mit der Sintflut informiert werden.

Nachdem die Menschenkinder sich gemehrt hatten, wurden ihnen in jenen Tagen schöne und liebliche Töchter geboren. Als aber die Engel, die Himmelssöhne, sie sahen, gelüstete es sie nach ihnen, und sie sprachen untereinander: Wohlan, wir wollen uns Weiber unter den Menschentöchtern wählen und uns Kinder zeugen. Semjasa aber, ihr Oberster, sprach zu ihnen: Ich fürchte, ihr werdet wohl diese Tat nicht ausführen wollen, so daß ich allein eine große Sünde zu büßen haben werde. Da antworteten ihm alle und sprachen: Wir wollen alle einen Eid schwören und durch Verwünschungen uns untereinander verpflichten, diesen Plan nicht aufgeben, sondern dies beabsichtigte Werk auszuführen. Da schwuren

Und METATRON, der höchste aller Engel,
fünfhundert Meilen hoch,
und schlägt das Rad
aus Lichtgefieder und läßt Musik,
daran die Welten hängen, klingen,
der Liebe Inbegriff!
So tief mißt Sehnsucht aus
der Worte Meer, bis das Gestrahle
aufbricht – und Leben hinnaht
mit dem Wundenmale –.

Nelly Sachs

Engel, Krypta, Kloster Marienburg, Vinschgau, Österreich, 1160

Engelfigur, Wien

alle zusammen und verpflichteten sich untereinander durch Verwünschungen dazu. Es waren ihrer im ganzen zweihundert, die in den Tagen Jareds auf den Gipfel des Berges Hermon herabstiegen … Dies sind die Namen ihrer Anführer: Semjasa, ihr Oberster, Urakib, Arameel, Akibeel, Tamiel, Ramuel, Danel, Ezeqeel, Saraqujal, Asael, Armers, Batraal, Anani, Zaqebe, Samsaveel, Sartael, Tumael, Turel, Jomjael, Arasjal …

Diese und alle übrigen mit ihnen nahmen sich Weiber, jeder von ihnen wählte sich eine aus, und sie begannen zu ihnen hineinzugehen und sich an ihnen zu verunreinigen; sie lehrten sie Zaubermittel, Beschwörungsformeln und das Schneiden von Wurzeln und offenbarten ihnen die heilkräftigen Pflanzen. Sie wurden aber schwanger und gebaren dreitausend Ellen lange Riesen, die den Erwerb der Menschen aufzehrten. Als aber die Menschen ihnen nichts mehr gewähren konnten, wandten sich die Riesen gegen sie und fraßen sie auf, und die Menschen begannen sich an den Vögeln, Tieren, Reptilien und Fischen zu versündigen, das Fleisch voneinander zu essen, und tranken das Blut. Da klagte die Erde über die Ungerechten.

Sehen wir einmal von dem irritierenden Detail der «dreitausend Ellen langen Riesen» ab, so finden wir in dieser Passage einige schon vertraute Motive versammelt: Die vom Himmel herabgestiegenen Gottessöhne sind *zauberkundig*, wie wir dies bereits bei Raphael, dem Begleiter des jungen Tobias, sahen; und sie sind offenkundig verkörperte Wesen von *menschenartiger Leiblichkeit* wie jene Engel, auf welche die Männer von Sodom und Gomorra ihre lüsternen Blicke richteten. Aber von Lüsternheit erfüllt sind diesmal die Engel, nicht die Menschen, und anders als Raphael wenden die Gottessöhne ihre magischen und sonstigen Kenntnisse zu bedenklichen Zwecken an:

Die vier Engel des Angesichts

Danach sah ich tausendmal Tausende und zehntausendmal Zehntausende, eine unzählige und unberechenbare Menge, vor dem Herrn der Geister stehen. Ich sah und erblickte zu den vier Seiten des Herrn der Geister vier Gesichter, die von den nie Schlafenden verschieden sind. Ich erfuhr ihre Namen; denn der Engel, der mit mir ging, teilte mir ihre Namen mit und zeigte mir alle verborgenen Dinge. Ich hörte die Stimme jener vier Angesichts-engel, wie sie vor dem Herrn der Herrlichkeit lobsangen … Darauf fragte ich den Engel des Friedens, der mit mir ging und mir alles Verborgene zeigte, und ich sagte zu ihm: Wer sind diese vier Gesichter, die ich gesehen, deren Worte ich gehört und aufge-schrieben habe? Da sagte er zu mir: Der erste da ist der barm-herzige und langmütige Michael; der zweite, der über alle Krank-heiten und über alle Wunden der Menschenkinder gesetzt ist, ist Raphael; der dritte, der allen Kräften vorsteht, ist Gabriel, und der vierte, der über die Buße und die Hoffnung derer gesetzt ist, die das ewige Leben ererben, heißt Phanuel.

(Buch Henoch)

Das ist der Engel, der den Ringern
des Alten Testaments erschien:
Wenn seiner Widersacher Sehnen
im Kampfe sich metallen dehnen,
fühlte er sie unter seinen Fingern
wie Saiten tiefer Melodien.
Wen dieser Engel überwand,
welcher so oft auf Kampf
     verzichtet,
der geht gerecht und aufgerichtet
und groß aus jener harten Hand,
die sich, wie formend, an ihn
     schmiegte.
Die Siege laden ihn nicht ein.
Sein Wachstum ist: der Tiefbesiegte
von immer Größerem zu sein.

Rainer Maria Rilke

Asael lehrte die Menschen Schlachtmesser, Waffen,
Schild und Brustpanzer verfertigen und zeigte ihnen
die Metalle samt ihrer Verarbeitung und die Arm-
spangen und Schmucksachen, den Gebrauch der
Augenschminke und das Verschönern der Augenlider,
die kostbarsten und auserlesensten Steine und allerlei
Färbemittel. So herrschte viel Gottlosigkeit, und
sie trieben Unzucht, gerieten auf Abwege, und alle
ihre Pfade wurden verdorben. Semjasa lehrte die
Beschwörungen und das Schneiden der Wurzeln,
Armaros die Lösung der Beschwörungen, Baraqel das
Sternschauen, Kokabeel die Astrologie, Ezeqeel die
Wolkenkunde, Arakiel die Zeichen der Erde,
Samsaveel die Zeichen der Sonne, Seriel die Zeichen
des Mondes. Als nun die Menschen umkamen,
schrien sie, und ihre Stimmen drangen zum Himmel.

Vergleicht man die Geschichte vom menschlichen Sündenfall im Paradies mit dieser Schilderung des Sündenfalls der
Engel auf Erden, so bemerkt man einige wesentliche Ana-
logien. Im Paradies bemächtigten sich Adam und Eva geheimen Wissens, das nur Gott selbst und der höchsten Klasse
der Engel vorbehalten sein sollte. Beim Sündenfall der Gottessöhne geben umgekehrt diese himmlisches Wissen an die
Menschen weiter und verfallen ihrerseits der «unreinen» Erfahrung irdisch-fleischlicher Existenz. Im Kern besteht also
die Katastrophe hier wie dort in der *Vermischung zweier Welten* – der irdischen und der (oder einer) himmlischen. Auf
diese Entwicklung reagiert Jehova jedesmal mit schärfsten
Maßnahmen: im einen Fall mit der Paradiesvertreibung, im
zweiten gar mit der Beschwörung der Sintflut.

Zunächst blicken die vier Erzengel «Michael, Uriel, Raphael und Gabriel vom Himmel und sahen das viele Blut,
das auf Erden vergossen wurde, und all das Unrecht, das auf
Erden geschah». Sie erheben Klage vor dem Herrn und erklären: «Du hast gesehen, was Asael getan hat, wie er allerlei
Ungerechtigkeit auf Erden gelehrt und die himmlischen Ge-

heimnisse der Urzeit geoffenbart hat, die die Menschen kennenzulernen sich haben angelegen sein lassen.» Daraufhin antwortet ihnen Gott mit der Ruhe dessen, der das furchtbare Urteil schon gefällt hat: Da helfe nur noch die Sintflut, und die sei längst beschlossen. – Die Geschichte weist auch unverkennbare Parallelen zum Sturz Satanas auf, der sich in der Bestrafung des hauptschuldigen Engels zu wiederholen scheint:

> Zu Raphael sprach der Herr: «Feßle den Asael an Händen und Füßen und wirf ihn in die Finsternis; mache in der Wüste Dudael ein Loch und wirf ihn hinein. Lege unter ihn scharfe und spitze Steine und bedecke ihn mit Finsternis. Er soll für ewig dort wohnen, und bedecke sein Angesicht mit Finsternis, damit er kein Licht schaue. Aber am Tage des großen Gerichts soll er in den Feuerpfuhl geworfen werden. Heile die Erde, welche die Engel verdorben haben, und tue die Heilung des Schlages kund, damit … nicht alle Menschenkinder durch das ganze Geheimnis umkommen, das die Wächter verbreitet und ihre Söhne gelehrt haben. Die ganze Erde wurde durch die Werke der Lehre Asaels verdorben, und ihm schreibe alle Sünden zu.»

Dieser letzte Satz zeigt das ganze Ausmaß der Katastrophe, die einzig noch durch Vernichtung aller «Menschenkinder» (mit Ausnahme Noahs) getilgt werden kann. Überdies zeigt die gesamte – wohl nicht zuletzt deshalb aus den kanonischen Schriften verbannte – Geschichte einmal mehr, daß das Verhältnis zwischen Menschen und Engeln ungleich komplizierter ist, als die – insbesondere christliche – Lehre dies seit altersher eingestehen will. Die Grenze zwischen Engel- und Menschenwelt scheint unter gewissen Umständen ziemlich durchlässig, die Möglichkeit (oder Gefahr) einer Vermischung beider Parallelwelten (und gar ihrer Geschöpfe) scheint also zuweilen einigermaßen brisant zu werden.

Der Engel

So ein Engel tut gut, wenn er wartet, bis man ihm mitteilt, man bedürfe seiner. Das dauert manchmal länger, als er ahnt, er muß sich eben auch mäßigen, darf nicht meinen, er sei unersetzlich. Ich möchte nicht er sein, den ich zum Engel machte. Ich vergöttlichte ihn, damit er mir nirgends mehr begegne, bildhaft-unveränderlich sei, ich stets hinblicken dürfe, je nach Bedürfnis und Belieben, Mut aus dem Anblick holend. Er tut mir beinahe leid, er hat geglaubt, ich sei neugierig, werde hinter ihm herlaufen, indes ich ihn quasi in der Tasche habe oder wie ein Band um die Stirne. Ich geh' nicht mehr zu ihm, sein Wert umgibt mich, mit seinem Licht seh' ich mich umstrahlt. Wer zu geben verstanden hat, wußte auch zu nehmen. Beides will geübt sein. Er entstand aus Mitleid, doch kann geschehen, daß ich Flehender mit ihm spiele. Er zweifelt, ihm bangt. Bald bin ich gläubig, bald ungläubig, und er muß es dulden, der Liebe.

Robert Walser

Satan, Stich von Gustave Doré
(1832-1883)

Diese Brisanz ergibt sich offenbar daraus, daß die Vermischung mit der Weitergabe geheimen Wissens einherzugehen droht – hier insbesondere von Waffenkunde, Schmiedekunst und Magie.

Sieht man einmal von den vier namentlich genannten Erzengeln Michael, Uriel, Raphael und Gabriel ab, so scheinen sich aber die Engel der Apokryphen wie auch des Alten Testamentes von den Menschen häufig *nicht* durch größere Güte oder Weisheit – also jene Eigenschaften, die wir den Engeln gemeinhin zuschreiben –, sondern hauptsächlich durch jenen intellektuellen und (man möchte beinahe sagen) technologischen Wissensvorsprung zu unterscheiden, der allerdings beträchtlich zu sein scheint.

Letztlich kann man in diesen Punkten auch keinen Widerspruch zwischen dem Alten Testament und den Apokryphen feststellen. Die Darstellung des *Henochbuches,* daß die menschliche Kenntnis von Herstellung und Gebrauch der Waffen *durch Engel* auf die Erde getragen worden sei, wird durch die kanonischen Schriften sogar indirekt bestätigt: Beinahe durchweg gehen die dortigen Engelserscheinungen mit furchtbaren kriegerischen Verwüstungen einher. Und die Mitteilung vom Sündenfall der Engel wird auch in der *Genesis* zwar verkürzt, ihr kausaler Zusammenhang mit der Sintflut verschleiert, jedoch auch dort nicht gänzlich unterdrückt. Folgt man also den Apokryphen (und füllt mit diesen die auffällige Lücke in der *Genesis* aus), so sind die Menschen zwar die Leidtragenden der umfassendsten aller alttestamentarischen Strafaktionen – der Sintflut –, aber allenfalls die verführten Mitschuldigen eines Vergehens, das ganz überwiegend von den «Gottessöhnen» angezettelt worden ist.

Henoch bittet für die Engel

Einzig durch diese folgenreiche Vermischung von Engel-
und Menschenwelt erklärt sich auch eine weitere irritierende
Episode der Apokryphen. In einem der überwältigenden
Traumgesichte des Schreibers Henoch kehrt sich gar die –
seit dem paradiesischen Sündenfall – üblicherweise erwartete
Rangordnung zwischen Menschen und Engeln, Beschützern
und Beschützten, um: Henoch wird vor dem «Thron des Allmächtigen» vorstellig, nachdem ihn die Engel gebeten hatten, sich dort mittels einer Bittschrift für sie zu verwenden.
In dieser Vision gelingt Henoch, was selbst den Engeln (ausgenommen nur die «Engel des Angesichts») versagt ist: sich
dem Thron Gottes zu nähern und mit dem Allmächtigen
Auge in Auge zu kommunizieren.

> Siehe, da war ein anderes Haus, größer als jenes; alle
> seine Türen standen vor mir offen, und es war aus
> feurigen Zungen gebaut. In jeder Hinsicht, durch
> Herrlichkeit, Pracht und Größe, zeichnete es sich so
> aus, daß ich euch keine Beschreibung von seiner
> Herrlichkeit und Größe geben kann. Sein Boden war
> von Feuer; seinen oberen Teil bildeten Blitze und
> kreisende Sterne, und seine Decke war loderndes
> Feuer. Ich schaute hin und gewahrte darin einen
> hohen Thron. Sein Aussehen war wie Reif; und um
> ihn herum war etwas, das der leuchtenden Sonne
> glich und das Aussehen von Keruben hatte. Unterhalb
> des Throns kamen Ströme lodernden Feuers hervor,
> und ich konnte nicht hinsehen. Die große Majestät
> saß darauf; sein Gewand war glänzender als die Sonne
> und weißer als lauter Schnee. Keiner der Engel konnte
> in dieses Haus eintreten und sein Antlitz vor Herrlich-
> keit und Majestät schauen. Kein Fleisch konnte ihn
> sehen. Lodernes Feuer war rings um ihn; ein großes
> Feuer verbreitete sich vor ihm, und keiner der Engel

Satanslitaneien

Der Engel weisester und schönster
   du hoch droben,
O du gestürzter Gott, der
   Anbetung enthoben,
Erbarme, Satan, dich auch meiner
   tiefen Qualen!
O du, des Abgrunds Herr, dem
   Unrecht einst geschah,
Du stehst, obgleich besiegt, viel
   herrlicher nun da,
Erbarme, Satan, dich auch meiner
   tiefen Qualen!
Der du allwissend bist, in Nacht
   hinabgeborgen,
Der Menschen Heiland, du
   Vertrauter ihrer Sorgen,
Erbarme, Satan, dich auch meiner
   tiefen Qualen. [...]
Du Vater aller der, die Gottes
   eitles Prahlen
Mit der Vertreibung aus dem
   Paradies bezahlen,
Erbarme, Satan, dich auch meiner
   tiefen Qualen.

Charles Baudelaire

Des Luzifers Soldaten

Luzifer, wann deine Waffen rasseln
In dem blankgeharnschten Heer,
Wann die heisern Kälberfelle
    prasseln,
Dann erstaunet Land und Meer,
Wenn die lautbar-hellen
    Feldtrommeten
Uns verjagen Todesnöten.
Wann der helle Küriß und die
    Schilder
Halten inner dampfbestaubt,
Wann die milden Reiter werden
    wilde,
Wenn das Pferd stolzdramplend
    schnaubt,
Wenn ein Wald voll Piquen,
    voller Lanzen
Dich und uns nun wird
    ümschanzen.
Wollen wir als dapfre Männer
    stehen
Und erschießen Lot und Kraut,
Üm ein Haar nicht aus den
    Gliedern gehen,
Den, der fürchtet seiner Haut,
Wollen wir bestrickt mit
    Luntenstricken
Unsern Feinden überschicken.
Himmelherze, Schild des heitern
    Himmels,
Warüm schwärzest du dein Haupt?
Es wird wegen dieses
    Lustgetümmels
Unser Haupt mit Laub ümlaubt,
Wann sich unser Panzer nur
    erschüttert,
Roß und Mann und alles zittert.

Johann Klai

näherte sich ihm. Ringsherum standen zehntausend-mal Zehntausende vor ihm, und alles, was ihm beliebt, das tut er …

Jedoch gelingt auch Henoch nicht, was lange vorher bereits Adam auch in eigener Sache versucht hatte: Hier wie dort ist der Versuch, die «Majestät» umzustimmen, vergeblich.

Da rief mich der Herr mit seinem Mund und sprach zu mir: «Komm hierher, Henoch, und höre mein Wort … Geh hin und sprich zu den Wächtern des Himmels, die dich gesandt haben, um für sie zu bitten: Ihr solltet eigentlich für die Menschen bitten, und nicht die Menschen für euch. Warum habt ihr den hohen, heiligen und ewigen Himmel verlassen, bei den Weibern geschlafen, euch mit den Menschen-töchtern verunreinigt, euch Weiber genommen und wie die Erdenkinder getan und Riesensöhne gezeugt? … Und nun sprich zu den früher im Himmel befindlichen Wächtern, die dich gesandt haben, um für sie zu bitten: Ihr seid im Himmel gewesen, und obwohl euch alle Geheimnisse noch nicht geoffenbart waren, wußtet ihr ein nichtswürdiges Geheimnis und habt dies in eurer Herzenshärtigkeit den Weibern erzählt; durch dieses Geheimnis richten die Weiber und Männer viel Übel auf Erden an. Sage ihnen also: Ihr werdet keinen Frieden haben!»

LUZIFER

Kleine Geschichte des «strahlendsten aller Engel»

IN EINEM Buch über die *gute Kraft der Engel* hat der Teufel naturgemäß nichts verloren. Von jener pferdefüßigen, gehörnten und geschwänzten Kreatur, die insbesondere im europäischen Mittelalter zu schauriger Berühmtheit gelangte, wird daher auf diesen Blättern nicht oder höchstens ganz am Rande die Rede sein. Ehe er aus dem Himmel gestürzt wurde, gehörte *Satanel* (der mit seinem Fall die Schlußsilbe *-el*, «der Glänzende, Strahlende», verlor) unzweifelhaft der Gattung der Engel an. Dagegen scheinen in der mythischen und volkstümlichen Gestalt jenes «Teufels», der in den Folterkellern der Inquisition sicherlich weniger bekämpft als gefeiert wurde, hauptsächlich die vor- und außerchristlichen Vorstellungen von allerlei Unterweltgöttern wiederaufgelebt zu sein. Unverkennbar bekamen diese uralten Imaginationen von *Hel,* der Unterwelt, und deren heidnischen Beherrschern durch die Triebfeindlichkeit der römisch-katholischen Kirche einen kraß sadistischen Zug – doch mit Satanel-Luzifer, dem ersten und strahlendsten der Gottesgeschöpfe, haben diese unheilvollen Kreationen nur noch wenig zu tun.

Weit davon entfernt, von verbotener Fleischeslust und teuflischen Seelenhäschern zu handeln, ist die Geschichte Luzifers, des «Sohnes der Morgenröte», vielmehr ein ergreifendes Drama um Liebe, Hochmut und Einsamkeit. Und es ist die paradoxe Geschichte eines in schwarzem Glanz erstrahlenden Engels, der – scheinbar? – gegen seinen Willen an der *guten Kraft* seiner Gattung ebenso teilhat wie seine himmlischen Geschwister. Insofern – und nur inso-

Die unselige Nacht für den Teufel

«O Nacht!» dachte der Teufel, «welche Nacht! Nach der verhängnisvollen Niederlage im Engelskampf und nach der ersten Nacht in der Finsternis der Hölle ist das die schrecklichste Nacht meines unsterblichen Lebens.» […] «Ja, wahrhaftig!» dachte Luzifer weinend, «groß ist die Idee Gottes! Selbst Mensch zu werden … im Blut des Sohnes Mensch zu werden … Gottes Sohn sein, in einer Krippe geboren werden […] Das Kreuz auf sich nehmen … und am Kreuz sterben … alles verzeihend … Unvergeßlich! Unvergeßlich!»
«Ich hingegen», dachte Luzifer weiter, «ich werde … allmählich alt …»

Clarín (Leopoldo Alas)

Schwarzer Engel, bleib!

… wer bist du?

… trug ein funkelnd schwarzes Gewand aus Fell, aus glitzernden Schuppen … ich weiß nicht, was es war. Eine strahlend schwarze Aura, die ihn umgab wie ein negatives Leuchten, wie fortwährende Entladung ungekannter Energien. Sein Gesicht war glatt, bartlos wie das Antlitz eines Kindes. Reglos stand er im Türrahmen, sein Haar sträubte sich, tiefschwarz, scheinbar knisternd, in Wellen, wie dunkles Wasser stürzte es über seine Schläfen bis auf die Schultern hinab. Seine Augen glichen Lichtern, schwarzen Lichtern, die das Zwielicht überstrahlten …

… bin nicht sicher, bis heute nicht, doch auf seinem Rücken, hinter den funkelnden Schultern glaubte ich zu erkennen, daß er … Flügel trug. Mit ihm kam die Nacht, übergangslos …

… seine Schritte, ein Huschen, ein sehr leises Rauschen im Dunkeln. Aber die Dunkelheit *leuchtete*, und dieses Licht strömte aus seinen Augen, ein tiefdunkler Blick, stärker, schwärzer als alles, was ich kannte, leuchtend, funkelnd, in dunklen Funken sich entladend auf nie gesehene, auf ganz und gar unerlaubte …

… ein schwarzes Strahlen, viel zwingender als Zwielicht, als jede andere Macht, der ich begegnet war. Als ob die Nacht plötzlich sehend wäre, als ob sie ihr Auge aufgeschlagen hätte, endlich, und ich war es, gebannt in Tepnitz, den sie …

Wer bist du?

… seine Schritte, ein Huschen in der Nacht. Wieder stand er in der Tür, sprungbereit im Dunkel, doch diesmal mit dem Rücken zu mir. Und wieder glaubte ich zu erkennen, daß er …

… bleib. Schwarzer Engel, bitte, bleib bei mir!

… das letzte, was ich von ihm sah, sein Blick, den er über die Schulter mir zuwarf: ein Blick voll sanftem Hohn, voll zerfressender Trauer, voll kriegerischer Klage …

… ein schwarzer Strahl, der durch den Raum schoß, mich durchbohrend, alles auflö … auslösch … den Leichnam, das verrottete … alles, zuletzt auch ihn selb …

… im Türrahmen stand, reglos, statuarisch, dabei funkelnd und knisternd, und binnen eines einzigen Lidschlags verblaßte er. Mit ihm ging die Nacht, und mit ihr ging seine reißende Gefähr …

… um mich herum nur noch eine furchtbare Leere, soghaft, leer in sich selber wirbelnd, als ob alles geborsten, zertrümmert wäre, ausgelöscht von diesem schwarzen Leuchten, als ob nichts, gar nichts geblieben wäre, nur ich noch, gebannt in Tepnitz, sonst nichts mehr, auch kein Zwielicht mehr …

… fühlte mich leicht, so leicht wie noch niemals, als ob ich fliegen, endlich fliegen könnte, und ich wußte, das war *er* … eine Stärke, zwingender als jemals, und das war er, ein Energiestrom, der mich durchraste, er, alles er, eine Schärfe des Denkens, er, er, der alles durchdrang, zerlegte, vor mir auszubreiten schien: Sieh doch, nur für …

… schwerelos durch die Lüfte, und unter mir lagerten sich die Wälder, Städte, die Werke, Äcker, alle rücklings, lockend, gefügig, von meinem schwarzen, geflügelten Schatten verdunkelt, verwandelt, meinem Schatten, der mir fortan … wohin auch immer ich …

… er, er, alles er …

Timo Prohn

fern – wird er in diesem Buch zu Recht gewürdigt und por-
trätiert.

Bemerkenswerterweise kommt in unserer Engel-Enzyklo-
pädie erstmals hier die Kategorie des *Guten* – oder der
Tendenz, Gutes zu bewirken – ins Spiel. Warum ausgerech-
net in einem Kapitel, das von Satan handeln soll? Die Antwort scheint auf der Hand zu liegen: Weil es «das Gute» per
definitionem ohne «das Böse» nicht geben kann; weil also
die himmlischen, gottestreu gebliebenen Engel einen finsteren Gegenspieler brauchen, um sich von diesem als Kräfte
des Guten abheben zu können. Doch diese Antwort, so sehr
sie dem gesunden Menschenverstand mit seiner Neigung
zum Schwarzweißdenken schmeichelt, scheint mir irrig zu
sein.

Tatsächlich fand nach alttestamentarischer wie nach apo-
krypher Überlieferung der Himmelssturz Satanels noch *vor*
dem triumphalen Einzug Adams in den Garten Eden statt.
Doch von da an sollte noch eine Zeitspanne von etlichen
tausend Jahren vergehen, ehe – erst etwa im 2. Jahrhundert
v. Chr. – jener gestürzte Engel, das einstige Lieblingsgeschöpf
Gottes, in den «Versucher» der Menschen, den Widersacher
Gottes, die Inkarnation des Bösen verwandelt worden war.
Und es gibt zahlreiche Anzeichen dafür, daß diese Verwandlung Luzifers in den sadistischen Teufel, der mit perverser
Lust die Sündigen martert, eher Menschen- als Gotteswerk
ist – ein dämonisierendes Zerrbild, mit dem die Menschheit
ihren eigenen Sturz, die Paradiesvertreibung, in dämonischer
Übertreibung auf den Satan projiziert. Denn die Katastrophe
Luzifers verläuft in ihren wesentlichen Zügen mit dem De-
saster im Garten Eden parallel.

Zu den irritierenden Seiten des altjüdischen Gottes zählt,
wie wir in den voranstehenden Kapiteln sahen, seine augenscheinliche Gleichgültigkeit gegenüber den (spätjüdischen
und neutestamentarischen) Prinzipien von Gut und Böse.
Jahwe ist ein patriarchalischer, oftmals tyrannischer Gott, der
voller Liebe und Gerechtigkeit handeln kann, doch ebenso
zu Jähzorn und grausamen, nicht selten übereilten Strafak-

Michael, der Gottesstreiter, kämpft mit dem Drachen, Kupferstich, 17. Jhdt.

tionen neigt. Entsprechend scheinen auch seinen Engeln, die auf einen Wink des Herrn hin ganze Städte in Schutt und Asche legen, Milde und Nachsicht gegenüber der Fehlbarkeit des Menschen in beunruhigender Weise fremd zu sein. Tatsächlich vereint der alttestamentarische Jahwe bis nahe an die Schwelle der christlichen Zeitenwende die Prinzipien Gut und Böse noch in einer ungeteilten göttlichen Person – und tatsächlich kann dies zunächst auch gar nicht anders sein, da diese eine und einzige Gottheit keinerlei Unter- oder Nebengötter duldet. Weshalb sie wohl oder übel als Gott des Lichtes wie der Finsternis, des Wohles wie des Übels auftreten muß.

Daher übernimmt – wie wir oben schon sahen – Gott selbst in frühbiblischen Zeiten jene Rolle des «Versuchers», die erst sehr viel später dem Satan zufallen wird: «Der Zorn des Herrn entbrannte noch einmal gegen Israel, und er reizte David gegen das Volk auf und sagte: Geh, zähl Israel und Juda!» *(2 Samuel 24, 1)* – Erst in einer sehr viel jüngeren Version derselben Geschichte wird die Rolle des «Versuchers» von Gott abgespalten und hierdurch die Voraussetzung für die christliche Vorstellung eines «lieben» und gütigen Gottes überhaupt erst geschaffen: «Der *Satan* trat gegen Israel auf und reizte David, Israel zu zählen.» *(1 Chronik 21, 1* – Hervorhebung P.B.) In der langen Zwischenzeit aber, von seinem Himmelssturz bis zu seiner Metamorphose zur «Inkarnation des Bösen», fristete Satan ein wenig beachtetes und ziemlich aussichtsloses Leben als gestürzter Ex-Günstling eines aufbrausenden, eifersüchtigen Gottes, der im Grunde nur eine wirklich unverzeihliche Sünde kannte: den Ungehorsam, die Rebellion gegen seine absolute Autorität.

Luzifer oder
Das Schweigen der Bibel

Bei dem Versuch, jene Tragödie zu rekonstruieren, die anscheinend noch *vor* der Erschaffung des Menschen zum Sturz Satanels führte, stößt man zunächst auf ein beträchtliches Hindernis: das Schweigen der Bibel, deren Chronisten, Propheten und Evangelisten sich an diesem heiklen Punkt auffällig bedeckt halten. Die beiden klassischen Quellen zum Fall Satan(s) sind die Schriften Jesajas und Ezechiels. So lesen wir beim Propheten Jesaja:

> Hinabgeschleudert zur Unterwelt ist deine Pracht /
>   samt deinen klingenden Harfen.
> Auf Würmer bist du gebettet, / Maden sind deine
>   Decke.
> Ach, du bist vom Himmel gefallen, / du strahlender
>   Sohn der Morgenröte.
> Zu Boden bist du geschmettert, / du Bezwinger der
>   Völker.
> Du aber hattest in deinem Herzen gedacht: / Ich
>   ersteige den Himmel;
> dort oben stelle ich meinen Thron auf, / über den
>   Sternen Gottes;
> auf den Berg der (Götter)versammlung setze ich mich, /
>   im äußersten Norden.
> Ich steige weit über die Wolken hinauf, / um dem
>   Höchsten zu gleichen.
> Doch in die Unterwelt wirst du hinabgeworfen, /
>   in die äußerste Tiefe.
> *(Jesaja 14, 11-21)*

In satanischer Hinsicht ein wenig ergiebiger ist die Prophezeiung Ezechiels, der sich mit einer der zahlreichen alttestamentarischen Brandreden scheinbar an den frevlerischen «König von Tyrus» richtet. Doch die beiden beteiligten Men-

schen – hier der jüdische Prophet, dort der heidnische König – sind offenbar nur Medien oder Verkörperungen hinter
ihnen stehender übernatürlicher Mächte: Das Wort Gottes,
das Jesaja verkündet, zielt in der Hauptsache ohne Zweifel
auf den «Fürsten der Finsternis» persönlich, den gefallenen
Engel Luzifer:

> Du warst ein vollendet gestaltetes Siegel, / voll
> Weisheit und vollkommener Schönheit.
> Im Garten Gottes, in Eden, bist du gewesen. / Allerlei
> kostbare Steine umgaben dich:
> Rubin, Topas, dazu Jaspis, / Chrysolith, Karneol und
> Onyx, / Saphir, Karfunkelstein und Smaragd.
> Aus Gold war alles gemacht, / was an dir erhöht und
> vertieft war,
> all diese Zierden brachte man an, / als man dich schuf.
> Einem Kerub mit ausgebreiteten, schützenden Flügeln
> gesellte ich dich bei. / Auf dem heiligen Berg der Göt-
> ter bist du gewesen. / Zwischen den feurigen Steinen
> gingst du umher.
> Ohne Tadel war dein Verhalten / seit dem Tag, an
> dem man dich schuf, / bis zu dem Tag, an dem du
> Böses getan hast.
> Durch deinen ausgedehnten Handel / warst du erfüllt
> von Gewalttat, / in Sünde bist du gefallen.
> Darum habe ich dich vom Berg der Götter verstoßen, /
> aus der Mitte der feurigen Steine / hat dich der schüt-
> zende Kerub verjagt.
> Hochmütig warst du geworden, / weil du so schön
> warst.
> Du hast deine Weisheit vernichtet, / verblendet vom
> strahlenden Glanz.
> Ich stieß dich auf die Erde hinab …
> Zu einem Bild des Schreckens bist du geworden, / du
> bist für immer dahin.
> *(Ezechiel 28, 12-19)*

Diese wenigen Verse geben uns immerhin drei wichtige Anhaltspunkte:

Erstens: Der in die «Unterwelt» geschmetterte Empörer war vor seinem Sturz – worauf das Attribut «strahlend» hinweist – anscheinend einer der mächtigsten und prächtigsten Engel der damaligen Hierarchie. In der *Vulgata,* der in den Jahren 385-405 n. Chr. entstandenen lateinischen Bibelübersetzung, wird dieses Attribut durch den Namen *Luzifer* repräsentiert, der bis heute zu den zahlreichen teuflischen Pseudonymen gehört.

Ursprünglich und seiner Wortbedeutung nach verweist er aber lediglich auf den durchaus unteuflischen Glanz, auf die Strahlkraft dieses mächtigen Engels. Nach anderen Bibelübersetzungen war ihm gar ein Kerub nicht nur «beigesellt», sondern Luzifer selbst wird als «schirmender, gesalbter Kerub» gepriesen.

Zweitens: Die Anrufung Luzifers als «Sohn der Morgenröte» läßt sich so verstehen, daß dieser Engel möglicherweise das erste Geschöpf überhaupt war, das Gott bei Anbruch der «Morgenröte» – also zu Beginn des ersten Schöpfungstages – schuf.

Satan im Abgrund, Stich von
Gustave Doré (1832-1883)

Drittens: Natürlich erinnert uns der Sturz Luzifers, seine Verbannung in die «Unterwelt», an die sehr ähnliche Strafe, die – zufolge den Apokryphen – später jener Engel Asael erfuhr, der die «Himmelssöhne» zur Vermischung mit den «Erdentöchtern» verführte: «Zu Raphael sprach der Herr: ‹Feßle den Asael an Händen und Füßen und wirf ihn in die Finsternis … Er soll für ewig dort wohnen, und bedecke sein Angesicht mit Finsternis, damit er kein Licht schaue.›» Ohne Zweifel verficht der alttestamentarische Gott ein starres Hierarchiedenken, das sich in dem Gebot «Ein jeder bleibe an seinem Ort» zusammenfassen ließe – und zwar an dem Ort, der ihm von Jahwe ein für allemal angewiesen wurde. Während aber Asael gegen das Verbot verstieß, in der Hierarchie *abwärts* zu steigen, und so das geheime Wissen und die überlegenen Kräfte der Engel in die Menschenwelt trug, versucht der «Sohn der Morgenröte», in der gleichen Hier-

archie ebenso eigenmächtig *aufzusteigen*. Eine Rebellion,
auf die Jahwe noch weitaus härter als auf den Frevel des lüsternen Asael reagiert: mit der ganzen Unerbittlichkeit einer

O Luzifer, Sohn des Morgens

Gefallner Stern! Verdunkelt Licht,
  Pracht, die um ihren Thron gebracht,
Aus eigner Schuld dem Heil'gen fern:
  Gefallner Stern!
  Gefallen durch der Erde Grenzen,
Ohne Zurück, der Sicht entrückt,
  Wo weit um keine Nebel glänzen.
Du Schwärze, einmal warst du Licht;
  Du Tod, einst glühndem Leben fern;
Du Sohn des Tags liebtest die Nacht,
  Gefallner Stern!
Wehe! Die sich das Leben nehmen,
  Schwinden vom Spiegel wie Schemen,
Sinken und sterben, nichts hält sie im Lot: –
  Tot sind sie, tot!
  Wer endet das üble Sterben?
Verblendet, besessen, betört und blind
  Stürzen sie ins Verderben.
Der Jubel der Heiligen kehrt sich in Not,
  Laut klagen sie um vergangene Pracht
Und Fülle, die sich verliert in die Nacht,
  Tot sind sie, tot!
Wie Schaum, der das Wasser schlägt,
  Wie Gischt, den die Welle trägt,
Ein Traum, der im Wachen verweht,
  Kürbis, der blüht und vergeht,
Wie Frucht, die niemand bringt ein,
  Wie Wein, der keinen Durst stillt,
  Ist Hoffen, das sich nicht erfüllt
In Dir, Gott, allein.

Christina Rossetti

ner gekränkten Gottheit, die sich für ihr Vertrauen mit Undankbarkeit übel belohnt sieht.

Wie wir von Jesaja erfahren, besaß Luzifer bereits vorher einen «Thron», der aber unter den «Wolken» – also auf Erden – installiert war und den er nun insgeheim beträchtlich nach oben zu rücken versuchte: «weit über die Wolken hinaus», «auf den Berg der (Götter)versammlung», in «den Himmel», gar «über die Sterne Gottes». Letztlich nimmt also die Rebellion Luzifers – wenngleich in weitaus größerem Maßstab – eher den (späteren) Sündenfall Adams und Evas im Garten Eden als das (noch spätere) Komplott der Himmelssöhne unter Führung Asaels vorweg. Denn sie beide, der erstgeschaffene Engel ebenso wie die ersten Menschen, versuchten sich *über* die ihnen zugewiesene Sphäre zu erheben, was beides auf den Versuch hinausläuft, gottgleich zu werden: «Dann sprach Gott, der Herr: Seht, der Mensch ist geworden wie wir» *(Genesis 3, 22-24)*. Ebenso verschiebt Luzifer seinen Thron in die Höhe, um «dem Höchsten zu gleichen» *(Jesaja 14)*.

Worin also bestand die Missetat Satanels, die eine so grausame – auch für die Menschheit fatal folgenreiche – Strafe nach sich zog? Ezechiel versucht zwar, die Rebellion des strahlenden Engels in ein moralisches Zwielicht zu rücken, indem er Satanels Taten mit Attributen wie «böse» und «hochmütig» belegt. Aber auch diese schüttere Kostümierung kann nicht verbergen, daß sich Satanel – anders als nach ihm Asael – von der Sphäre des Irdischen, Fleischlichen, Materiellen (die wir heute so untrennbar mit dem Teufel verbinden) gerade zu *entfernen* versucht, indem er gen Himmel zu «den Sternen» strebt.

Folglich bleibt als einziger Anklagepunkt der Verstoß gegen das feudale Gebot bestehen, am zugewiesenen Ort zu verharren und keinesfalls mehr Macht und Ansehen zu begehren, als vom Allerhöchsten zugeteilt wurde. Doch dieses Gesetz leuchtet uns Heutigen nicht mehr ohne weiteres ein.

Deshalb fragen wir nochmals – und mit größerer Beunruhigung: Worin bestand das Vergehen Satanels?

Die Sünde der gefallenen Engel

Der Engel hat ohne jeden Zweifel dadurch gesündigt, daß er danach strebte, wie Gott zu sein … Das Streben aber nach Gottesähnlichkeit ist auf doppelte Weise möglich. Einmal in bezug auf das, worin etwas veranlagt ist, Gott ähnlich zu werden. Und so begeht der, welcher darin Gott ähnlich zu werden strebt, keine Sünde, solange er die Ähnlichkeit mit Gott in der Ordnung zu erlangen strebt, die sein soll, nämlich so, daß er sie von Gott empfange. Er sündigte aber, wenn er danach strebte, in der Gerechtigkeit Gott ähnlich zu sein, gleichsam aus eigener Kraft und nicht aus der Kraft Gottes. – Auf die andere Weise kann jemand danach streben, Gott ähnlich zu werden; wenn z.B. jemand anstrebte, Himmel und Erde zu schaffen, was Gott eigen ist; in diesem Streben wäre Sünde. Und auf diese Weise hat der Teufel angestrebt zu sein wie Gott.

Thomas von Aquin

Stolz und Untergang der bösen Geister

Sie sahen aber den auf dem Throne Sitzenden mit einem
Blicke an, als kännten sie ihn nicht … Ihr Auge wich von
der geraden Richtung ab, und sie verachteten in ihrem Stolze
den, der im Himmel herrscht. Gleich nach ihrer Erschaffung
kosteten sie die Gottlosigkeit, die sich dem Verderben zu-
kehrt. Sie schauten auf Gott nicht mit dem Blick der erken-
nenden Liebe, sondern mit dem Verlangen, sich über ihn,
den sie nicht kennen wollten, emporzuschwingen. Die Flammen der Selbstüberhebung loderten in ihnen auf, und sie
wandten sich von seiner Erkenntnis ab. Lieber steuerten sie
ihrem eigenen Untergang zu, als daß sie das Verlangen in
sich aufkommen ließen, Gott in seiner Herrlichkeit zu schau-
en. Sofort erloschen sie und wurden schwarz wie Kohle. Im
gleichen Augenblick, da Luzifer mit seinem Anhange es stolz
verschmähte, Gott zu erkennen, erstarb in ihm der blitzende
Lichtglanz, mit dem ihn die Macht Gottes bekleidet hatte;
denn er selbst zerstörte in sich die innere Schönheit, deren
Erkenntnis ihm zum Guten hätte dienen sollen, und streckte
sich gierig nach der Bosheit aus, die ihn in ihren Schlund zog.
So erlosch er für die ewige Herrlichkeit und stürzte in immer-
während Verderben … Wegen ihres Hochmuts stürzten sie
in den Abgrund des ewigen Todes. Untergegangen sind sie,
und im Lichte werden sie nicht mehr erschaut.

Hildegard von Bingen

Drachenfürst Satanel

Erste mögliche Antwort: *Luzifer verkörpert das Scheitern der
ersten Schöpfung,* die beseitigt werden mußte, ehe Gott mit
der Neuschöpfung – unserer heutigen Erde – beginnen oder
diese zumindest vollenden konnte. Nach dieser faszinieren-
den Version, die auch durch das Zeugnis der Apokryphen
gestützt wird, war Gott keineswegs abgeneigt, seinen Thron
und seine Macht mit dem vollkommensten seiner Geschöpfe
zu teilen. Allerdings sollte nicht (mehr) Satanel, der erst-

*Satan, Detail des Kirchenväter
Altars von Michael Pacher, 1486*

Hajim (Engel des Herzens) Teliel (Engel der Natur) Myrrhael (Engel der Orden) Aydiel (Engel der Arbeit) Sahjiel (Engel der Erleuchtung) Rehajel (Engel der Gelassenheit) Ombael (Engel der Mission) Baruchin (Engel der Läuterung) Aljochin (Engel der Hostie der Seele) Rem (Engel der Stoßkraft Gottes) Anophiel (Engel der Unbegreiflichkeit Gottes) Cassiel (Engel der Gerechtigkeit Gottes) Graphiel (Engel der Schwertschneide Gottes) Ursalim (Engel der Verwaltung der heiligen Stätten) Serasel (Engel der Verwaltung allen Besitzes) Jephthael (Engel der Verwaltung aller Gedankenarbeit) Jachim (Engel des Sturmes) Bairim (Engel des Wassers) Messijim (Engel des Feuers) Menijim (Engel der Erde) Achar (Engel des Winters) Mirachar (Engel des Frühlings) Nahimphar (Engel des Sommers) Scheadar (Engel des Herbstes) Ophar (Engel der Dunkelheit) Sesachar (Engel des Lichtes) Nadar (Engel der Wandlung) Myrrhael (Engel des Abendlandes) Aydiel (Engel Amerikas) Sahjiel (Engel Asiens) Ombael (Engel Afrikas) Chiloel (Engel der Nord- und Südländer und der Arktis) Gerachial (Engel der Ungläubigen) Ghasel (Engel des Urbanen) Henael (Engel des Suchens und des Findens) Berael (Engel der klaren Gewissens) Zeael (Engel der Alten und der Bücher) Eliael (Engel der Selbstüberwindung) Morael (Engel der Gottes- und Naturgesetze) Tanael (Engel der jungen Geschöpfe und der Kinder) Zurael (Engel der täglichen maßvollen Nahrung) Michael (Engel des Glaubens) und Methusiel (Engel des Herrschertums) Gabriel (Engel der Menschwerdung und des Friedens) Dirachiel (Engel der Mystik und des Friedens) Raphael (Engel der Liebe und der Scheidung) Nariel (Engel des Trostes) Gratiel (Engel der Märtyrer) Malchidiel (Engel der Tapferkeit) Ariel (Engel der Familien und Musik) Levanael (Engel der reinen Liebe) Jophiel (Engel der Innerlichkeit) Ezechiel (Engel der Treue) Sadiel (Engel der Kirche Gottes) Cadiel (Engel des Brotes) Obriel (Engel der Langmut) Aduachiel (Engel der Scharfblickes und Vertrauens) Asmodel (Engel der Kindschaft in Gott) Rarachiel (Engel der Tapferkeit und der Männlichkeit) Hassiel (Engel der Abwehr gegen höllische Angriffe) Amiriel (Engel der Leidenschaft) Azariel (Engel der Barmherzigkeit) Gerudiel (Engel des Gleichmaßes) Hanaliel (Engel der Weitsicht) Anael (Engel der Unberührtheit) Hazel (Engel des Salzes) Siloel (Engel der Energie) Bethel (Engel des Metalls) Iriel (Engel des Öls) Lairiel (Engel der Strahlung) Rasdael (Engel der Kohle) Ophel (Engel der geheimen Strahlkräfte und der Magneten) Sabritiel (Engel der Charakterfestigkeit und der Wohnungen) Ubiel (Engel des Holzes) Lechitiel (Engel der Analyse und Synthese) Rananiel (Engel des Tierischen und Pflanzlichen) Onophriel (Engel der Stärke und des Zuckers) Dimachiel (Engel der Geburt Christi) Abbael (Engel des Kreuzes) Neomeniel (Engel der heiligen Kirche) Sophitiel (Engel der Schönheit und Tugend Marias) Pashael (Engel des Friedens und der Versöhnung) Emmanuel (Engel des göttlichen Angesichts) Uphariel (Engel der Liebe und Barmherzigkeit) Elarmir (Engel der Gewalt) Kepharnim (Engel des Glaubens) Pithormim (Engel der getreuen Wächter) Hamasim (Engel der Wunder) Philoim (Engel der Prüfungen) Pergamim (Engel der Beharrlichkeit) Cholim (Engel des Leidens) Diloim (Engel der göttlichen „Werde!") Chesim (Engel der göttlichen „Weiche!") Pharim (Engel der göttlichen „Komme!") Ochotiel (Engel der Schwerkraft) Vidiel (Engel der Fliehkraft) Usatim (Engel der Kausalität) Sobroniel (Engel der Gestaltungskraft) Nekurim (Engel der Wesensströmungen) Menim (Engel der Strahlungen) Sim (Engel des Kraftfeldes) Misael (Engel der Glaubensbereitschaft) Meriel (Engel der Glaubenstreue) Kadmiriel (Engel der Glaubensdemut) Amiel (Engel der Glaubenswahrheit) Marchidiel (Engel der Glaubensgüter) Admisiel (Engel der Glaubenszucht) Mirachiel (Engel der Glaubenskraft) Kyriel (Engel der Gottesfurcht) Geriel (Engel der Gotteserkenntnis) Abariel (Engel der Beharrlichkeit) Advisiel (Engel des Vertrauens) Geliel (Engel des Starkmutes) Getruliel (Engel der Einfalt) Baranael (Engel der Reue) Phanael (Engel der Weisheit) Rachiel (Engel der Ordnung) Rasiel (Engel des Maßes der Liebe) Zephiriel (Engel der Nüchternheit) Pharachiel (Engel der Sanftmut der Liebe) Ravanael (Engel der Tiefe der Liebe) Pheliel (Engel der Innerlichkeit der Liebe) Sebastim (Engel des Weihnachts-Festkreises) Chasim (Engel des Oster-Festkreises) Chattatim (Engel der Pfingst-Auswirkung) Ariochim (Engel der Priester) Machanajim (Engel der Grundstruktur der heiligen Kirche) Haleochim (Engel Maria des ganzen Corpus Christi Mysticum) Hajim (Engel des Tabernakels) Arathim (Engel des Wortes Gottes) Selamim (Engel der Sakramente) Chud (Engel der Macht der heiligen Orte) Jehod (Engel der Macht der Gottverbundenen) Chochod (Engel der gottgeweihten Zeiten) Michael (Engel für die Durchführung des Wortes Gottes) Mirachiel (Engel der Macht des Glaubens) Ariguel (Engel der Barmherzigkeit) Diurim (Engel der Gewalt des göttlichen Willens) Ezechiel (Engel der Treue) Thaamim (Engel des Eifers für Gott) Samaliel (Engel der Fürbitte) Hajim (Engel des Gewissens) Nithasiel (Engel der Freundschaft) Sinar (Engel der Klarsicht) Manuel (Engel der Bereitschaft) Scheadar (Engel der Ernte) Raphael (Engel der Ärzte und der Reisenden) Bilael (Engel des Bekennermutes) Berubiel (Engel der Armut) Nathanael (Engel der Gewalt des Lobopfers) Nazariel (Engel der Gewalt des Sühnopfers) Ramael (Engel der Gewalt des Dankopfers) Seraphiel (Engel der Gewalt des Bittopfers) Gazar (Engel der Opferschale des Lobopfers) Senachar (Engel der Opferschale des Weihopfers) Sephar (Engel der Opferschale des Dankopfers) Misachar (Engel der Opferschale des Bittopfers) Johar (Engel der Opferschale des Sühnopfers) Jessaphar (Engel der Opferschale des Versöhnungsopfers) Taumatim (Engel der Opferschale des Blut- und Lebensopfers) Elchai (Engel des Lobpreises) Urim (Engel des Atems) Abbael (Engel der Gewalt des Kreuzes) Eliguel (Engel des Sammelns der zerflatternden Stimmen der verlorenen Schafe) Thrusiel (Engel der verlorenen Gottesgeschöpfe und der Stummen) Zaphkiel (Engel der Herabneigung Gottes) Akaba (Engel des Geistes als Seraph) Assael (Engel der Erkenntnis) Viraguel (Engel der Weisheit) Phael (Engel des Rates) Johael (Engel des Wortes) Sorel (Engel des Starkmutes) Thamael (Engel der Gottesfurcht) Thael (Engel der Gottseligkeit) Gabriel (Engel des Schwerts des Schmerzes) Ariel (Engel des Schwerts des Nicht-helfen-Könnens) Galathiel (Engel des Schwerts der unsichtbaren Not) Sadiel (Engel der Entsagung Mariens) Jophiel (Engel des heiligen Schweigens Mariens) Michael (Engel der Demut Mariens) Raphael (Engel des Opfers Mariens) Urim (Engel der Arbeit) Saddim (Engel des Sendungsbewußtseins) Thumim (Engel des Schmiedens des Stabes) Hajim (Engel des Kreuzesrufs) Jochaanael (Engel des weithin hallenden Rufes Gottes) Vehujah (Engel des Feuers der Liebe) Eloha (Engel des Geistes) Chaled (Engel des Tabernakels) Tarael (Engel der Antwort) Lelajah (Engel der Hirten) Hajim (Engel der Wandlung) Habejah (Engel der Sendung) Frugiel (Engel der Abwehr) Phased (Engel des Gerichtes) Binah (Engel des Maßes) Jesod (Engel des Gesetzes) Vedad (Engel der Wahrheit) Gedulah (Engel der Liebe) Pachad (Engel der Gottesfurcht) Geburah (Engel der Gerechtigkeit) Chochmah (Engel der Weisheit) Tiphered (Engel der Schönheit) Chesed (Engel der Harmonie) Nezach (Engel der Macht) Jesirach (Engel der Stärke) Hod (Engel des Triumphes) Gerachiel (Engel der Abgefallenen) Thaamim (Engel der Abgestumpftheit der Seele) Myrrhael (Engel der Abtei) Michael, Hassiel und Rugiel (Engel zur Abwehr höllischer Angriffe) Michael und Amitiel (Engel der Abwehr der Dämonen in der Sterbestunde) Zurael (Engel des täglichen Lebens) Cheloim (Engel des wunschlosen Anbetens) Myrrhael (Engel im Dienste Mariens) Malachiel (Engel der Klarsicht) Nun (Engel der Fürbitte für die Armen) Aus dem geheimen Handbuch der katholischen Sekte Opus Angelorum

geborene Sohn, «zur Rechten Gottes» sitzen, sondern die sprichwörtliche «Krone der Schöpfung»: Adam, der Mensch.

Diese Lesart basiert also auf dem so irritierenden wie einleuchtenden Gedanken, daß Gott *zwei Schöpfungen* vollbracht habe. Hierfür spricht auch der Beginn der *Genesis*, der nach Ansicht etlicher Gelehrter korrekterweise so zu übersetzen wäre:

> Am Anfang schuf Gott Himmel und Erde; die Erde
> aber wurde wüst und leer, und Finsternis wurde über
> der Tiefe … *(Genesis 1, 1f.)*

Die Erde *wurde* (statt «war») in dieser Version «wüst und leer» als direkte Folge der unmittelbar vorausgegangenen Verstoßung Luzifers. Umgekehrt hatte dieser nicht aus «Hochmut» (wie Jesaja vermerkt) seinen Thron neben den Thron Gottes rücken wollen, sondern weil dies als Konsequenz und Vollendung der ersten Schöpfung ursprünglich so vorgesehen war. Nun war es aber Satanels großes *Pech* (eine Materie, die ihm seither anzuhaften scheint), daß Gott an dieser ersten Schöpfung keinen Gefallen mehr fand. Die Besetzung des Thrones zur Rechten Gottes stand durchaus an, nur hatte der Herr kurzfristig umdisponiert und nicht mehr Luzifer, sondern Adam für diese Position ausersehen. Möglicherweise um diesem Plan zuvorzukommen und doch noch vollendete Tatsachen zu schaffen, rückte daraufhin Luzifer eilends seinen Thron himmelwärts, aber zu spät: Die Verstoßung war längst beschlossen, der Sturz nur die Exekution eines Urteils, das Satanel, der die Gunst Gottes verloren hatte, so oder so ereilt hätte.

Nach der etwas sanfteren Variante der *Schatzhöhle* – die wir oben schon teilweise zitiert haben – erhält Satanel immerhin noch die Chance, ein milderes Urteil zu erwirken: Statt in die «Unterwelt» verstoßen zu werden, könnte er sich dem neuen Gottesgünstling Adam unterwerfen und sich dieserart – wenn auch empfindlich degradiert – in der Sphäre der Engel halten. Der vermeintliche «Hochmut» Luzifers er-

Der Kampf des Satans gegen das Gottesvolk

Ein anderes Zeichen erschien am Himmel: ein Drache, groß und feuerrot, mit sieben Köpfen und zehn Hörnern und mit sieben Diademen auf seinen Köpfen. Sein Schwanz fegte ein Drittel der Sterne vom Himmel und warf sie auf die Erde herab.

(Offenbarung 12, 3 f.)

scheint hier sehr viel eher als berechtigter Stolz, zumindest als nachvollziehbare «Empörung» dessen, der jählings – ohne daß von irgendeiner Verfehlung die Rede wäre – in Ungnade fällt:

«... Ihm [Adam] ziemt es, mich zu verehren, mich, der ich Feuer und Geist bin, und nicht mir, daß ich den Staub verehre, der aus einem Staubkörnchen gebildet ist.» Solches brachte der Empörer vor und ward ungehorsam; so trennte er sich nach seinem eigenen Willen und seiner Freiheit von Gott. Da ward er gestürzt und fiel, er und seine ganze Schar; am sechsten Tag in der zweiten Stunde geschah sein Fall aus dem Himmel.

Wenn aber die Verstoßung Luzifers allenfalls die Verschärfung eines ohnehin schon gefällten Urteils – der Unterwerfung des mächtigen Satanel unter Adams Regiment – war, so stellt sich die Frage: Warum dieser Umschwung in der Gunst Gottes, weshalb dieser jähe Wechsel vom erstgeschaffenen Sohn Luzifer zu Adam, dem Geschöpf des sechsten Tages? Die Antwort liegt nahe: Jene erste Schöpfung, der Luzifer als «Haupt der unteren Ordnung» *(Schatzhöhle)* vorstand, muß einen bedenklichen Defekt aufgewiesen haben. Offenbar versuchte der Schöpfer, diesen Fehler zu korrigieren, wobei *Genesis* und *Schatzhöhle* uns zwei Varianten anbieten: Korrektur durch Auslöschung der gescheiterten ersten Schöpfung *(Genesis:* «und die Erde wurde wüst und leer») oder Korrektur durch versuchte Unterwerfung der ersten unter die neue Schöpfung, also Satanels unter den Menschen *(Schatzhöhle).* So oder so verkörpert Satanel hier die erste, Adam die zweite oder Neuschöpfung, und so oder so sollte der Thron «zur Rechten Gottes» nach jenem Umschwung nicht mehr mit dem erstgeschaffenen Engel, sondern mit dem Menschen besetzt werden.

Worin dieser Grundfehler der ersten Genesis möglicherweise bestand – und welcher monströsen Schöpfung der «strahlende Sohn der Morgenröte» demnach vorstand –, wurde schon mehrfach mit der gebotenen Vorsicht angedeutet: Das berühmte «missing link» zwischen der ur- und vorgeschichtlichen Tierwelt und dem erstmaligen Auftauchen des Menschen konnte trotz aller wissenschaftlichen Anstrengungen bis heute nicht gefunden werden. Manches spricht dafür, daß weder Genetiker noch Archäologen es jemals finden werden, und auch die Theorie Darwins von der Menschwerdung des Affen durch «Evolution» und «natürliche Auslese» ist letztlich nichts anderes als naturwissenschaftlich verbrämte Spekulation. Bis heute konnten weder die jähe Auslöschung der ursprünglichen Saurierwelt mit ihrer riesenhaften Fauna und Flora noch das ebenso jähe Erscheinen des Menschen auf der Erde von der Wissenschaft auch nur annähernd erklärt werden. Sämtliche hierzu – wie auch zur Entstehung des Universums «insgesamt» – kursierenden Theorien sind günstigstenfalls phantasievolle Poesie. Und nicht wenige dieser Spekulationen entpuppen sich bei näherem Hinsehen als «moderne» Nacherzählung der biblischen Texte – so etwa die «Urknall»-Theorie, die letztlich nichts anderes darstellt als eine «wissenschaftliche Paraphrase» der biblischen Schöpfungsgeschichte.

Ähnliches gilt für die schaurige Fauna der vorgeschichtlichen Saurierwelt, deren Auftauchen und Verschwinden uns keine Biologie oder Genetik, Ur- oder Erdgeschichte erklären kann. Nach allem, was wir einerseits aus der wissenschaftlichen Forschung, andererseits aus den alttestamentarischen und apokryphen Schriften wissen, könnte die archäologisch-mythologische Saurier- und Drachenwelt jene *erste Schöpfung* gewesen sein, die Gott vor der Neuschöpfung auslöschte und deren «Haupt» der tragische Satanel war.

Satanel, der drachenähnlichste aller Engel, oft auch mit umgebender Drachensymbolik dargestellt … War dieser «Sohn der Morgenröte» somit der Fürst einer ersten, ungeschlachten, archaischen Schöpfung, die der Gott der Genesis vor der Neuschöpfung vernichtete (oder zu vernichten versuchte) wie ein monströs gescheitertes genetisches Experiment?

Der Schatten der Hölle

Ein goldbeschwingter Engel stand
Vor dem ewigen Richter-Stuhl:
Sein Anblick war wild, Fuß und
  Hand
Gefleckt vom Blut aus Teufels
  Pfuhl.
Der Vater und der Sohn
Sahen nun den Streit auflohn,
Hörten, daß Satan die Kette
  zerschlug
Und mit Millionen Dämonen den
  Zug
Abermals über die Berge trug.
Eh noch der Engel berichtet hatt',
Ein süßer, schauriger Klang
Rings gleich dem Rauschen von
  Flügeln entsprang;
Da wurden jäh die Lampen matt –
Die vor den sieben Erzengeln
  stehen
Im Himmel glühen und nicht
  vergehen.

Percy Bysshe Shelley

Was immer es mit diesem Scheitern auf sich haben mag, ihm folgte jedenfalls, wie man weiß, ein zweites Scheitern auf dem Fuße: An Luzifers Sturz schloß sich die Paradiesvertreibung an, weshalb der Platz zur Rechten Gottes kurz nach der Inthronisation Adams bereits wieder vakant war – und bis zum Ende der alttestamentarischen Zeiten unbesetzt blieb.

Neuoffenbarung

Sie [die Gottheit] wollte also schaffen und sagte sich weiter: «In Mir ruhet alle Kraft der Ewigkeiten; also schaffen Wir ein Wesen, das ausgerüstet sei mit aller Kraft gleich Mir Selbst, jedoch so, daß es in sich trage die Eigenschaften, an denen Ich Mich Selbst erkennen kann!» Und es ward ein Geist erschaffen, der ausgerüstet wurde mit aller Kraft aus Mir, Meine in Mir ruhenden Kräfte beschaulich der Gottheit vorzuführen ...

Wenn Ich euch nun sage, daß dieser erstgeschaffene Geist ‹Luzifer› hieß, so werdet ihr jetzt auch begreifen, warum er so und nicht anders hieß ... Er, ausgerüstet mit Meiner völligen Macht, rief nun andere Wesen ins Leben, die völlig ihm ähnlich waren, auch die Gottheit in sich empfanden und dasselbe Licht der Erkenntnis in sich erbrennen sahen wie er, ebenfalls selbstschöpferisch auftraten und ausgerüstet wurden mit aller Kraft Meines Geistes ...

Luzifer, wohl wissend, daß er in sich den Gegenpol Gottes vorstellen sollte, vermeinte nun zu ermöglichen, die Gottheit gewissermaßen in sich aufsaugen zu können, und verfiel in den Irrtum, als geschaffenes und damit endliches Wesen die Unendlichkeit in sich aufnehmen zu können ...

Es entstand nun ein Zwiespalt ..., der schließlich dazu führte, daß die Luzifer gegebene Macht von Mir zurückgezogen und er mit seinem Anhange machtlos und der Schaffenskraft beraubt wurde.

Jakob Lorber (Das Große Evangelium Johannes XI)

Die Vertreibung von Luzifer und den Rebellenengeln aus dem Himmel

Neuoffenbarung

Sehet, so ein Chemiker bin Ich!
Ich löste die unrein gewordenen
Kristalle auf in dem warmen
Liebeswasser und ließ diese Seelen
nun wieder neu auskristallisieren,
damit sie klar würden.
(Das Große Evangelium Johannes XI)

Die ganze sichtbare Schöpfung
besteht nur aus Partikeln des
großen gefallenen und in die
Materie gebannten Geistes Luzifers
und seines Anhangs.
(Himmelsgaben II)

Sehet, was Ich eines einzigen
hochmütigen Engels wegen tue!
Ich sage euch, es wäre nie eine
Erde noch Sonne, noch irgend
etwas Materielles geschaffen
worden, wäre dieser Einzige
demütig geblieben.
(Himmelsgaben I)

In dem Wachsen Meiner zahllosen
unvollendeten Kinder, in ihrem
zunehmenden Erkennen und
Vollkommenerwerden und ihrer
daraus erwachsenden Tätigkeit
liegt auch Meine höchste Seligkeit.
(Das Große Evangelium Johannes V)

Jakob Lorber

Luzifer oder
Das paradoxe Gleichnis vom verstoßenen Sohn

Auf die Frage, worin Satanels Vergehen bestanden haben
mag, lautet eine zweite mögliche Antwort: *Der Fehler lag
bei Gott*, nicht (oder jedenfalls nicht nur) bei Satanel. Dieser
war demnach nicht – wie es die erste Antwort nahelegte –
ein monströser Irrläufer der Schöpfung, sondern ein wahrhaft «strahlendes» Wesen, das dem Schöpfer gerade durch
seine Vollkommenheit Furcht einflößte: Furcht, die eigene
Machtvollkommenheit mit einer mehr und mehr ebenbürtigen Kraft teilen zu müssen.

Kennzeichnend für das Alte Testament ist ein starres Hierarchiedenken, in dem Macht und Ohnmacht, Wissen und
Unwissen unabänderlich verteilt sind: Der «Topf» kann nicht
den «Töpfer» verleugnen, der ihn geschaffen hat, das «Haus»
kann sich nicht gegen seinen «Baumeister» empören usw. –
die altbiblischen Schriften sind voll solcher Gleichnisse, die
einen unveränderlichen Gegensatz zwischen Schöpfer und
Geschöpf betonen.

Diese Vorstellung unüberwindlicher Klassenunterschiede
wird mit voller Konsequenz erst im christlichen Denken auf-
und abgelöst: durch den Gedanken des *Wachstums*, das es
dem Geschöpf ermöglicht, zur Größe seines Schöpfers her-
anzureifen, und durch die Idee, daß der *Mikrokosmos* – also
jedes einzelne Geschöpf – in mikroskopischer Verkleinerung
die gesamte Schöpfung – den Makrokosmos – potentiell ent-
halte. An die Stelle des Bildes vom göttlichen «Baumeister»
und der für immer seiner Macht unterworfenen Schöpfung
tritt so im neutestamentarischen Denken das Gleichnis vom
göttlichen Vater und seinem Geschöpf, dem «Sohn». Auch
wenn uns dieses Bild schon in den altbiblischen Schriften
häufig begegnet, wird seine innere Logik doch erst nach der
Zeitenwende revolutionär entfaltet: Der «Sohn» (oder, weniger patriarchalisch gesprochen: das Kind, die Tochter) ist
nicht für immer dem «Vater» (den Eltern, der Mutter) un-

terworfen und unterlegen; das Kind reift seinerseits zum Erwachsenen, wird selbst Vater oder Mutter und holt den Wissens-, Kraft- und Machtvorsprung der Eltern unweigerlich auf.

Im Neuen Testament treffen wir daher einen sehr viel späteren «Sohn Gottes» – Jesus Christus – genau dort an, wo dessen erstgeschaffener Sohn – Satanel – um keinen Preis sitzen durfte: «zur Rechten Gottes», Thron an Thron gleichberechtigt «über den Sternen», der Sohn dem Vater, das Geschöpf dem Schöpfer, der einst Niedere «dem Höchsten gleich».

Nach dieser Lesart liegt also der Fehler – um nicht zu sagen, die Schuld –, der zum Sturz Luzifers führte, bei jenem alttestamentarischen Gott, der das Gebot des Gehorsams und die Verteidigung der Hierarchie über alles andere stellt und sich gegenüber dem Gedanken verschließt, daß das Kind (Geschöpf) nichts anderes ist als ein «Vater» (Schöpfer) in spe. Aus der Geschichte vom verheißungsvollen Sohn, vom musterhaften Kind und strahlendsten aller Geschöpfe, das mit zunehmender Reife berechtigterweise an die Seite seines Schöpfers tritt, wird so im Alten Testament eine Monsterstory mit Frankenstein-Flair: Die Geschichte von der unheimlichen Kreatur, die entgegen dem Urteil des Schöpfers – «und siehe, alles war gut» – ziemlich bald außer Kontrolle gerät. Daraufhin wird Satanel in die «Unterwelt», in die «Finsternis» verbannt wie nach ihm Asael.

Es ist einigermaßen zweifelhaft, ob er sich dort tatsächlich in jenen mittelalterlich gehörnten, bocks- oder pferdefüßigen Jahrmarktssatan verwandelt hat, der seither als Seelenfänger und fleischlicher Versucher seiner angeblichen Bosheit frönt. Zahlreiche ergreifende Legenden zeichnen vielmehr ein jammervolles Bild des ehemals strahlendsten, zu Unrecht verstoßenen Engels Satanel, des einstigen Lieblingsgeschöpfes und Vorzugskindes Gottes, das in unerträglicher Einsamkeit die Verstoßung durch seinen Vater betrauert.

Alle späteren Dämonisierungen einmal beiseite, ähnelt also der in irdische Finsternis verbannte Luzifer nur allzusehr dem ebenso tragischen Bild der Menschheit als eines Geschlechtes

Beschluß der Kirchenversammlung
von Braga, 561 A.D.

Wer sagt, der Teufel sei anfangs
nicht als guter Engel von Gott
erschaffen worden und sei seiner
Natur nach nicht ein Werk
Gottes, sondern behauptet, er sei
aus der Finsternis aufgetaucht und
die Substanz des Bösen, wie es
manichäische und priscillanische
Lehre ist, der sei ausgeschlossen.

gefallener Engel. Wobei Sturz und Verstoßung dieses Engels-
geschlechtes – *der Menschen mit Satanel als Stammvater* –
durch nichts anderes begründet zu sein scheinen als durch
die Uneinsichtigkeit und *Eitelkeit eines Gottes*, der den
«Sohn», das Geschöpf, nicht als gleichberechtigt neben sich
dulden mag.

Vor diesem Hintergrund erscheint das Neue Testament
wie ein einziger, ungeheurer Einspruch gegen die Strafaktionen des Alten Testamentes, die sich gegen Engel und
Menschen gleichermaßen richteten und mit der Verstoßung
Luzifers begannen. Die neutestamentarischen Schriften sind
daher mit den Gerichtsakten einer Revisionsinstanz verglichen worden, die das gesamte alttestamentarische Verfahren
nochmals aufrollt. Wenngleich ohne offene Kritik am Urteil
der «ersten Instanz», wird dieses von der zweiten doch in wesentlichen Punkten stillschweigend berichtigt. So stellt das
Gleichnis Jesu vom verlorenen Sohn *(Lukas 15, 11-32)* auch
jene unerbittliche Verstoßung des «Sohnes der Morgenröte»
durch den altbiblischen Gott Jahwe grundsätzlich in Frage:
Der Sohn, der das Erbe verpraßt statt vermehrt und somit
gegen das Gebot des Vaters verstoßen hat, wird im Gleichnis
nicht mehr verflucht und verstoßen; ihm wird vielmehr die
Chance zur Umkehr eingeräumt. Der alttestamentarische
Gott zeigte kein Zeichen der Trauer oder auch nur des Be-
dauerns über den Verlust des Sohnes, der ja nichts anderes
als das Scheitern des Vaters bedeutet. Dagegen offenbart sich
im Gleichnis die Trauer des Vaters positiv in seiner Freude
über die Rückkehr des Sohnes:

Aber jetzt müssen wir uns doch freuen und ein Fest
feiern; denn dein Bruder war tot und lebt wieder; er
war verloren und ist wiederaufgefunden worden.
(Lukas 15, 32)

Mit einer großartigen Gebärde schließt dieses Gleichnis alle
«verlorenen Söhne» (Kinder) – gefallene Engel ebenso wie
gestrauchelte Menschen – ein. Im Fall Luzifers setzt dies al-

Entthronter Satan *von Edward Burne-Jones, ca. 1882*

Siegessäule, Berlin, 1873

lerdings voraus, daß nicht nur dieser erste aller verlorenen Söhne möglichen Frevel gegen Gebote des Vaters bereut, sondern umgekehrt auch dieser – in einem Akt tätiger Reue – sein Urteil der unwiderruflichen Verstoßung aufhebt. So gesehen, handelt das Neue Testament nicht nur von der Erlösung des Menschen, sondern zugleich von einer späten und dramatischen Rehabilitation Satanels: Indem Jesus gewährt wird, was noch Luzifer verwehrt war – der Thronsessel «zur Rechten Gottes» –, hebt die Himmelfahrt Jesu den Höllensturz Satans spiegelbildlich auf.

War also Luzifer, der «Sohn der Morgenröte», Opfer eines göttlichen Fehlurteils?

Beschluß der Kirchenversammlung von Braga, 561 A.D.

Wer glaubt, der Teufel habe einige Geschöpfe in der Welt gemacht und er bewirke aus eigener Macht Donner, Blitz, Unwetter und Dürre, wie es priscillanische Lehre ist, der sei ausgeschlossen.

Der «Gott dieser Weltzeit»

Wie später Asael oder zahllose andere göttliche oder menschliche Justizopfer wäre vielleicht auch Satan nach seinem Sturz rasch in Vergessenheit geraten, hätte er nicht eine im Judenwie im Christentum überaus wichtige Funktion erfüllen müssen: die Rolle des Widersachers Gottes. Dabei ist es, wie gesagt, einigermaßen ungewiß, ob der einstige, nun in die «Unterwelt» geschmetterte Satanel wirklich in diese Rolle des «Versuchers» geschlüpft ist oder ob man ihn seither mit allerlei heidnischen Unterweltgöttern und Dämonen verwechselt und vermengt, gekreuzt und umgeben hat. Ob sich der tragische schwarze Engel nun tatsächlich in den häßlichen Gehörnten verwandelt hat oder diese Version nur auf Propaganda und übler Nachrede beruht – spätestens im 2. Jahrhundert v. Chr. kam die jüdische Religion ohne die Figur eines göttlichen Widersachers nicht mehr aus. Nach der gesamten biblischen Überlieferung schien Luzifer für diese Rolle die Idealbesetzung zu sein.

Die Machtvollkommenheit des frühbiblischen Jahwe ist das Ergebnis seines triumphalen Sieges über heidnische Viel-

Faust, Prolog im Himmel

DER HERR. Du darfst auch da nur
   frei erscheinen;
Ich habe deinesgleichen nie gehaßt.
Von allen Geistern, die verneinen,
Ist mir der Schalk am wenigsten
   zur Last.
Des Menschen Tätigkeit kann
   allzuleicht erschlaffen,
Er liebt sich bald die unbedingte
   Ruh;
Drum geb' ich gern ihm den
   Gesellen zu,
Der reizt und wirkt und muß als
   Teufel schaffen.

Johann Wolfgang v. Goethe

Faust, Prolog im Himmel

MEPHISTOPHELES, ALLEIN.
Von Zeit zu Zeit seh' ich den
   Alten gern,
Und hüte mich, mit ihm zu
   brechen.
Es ist gar hübsch von einem
   großen Herrn,
So menschlich mit dem Teufel
   selbst zu sprechen.

Johann Wolfgang v. Goethe

götterei. Als monotheistischer Gott ist er für alles und jedes zuständig – er straft und verzeiht, liebt und «versucht» die Menschen; er rettet sein Volk und läßt die Abtrünnigen in der Sintflut ertrinken. Doch diese anscheinende moralische Indifferenz, mit der Jahwe Wohl ebenso wie Übel über die Menschen bringt, leuchtet nicht erst uns Heutigen, sondern bereits den Gläubigen zweihundert Jahre vor der – christlichen – Zeitenwende nicht mehr ein. Ein Gott, der den Menschen unablässig Unrecht, Krankheit und Versuchung, Laster, Seuchen oder Naturkatastrophen beschert, wird für seine Anhänger – gelinde gesagt – zum Problem. Bei ihren Versuchen, den Gläubigen auch alles augenscheinliche Unrecht nach dem Sodom-und-Gomorra-Modell zu erklären, verwickelten sich die Schriftgelehrten mehr und mehr in Widersprüche. Das alttestamentarische *Buch Ijob*, eines der berühmtesten Bücher der Bibel, zeugt daher nicht zuletzt von der ungeheuren Entlastung, welche die Einführung der Satansfigur für den judäischen (wie auch später für den christlichen) Glauben bedeutete:

Nun geschah es eines Tages, da kamen die Gottessöhne, um vor den Herrn hinzutreten; unter ihnen kam auch der Satan. Der Herr sprach zum Satan: Woher kommst du? Der Satan antwortete dem Herrn und sprach: Die Erde habe ich durchstreift, hin und her. Der Herr sprach zum Satan: Hast du auf meinen Knecht Ijob geachtet? Seinesgleichen gibt es nicht auf der Erde, so untadelig und rechtschaffen, er fürchtet Gott und meidet das Böse. Der Satan antwortete dem Herrn und sagte: ... Aber streck nur deine Hand gegen ihn aus, und rühr an all das, was sein ist; wahrhaftig, er wird dir ins Angesicht fluchen.
Der Herr sprach zum Satan: Gut, all sein Besitz ist in deiner Hand, nur gegen ihn selbst streck deine Hand nicht aus! Da ging der Satan weg vom Angesicht des Herrn. *(Ijob 1, 6 -12)*

Diese Geschichte enthält einige bizarre Details – darunter die Tatsache, daß der verstoßene Satan hier wieder als «Gottessohn» erscheint und im «Angesicht des Herrn» auftreten darf –, ein Modell, auf das Goethe in seinem faustischen «Prolog im Himmel» zurückgreifen wird. Auch die «Wette», die Gott und Satan abschließen, mutet ein wenig seltsam an, zumal sich die «Versuchung» Ijobs bekanntermaßen zu skandalösen Exzessen steigert. Am Ende hat Ijob all seine irdischen Besitztümer verloren und ist mit allen nur erdenklichen Krankheiten und Gebresten geschlagen – und dies alles ausgelöst durch die gewissermaßen prahlerische Behauptung Gottes, daß sein «Knecht Ijob» im Glauben unerschütterlich sei.

Dennoch wird die monotheistische Religion durch diese neue Rollenverteilung von einigen noch sehr viel schwerer erträglichen Widersprüchen befreit: Nicht mehr von Gott selbst gehen nun die zahllosen «Versuchungen» der Menschen aus, sondern von Luzifer, Satan, dem Teufel oder Beelzebub, dem man nunmehr die Verantwortung für alle auf Erden sich ereignenden Ungeheuerlichkeiten zuschieben kann.

Damit aber tritt ein neuer Widerspruch auf, um dessen Milderung oder Verschleierung sich die römisch-katholische Kirche seit beinahe zweitausend Jahren bemüht: Wenn Gott für all die Schändlichkeiten, die der Teufel anzettelt, nicht verantwortlich ist, dann handelt es sich auch um keinen monotheistischen, machtvollkommenen Gott mehr, der vielmehr doch wieder einen ebenbürtigen Widersacher gefunden hätte. Wenn umgekehrt auch der Teufel ein «Geschöpf Gottes» ist, dann fällt letztlich auch Gott wieder die Verantwortung für «Versuchung» und Unrecht zu, und der Teufel ist dann nur ein Popanz oder Strohmann, hinter dem sich Gott versteckt, um seinem alten Hang zur «Versuchung» der Menschen zu frönen.

Die kirchlichen Versuche, diesen Widerspruch zu verbrämen, sind zahlreich und teilweise bewunderungswürdig, aber sie haben mit dem Thema dieses Buches so wenig zu tun, daß wir hier nicht näher darauf eingehen können. Nur soviel sei

Faust I

FAUST. Bei euch, ihr Herrn, kann man das Wesen
    Gewöhnlich aus dem Namen lesen,
Wo es sich allzudeutlich weist,
Wenn man euch Fliegengott,
    Verderber, Lügner heißt.
Nun gut, wer bist du denn?
MEPHISTOPHELES. Ein Teil von
    jener Kraft,
Die stets das Böse will und stets
    das Gute schafft.

Johann Wolfgang v. Goethe

Satan am Bett eines Sterbenden

angedeutet: Besonders die christliche Theologie hat rückwirkend das Alte Testament so zu lesen versucht, daß die zentralen «Versuchungen» des Menschen möglichst auf das Konto des Satans verbucht werden konnten. Das beginnt natürlich schon bei der Paradiesszene: Die Schlange wird zum Werkzeug des Teufels, die verführte Eva somit zum Opfer Satans, der bei dieser Missetat einen nachvollziehbaren Plan verfolgte. Nach seinem Himmelssturz hatte er Thron, Macht und Wohnsitz verloren. Wie einige Schriftgelehrte andeuten, war er möglicherweise nicht in die «Unterwelt» verbannt worden, sondern hatte als «Fürst der Lüfte» ein höchst unsicheres Exil gefunden. Durch die Verführung im Paradies gelingt es ihm, den Menschen sein eigenes Schicksal aufzuzwingen und sie noch tiefer zu erniedrigen, als er selbst erniedrigt wurde, was ihm einen eindeutigen Vorteil einträgt: Obwohl als Haupt der alten

Ordnung verstoßen, gewinnt er die Herrschaft über die – nun mit der Neuschöpfung bevölkerte – Erde zurück.

Es ist, wie mehrfach betont, höchst ungewiß, ob der einstige «Sohn der Morgenröte» und der teuflische Versucher namens Satan in der Tat identisch sind. Wer auch immer dieser Satan in seiner fernsten Vergangenheit gewesen sein mag – noch das Neue Testament bescheinigt ihm seine Herrschaft auf Erden: Er ist «der Gott dieser Weltzeit», der Regent jener, «die verlorengehen» *(2 Korinther 4, 4)* – und möglicherweise der erste aller Verlorenen.

Als wäre Satan-Luzifer-Teufel-Beelzebub-Mephistopheles letztlich doch ein eigenständiger, gar gleichgestellter Widergott und Gegenspieler des Allerhöchsten? Vermutlich nein: Mag Satan auch das Böse verkörpern, so dient er – wie die Hefe im Sauerteig – doch nur zur eschatologischen Beförderung des Guten nach göttlichem Plan. Oder sollten wir Mephisto mißverstanden haben? In diesem Fall fänden wir immerhin Trost beim Evangelisten, der uns die Zusicherung Jesu überliefert:

Ich aber sage dir: Du bist Petrus, und auf diesen Felsen werde ich meine Kirche bauen, und die Mächtigen der Unterwelt werden sie nicht überwältigen.
(Matthäus 16, 18)

Engel der Verkündigung, Detail des Genter Altars von Hubert und Jan van Eyck, 1426-1432

HIMMLISCHE DIENER JESU

Die neutestamentarischen Engel preisen den Gottessohn

ENGELERSCHEINUNGEN SIND in den Schriften des Neuen Bundes noch zahlreicher als in den alttestamentarischen Zeugnissen, doch anders als die altbiblischen Himmelsboten stürzen einige von ihnen den Angelologen in gelinde Verlegenheit: Auch unvoreingenommenen Lesern fällt es nicht immer leicht, an die Engel des Neuen Testamentes vorbehaltlos zu glauben. Tatsächlich verzeichnet bereits die Apostelgeschichte erste Spuren jenes Streites um Existenz oder Nichtexistenz der Engel, der seither innerhalb der christlichen Kirchen nur deshalb an Schärfe verloren hat, weil die Theologen mehrheitlich vom Engelglauben abgefallen sind. – Vor dem Hohen Rat erklärt Paulus: «Die Sadduzäer behaupten nämlich, es gebe weder eine Auferstehung noch Engel, noch Geister, die Pharisäer dagegen bekennen sich zu all dem.» *(Apostelgeschichte 23, 8)*

Der Grund, weshalb damals bereits der Engelglaube in Zweifel gezogen wurde, ist einfach genug: Anders als in der alttestamentarischen Überlieferung zeigen sich die Engel zu Jesu Lebzeiten und in der Folge meist nur noch einzelnen Auserwählten – und auch diesen fast nur in Vision oder Traum. Die Existenz eines Engels, der zu Jahwes Zeiten ganze Städte oder Heerlager vernichtete, war sozusagen keine Glaubensfrage, da sie durch die Zahl der Gerichteten, die Größe der Verwüstung und den Schrecken der Überlebenden hinlänglich bezeugt wurde. Doch das heroische Zeitalter ist spätestens mit Christi Geburt auch für die himmlischen Heerscharen vorbei.

Die neue Zurückhaltung der Engel wird im Neuen Te-

Das Hohelied der Liebe

Wenn ich in den Sprachen der Menschen und Engel redete, / hätte aber die Liebe nicht, / wäre ich dröhnendes Erz oder eine lärmende Pauke.
Und wenn ich prophetisch reden könnte / und alle Geheimnisse wüßte / und alle Erkenntnis hätte; / wenn ich alle Glaubenskraft besäße / und Berge damit versetzen könnte, / hätte aber die Liebe nicht, / wäre ich nichts.

(1 Korinther 13, 1-2)

Verkündigung

«Jungfer Maria, Ihr seid
   schwanger»,
sagt der Engel, «und Ihr werdet
   ohne Gatten
einen Sohn gebären.
Ach, Verzeihung, wenn ich Euch
   verwirre.»

Die Art und Weise,
solche Dinge durch das Fenster zu
   verkünden,
wundert doch ein wenig die
   Verlobte,
die den Liebsten gerne kennen
   möchte.

Der Engel schwindet,
schmilzt wie Schnee dem
   Überirdischen entgegen.
Leicht errötend, birgt die Kleine
   schamhaft
nun das Angesicht in ihren
   Händen.

Jean Cocteau

stament ausdrücklich mit dem Willen Jesu erklärt. Als Petrus
das Schwert zieht, um Christus vor der Verhaftung zu bewahren, verweist ihm der Meister dies mit den Worten:

Steck dein Schwert in die Scheide; denn alle, die zum
Schwert greifen, werden durch das Schwert umkommen. Oder glaubst du nicht, mein Vater würde
mir sogleich mehr als zwölf Legionen Engel schicken,
wenn ich ihn darum bitte? *(Matthäus 26, 52f.)*

Der Herr des Neuen Testamentes ist ein Gott der Liebe und
Langmut. Seine vollkommene Abkehr von den zwei irritierenden Charakteristika des altbiblischen Gottes Jehova – der
Versuchung (die nun nur noch vom Satan ausgeht) und der
sofortigen, oft maßlosen *Bestrafung* – schränkt auch die tra-
ditionellen Tätigkeitsfelder der Engel erheblich ein. Macht
und Existenz Gottes werden nun ganz überwiegend durch
Jesu Lehre und Wirken bezeugt, und da der Messias sich
auch bei seiner – insgesamt eher raren – Wundertätigkeit
merkliche Zurückhaltung auferlegt, bleibt für die Engel zu
Jesu Lebzeiten nicht allzuviel zu tun. Denn überdies sind
sämtliche «Engel, Gewalten und Mächte … ihm unterworfen» *(1 Petrus 3, 22)*; das gesamte göttliche Wirken ist auf
den «Menschensohn» konzentriert, wodurch natürlich auch
parallele – sozusagen mit Jesu Taten konkurrierende – En-
gelauftritte ausgeschlossen sind. Auf der Basis der Lehre, Pas-
sion und Auferstehung Jesu sollen die Menschen fortan *glauben*, ohne daß ihnen weitere übernatürliche Zeichen zuteil
würden. Die Offenbarung ist, soweit sie irdische Verhältnisse
betrifft, mit der Himmelfahrt Christi abgeschlossen, und bis
zum «Weltgericht» oder Jüngsten Tag sind keinerlei Fortset-
zungen oder Zwischenspiele mehr vorgesehen.

   Wir begegnen daher den Engeln nurmehr in folgenden
neutestamentarischen Situationen und Szenarien: erstens an
allen wesentlichen Stationen der Heils- und Lebensgeschich-
te Jesu; zweitens in den zahlreichen Gleichnissen, in die
Christus seine Lehre vorzugsweise kleidet; drittens – nach

dem Tod Jesu – bei der wundersamen Befreiung der Apostel aus den Kerkern des Herodes; viertens in den verschiedenen Prophezeiungen des «Weltgerichtes», bei dem die Engel letztmals – und mit ultimativer Wucht – zu ihrer alttestamentarischen Straftätigkeit zurückkehren werden; fünftens in der *Offenbarung des Johannes*, einem umfänglichen Bericht von einer visionären Reise ins Jenseits.

Bei der folgenden Betrachtung werden wir überdies feststellen, daß manche Engelbeschwörungen eher der literarischen Ausgestaltung, der rhetorischen Überredung oder der propagandistischen Bekräftigung dienen, also nicht als schiere Tatsachenbehauptungen mißverstanden werden sollten. Doch trotz all dieser Einschränkungen erweist sich auch das Neue Testament als wahre Schatzkammer der Angelologie, die einige der großartigsten Zeugnisse biblischer Engelerscheinungen enthält – neben manchen anderen, zweifelhafteren Funden, die wir sorgsam aussondern werden, ohne die wirklich kostbaren Funde zu verschütten oder zu beschädigen.

Gabriel – Engel der Fruchtbarkeit

Schon zu alttestamentarischen Zeiten waren mehrfach Engel ausgesandt worden, um die Nachkommenschaft innerhalb des auserwählten Volkes zu sichern, wobei sich die himmlischen Gesandten in Fragen des Liebes- und Fruchtbarkeitszaubers als ausgesprochen kundig erwiesen. So greift «der Engel des Herrn» in die Dreiecksaffäre zwischen Abraham, seiner unfruchtbaren Frau Sarai und der vom Stammvater geschwängerten Magd Hagar ein und verkündet der in die Wüste geflohenen Hagar:

> Du bist schwanger, du wirst einen Sohn gebären und ihn Ismael (Gott hört) nennen; denn der Herr hat auf dich gehört in deinem Leid. *(Genesis 15, 11)*

Argwohn Josephs

Und der Engel sprach und gab
  sich Müh
an dem Mann, der seine Fäuste
  ballte:
«Aber siehst du nicht an jeder
  Falte,
daß sie kühl ist wie die
  Gottesfrüh?»

Doch der andre sah ihn finster an,
murmelnd nur: «Was hat sie so
  verwandelt?»
Doch da schrie der Engel:
  «Zimmermann,
merkst du's noch nicht, daß der
  Herrgott handelt?

Weil du Bretter machst, in deinem
  Stolze,
willst du wirklich den zur Rede
  stell'n,
der bescheiden aus dem gleichen
  Holze
Blätter treiben macht und
  Knospen schwell'n?»

Er begriff. Und wie er jetzt die
  Blicke,
recht erschrocken, zu dem Engel
  hob,
war der fort. Da schob er seine
  dicke
Mütze langsam ab. Dann sang er
  Lob.

Rainer Maria Rilke

Maria und Kind mit einem Engel,
Radierung und Kupferstich von
Annibale Carracci (1560 -1609)

Noch entschiedener nimmt – im *Buch Tobit* – der Erzengel Raphael die Dinge in die Hand, indem er den jungen Tobias durch jenen Fischzauber gegen die dämonenbesessene Sara rüstet, so daß Tobias – anders als seine sieben unseligen Vorgänger – die Hochzeitsnacht überlebt. Im Neuen Testament geht das Amt des fruchtbarkeits- und liebeszauberkundigen Himmelsboten an den Erzengel Gabriel über. So innig scheint er im Evangelium mit Fragen der Befruchtung und des Gebärens beschäftigt, daß einige Angelologen ihn gar zum «einzigen weiblichen» in der sonst eher männlich oder androgyn wirkenden Engelschar erklären. Tatsache ist jedenfalls, daß Gabriel unter den auserwählten Frauen in alttestamentarischer Tradition eine rege Geburtstätigkeit auslöst. Zunächst erscheint er Zacharias, dem nachmaligen Vater Johannes des Täufers, und erklärt:

> Fürchte dich nicht, Zacharias! Dein Gebet ist erhört worden. Deine Frau Elisabet wird dir einen Sohn gebären; dem sollst du den Namen Johannes geben. Große Freude wird dich erfüllen, und auch viele andere werden sich über seine Geburt freuen. Denn er wird groß sein vor dem Herrn … Zacharias sagte zu dem Engel: Woran soll ich erkennen, daß das wahr ist? Ich bin ein alter Mann, und auch meine Frau ist in vorgerücktem Alter. Der Engel erwiderte ihm: Ich bin Gabriel, der vor Gott steht, und ich bin gesandt worden, um mit dir zu reden und dir diese frohe Botschaft zu bringen. Aber weil du meinen Worten nicht geglaubt hast …, sollst du stumm sein und nicht mehr reden können, bis zu dem Tag, an dem all das eintrifft. *(Lukas 1, 13-20)*

Tatsächlich trifft alles ein wie von Gabriel angekündigt: Die greise Elisabet wird schwanger, der betagte Zacharias stumm – letzteres auch ein Nachhall jener tyrannischen Fürsorge und eifersüchtigen Machtbeweise, die für den alttestamentarischen Gott so charakteristisch sind. Gerade die auffälligen Parallelen zwischen der Erscheinung Gabriels im Evangelium und dem Wirken des Engels in der *Genesis* haben allerdings auch die Bibelforscher stutzig gemacht. Zu Lebzeiten Jesu – und seines Vetters Johannes der Täufer – sind gewisse Bilder und Metaphern der Bibel längst zu Formeln einer religiösen Rhetorik geronnen, zu der zweifellos auch das Erscheinen und wundersame Eingreifen der Engel gehört. Rabbis und Schriftgelehrte bedienten sich dieser Formeln, um ihre Auslegung der Heiligen Schrift abzusichern und den geschilderten Ereignissen göttlichen Glanz zu verleihen. Natürlich muß dies um so mehr für die Evangelisten und Apostel der eben sich formierenden frühchristlichen Kirche gelten, die vom jüdischen wie vom römischen Establishment aufs äußerste bedrängt wird. Indem Lukas Zeugung und Geburt Johannes des Täufers nach dem ehrwürdigen Muster der *Genesis* schildert, rückt er Zacharias in die Nachfolge Abrahams und erhebt so Johannes – einen direkten Vorläufer und in mancherlei Hinsicht ein Vorbild Jesu – in den Rang eines gottgesandten Propheten.

Wie überzeugend aber ist eine solche Bibelkritik, die mit nüchterner Gelehrsamkeit wundersame Ereignisse auf Tradition und religiöse Rhetorik zurückführt? Denn auf der anderen Seite läßt sich ja der überragende Rang Johannes des Täufers nicht bestreiten, dieses bedeutenden Sehers und Erneuerers des judäischen Glaubens, der – nicht nur durch den Taufritus – ein unverzichtbares Bindeglied zwischen Altem und Neuem Testament darstellt. Anders gesagt: Wie sonst soll und kann man das urplötzliche Auftreten und revolutionäre Wirken einer solchen Gestalt erklären und anschaulich machen – wenn nicht durch Erscheinen und Eingreifen eines gottgesandten Engels? Durch seine Worte und Taten scheint Johannes für unveränderlich gehaltene irdische Gesetze außer Kraft zu setzen; und genau dies wird uns durch die Schilderung der Engelvision faßbar gemacht. Um dem Außergewöhnlichen eine Bresche zu schlagen, setzt Gabriel durch seinen Fruchtbarkeitszauber das fundamentalste aller Erdengesetze außer Kraft: die Biologie …

Der Engel der Verkündung

In stiller Stunde im trauten
   jungfräulichen Gemach
bewegte sich das Lämpchen der
   Ampel –
und die weißen Perlen flammten
   rot auf in der Seide.

Mit dem Geräusch des Sturmes
   erstand
in der Ecke vor dem Heiligenbild
aus göttlichen Sphären
ein Engel –

seine Flügel waren wie zwei weiße
   Blitze um Mitternacht
und das Antlitz unfaßbar den
   Menschen.
Und es fiel zur Erde nieder auf ihr
   Angesicht die Heilige Jungfrau
   Maria.

Freue dich, Holdselige,
der Herr ist mit dir!

Alexej Remisow

Ohnehin wird die wundersame Zeugung Johannes' über-
strahlt von dem spektakulären Geschehen, das der nämliche
Erzengel Gabriel nur «sechs Monate» später im galiläischen
Nazaret in Gang setzt. Bis heute haben sich weder Christen-
menschen noch Andersgläubige – die Materialisten hier einmal ganz beiseite – über diese krasse Zumutung beruhigen
können. Die Sache ist hinlänglich bekannt: Gabriel begibt
sich nach Nazaret, um neuerlich bei einer Zeugung behilflich
zu sein. Doch diesmal wird der rechtmäßige Mann der Auserwählten glatt übergangen; der Erzengel tritt geradewegs in
Marias Kammer ein und verkündet:

> Sei gegrüßt, du Begnadete, der Herr ist mit dir. Sie
> erschrak über die Anrede und überlegte, was dieser
> Gruß zu bedeuten habe. Da sagte der Engel zu ihr:
> Fürchte dich nicht, Maria; denn du hast bei Gott
> Gnade gefunden. Du wirst ein Kind empfangen,
> einen Sohn wirst du gebären; dem sollst du den
> Namen Jesus geben. Er wird groß sein und Sohn des
> Höchsten genannt werden ... Maria sagte zu dem
> Engel: Wie soll das geschehen, da ich keinen Mann
> erkenne? Der Engel antwortete ihr: Der Heilige Geist
> wird über dich kommen, und die Kraft des Höchsten
> wird dich überschatten. Deshalb wird auch das Kind
> heilig und Sohn Gottes genannt werden. Auch
> Elisabet, deine Verwandte, hat noch in ihrem Alter
> einen Sohn empfangen; obwohl sie als unfruchtbar
> galt, ist sie jetzt schon im sechsten Monat. Denn für
> Gott ist nichts unmöglich. Da sagte Maria: Ich bin
> die Magd des Herrn; mir geschehe, wie du es gesagt
> hast. Danach verließ sie der Engel. *(Lukas 1, 28-38)*

Die Geschichte weist ohne Zweifel einige schüttere Stellen
auf, die von den Verächtern der «Jungfrauengeburt» und
«unbefleckten Empfängnis» auch genüßlich zerpflückt wurden. So klingt die Versicherung des Evangelisten, daß Marias
Mann Josef, ein mittelloser Zimmermann, «aus dem Haus

Davids stammte», äußerst unglaubwürdig. Die Folgerung liegt nahe, daß hier wiederum versucht wurde, tatsächliche Geschehnisse mit der Überlieferung in Einklang zu bringen: Da die jüdische Verheißung besagt, daß der erwartete Messias «aus dem Haus Davids» – des einstigen Königs Israels – stammen werde, beeilen sich sämtliche Evangelisten, Josefs Ahnentafel entsprechend nachzubessern.

Damit ist aber die eigentlich skandalöse Behauptung noch keineswegs entkräftet: Maria erwartet ein Kind, dabei hat sie ihren «Mann» (nach anderen Versionen ihren «Verlobten») noch nicht «erkannt», also nicht mit ihm geschlafen. Ob Josef dem Haus Davids entstammt oder nicht, ist im Grunde nebensächlich, denn sein Samen wird für diesen sonderbarsten aller Zeugungsakte nicht benötigt. «Gott ist nichts unmög-

Traum der Heiligen Drei Könige, Kathedrale Saint-Lazare, Autun, Frankreich, 12. Jhdt.

lich.» Und wie könnte, wer dieser Glaubensaussage beipflich-
tet, ernsthaft bestreiten, daß Gott auch die Biologie außer
Kraft setzen und eine Erdenfrau mit Hilfe eines Erzengels
schwängern kann? Wie wir sahen, geschah etwas sehr Ähnliches bereits in der *Genesis* vielhundertfach – allerdings unter
Asaels eigenmächtiger Führung und gegen den Willen des
Herrn, weshalb aus dieser Vermischung nicht Gottessöhne,
sondern ungeschlachte Monster hervorgingen.

Die römische Kirche hat es verstanden, diesem Akt der
energetischen/genetischen Vermischung von Engel und Men-
schenfrau eine triebfeindliche Wendung zu geben, die letztlich vor allem zulasten der Frauen ging und durch deren
Spaltung in «Heilige» und «Hure» zur Dämonisierung des
«Weibes» als «Werkzeug des Teufels» führte. Nicht nur die
Himmelfahrt Christi läßt sich als Antithese zum Höllensturz
Satanels verstehen; ebenso löscht Marias «unbefleckte Empfängnis» die Ursünde Evas gleichsam aus. Dennoch scheint
die katholische Interpretation der «Jungfrauengeburt» deren
tiefere Ironie zu verfehlen oder mit einem gewissen Eifer zu
überdecken: Die Pointe dieser Geschichte besteht darin, daß
der Mann – die gesamte männliche Linie der «Ersten
Menschheit» von Adam bis Josef – bei diesem folgenreichen
Prozeß der Zeugung und Geburt schlichtweg überflüssig ist.
Schon im Verstummen des alten Zacharias kündigt sich diese
«narzißtische Kränkung» der männlichen Menschheitshälfte
an: Deren Meinung und Mitwirkung ist vorderhand nicht
gefragt.

Bei seinem ersten Versuch, den Menschen «zum König,
Priester und Propheten sowie zum Herrn, Haupt und Führer
aller geschaffenen Wesen und Geschöpfe» *(Schatzhöhle)* zu
erheben, hatte Gott auf den Mann – auf Adam – gesetzt und
war gescheitert. Diesmal setzt er auf die weibliche Seite: auf
Maria und ihren Sohn Jesus, der sich durch seine Predigt
der Liebe, durch seine außerordentliche Frauenfreundlich-
keit, durch seine Verwerfung des Schwertes und aller Gewalt
als der weltweit «weiblichste» aller Propheten und Religions-
stifter erweisen wird. Maria und Jesus sind die göttliche

Antwort auf das patriarchalische Desaster; und diese Antwort ist so «weiblich», wie man sich dies in jener kriegerischen Männerwelt der Zeitenwende überhaupt nur vorstellen kann. Menschen der männlichen Spezies sind bei alldem reichlich überflüssig – weshalb Josef anfangs auch plant, «sich in aller Stille von ihr [Maria] zu trennen», wovon Gabriel ihn allerdings abhält *(Matthäus 1, 18-21)*. Lange Zeit kommen sie in der Heilsgeschichte allenfalls in dienender Funktion vor: als Jünger, Zeugen, jubelnde Staffage. Erst späterhin fallen ihnen wieder bedeutendere Rollen zu, und zwar die altvertrauten Rollen des Verräters (Judas), des Verleugners (Petrus), der Richter, Henker und Machtpolitiker.

«Der Zweite Mensch stammt vom Himmel» *(1 Korinther 15, 47)*, als Produkt der Vermischung zwischen himmlischem Gesandten und Erdenfrau. Sünde und Verderbnis scheinen, wenn irgendwo, im männlichen Samen zu lauern, nicht im angeblich vom Teufel bewohnten weiblichen Leib. Wie anders hätten die Evangelisten diesen fundamentalen Gedanken, diesen unter Ausschaltung des Mannes vollzogenen Akt der Urzeugung des Christentums darstellen können – wenn nicht als Einwirkung eines «Engels des Herrn»? Und wie anders könnten wir ihn bis heute uns vorstellen – wenn nicht im Bild des Engels, der «in Marias Kammer eintritt» und sie durch seine Leuchtkraft, durch einen göttlichen Energiestrahl «mit der Leibesfrucht segnet»? Vielleicht ist es so gesehen auch kein Zufall, daß in der Folgezeit insbesondere Männer so unerbittliche Feldzüge gegen Engelwelt und Engelglauben führen sollten – zuerst die Inquisitoren des Papstes, nachher die Materialisten der Aufklärung, heute bereits die Theologen der Kirche selbst …

Himmlische Verschwörer der Liebe

Wenn wir dennoch heute mit Recht von einer erstaunlichen
und erfreulichen Rückkehr der Engel sprechen, so bezieht
sich dies hauptsächlich auf den Gedanken und die Erscheinung des *Schutzengels.* Diese besondere Gattung aus dem
Reich der Himmelsboten offenbart deutlicher als jede andere
die *gute Kraft der Engel* durch direkten Eingriff in unser Leben. Obwohl immer wieder versucht wurde, den – in der
sogenannten Volksfrömmigkeit stets lebendig gebliebenen –
Glauben an einen persönlichen Schutzengel als Aberglauben
abzutun, wird er im Neuen Testament ausdrücklich bekräftigt: «Hütet euch davor», warnt Jesus, «einen von diesen Kleinen zu verachten! Denn ich sage euch: Ihre Engel im Himmel sehen stets das Angesicht meines himmlischen Vaters.»
(Matthäus 18, 10)
   In wörtlichem Verständnis scheinen sich diese Worte weniger auf die Kinder als auf arme, recht- und machtlose Menschen allgemein zu beziehen. Dennoch hat sich die Vorstellung, daß insbesondere die Kinder durch Schutzengel behütet
würden, regelrecht zum geflügelten Wort verselbständigt. Begünstigt wurde dies zweifellos durch die Tatsache, daß zufolge
der Evangelien der kindliche Jesus mehrfach durch das Eingreifen von Schutzengeln gerettet und geleitet wird.
   Jenen Engelverleugnern, die gerade die Schutz- und Leit-
engel in Jesu Kindheit zu frommer Ausschmückung und ka-
techetischem Beiwerk erklären, haben wir in diesem Fall wenig entgegenzusetzen. Wie uns die Historiker versichern, lag
die Kindheit Jesu schon zu Lebzeiten der Evangelisten weitgehend im dunkeln. Während alle Berichte vom späteren Wirken des Messias eine Fülle nachprüfbarer geschichtlicher Details enthalten, erweist sich die Schilderung seiner Kindheit
weithin als fromme Legende – eingeschlossen sogar den Kna-

Verkündigung Mariae von Donatello, um 1435 ▷

Thronende Muttergottes mit zwei E... *Hans Memling, um 1485*

benmord-Befehl des Herodes, der in Wahrheit ein friedlieben-
der und keineswegs blutrünstiger Vasall der Römer war. Nur
die berühmte Volkszählung fand tatsächlich statt.

Zugunsten der Erzählung von der himmlischen Messias-
verkündigung können wir daher lediglich geltend machen,
daß es sich um eine poetische Passage von ergreifender
Schönheit handelt. Die Ankündigung des «Friedens auf Erden» scheint – obwohl etwas voreilig herausposaunt – nach
dem oft grausamen Auftreten der alttestamentarischen Engel
auch einen Neuen Bund zwischen Menschen und Himmelsboten zu begründen:

Über die Irrlehrer

Diese frechen und anmaßenden
Menschen schrecken nicht davor
zurück, die überirdischen Mächte
zu lästern, während die Engel, die
ihnen an Stärke und Macht
überlegen sind, beim Herrn nicht
über sie urteilen und lästern.

(2 Petrus 2, 10b -11)

In jener Gegend lagerten Hirten auf freiem Feld und
hielten Nachtwache bei ihrer Herde. Da trat der
Engel des Herrn zu ihnen, und der Glanz des Herrn
umstrahlte sie. Sie fürchteten sich sehr, der Engel aber
sagte zu ihnen: Fürchtet euch nicht, denn ich
verkünde euch eine große Freude, die dem ganzen
Volk zuteil werden soll. Heute ist euch in der Stadt
Davids der Retter geboren; er ist der Messias, der
Herr. Und das soll euch als Zeichen dienen: Ihr
werdet ein Kind finden, das, in Windeln gewickelt, in
einer Krippe liegt. Und plötzlich war bei dem Engel
ein großes himmlisches Heer, das Gott lobte und
sprach:
Verherrlicht ist Gott in der Höhe, / und auf Erden ist
Friede / bei den Menschen seiner Gnade.
(Lukas 2, 8-13)

Wir könnten hier den Engelverächtern eine kleine Genug-
tuung verschaffen und zugeben: Diese Szene hat sich vermutlich so nicht abgespielt. In einer Zeit, da sie glücklicher-
weise darauf verzichten, ganze Landstriche zu verwüsten,
sind Engel Glaubenssache geworden, und ihre Existenz zu
«beweisen» gelang schon zu Jesu Lebzeiten niemandem
mehr. Überdies können wir einräumen, daß die den Hirten
erscheinenden Engel nicht so ganz wörtlich gemeint sind:

Die Evangelisten wollen das Außerordentliche des Ereignisses unterstreichen und uns die himmlische Vaterschaft, die zur Geburt dieses Kindes führte, in Erinnerung rufen, und insofern bleibt der Evangelist lediglich – und legitimerweise – im Bild. Die Erscheinung des Engels bedeutet: «Nicht Josef ist der Vater», eine Glaubensaussage, die zum christlichen Kernbestand zählt. Wie anders könnten wir sie ausdrücken, ohne ins Abstrakte abzugleiten, und was ist gewonnen, wenn wir das gedanklich ohnehin kaum Faßbare auch der sinnlichen Anschauung entziehen?

Wer vom reinen Verstandesdenken nicht lassen und doch die Schutzengel irgendwie «retten» möchte, ist zuweilen versucht, sie durch den Begriff «glückliche Fügung» zu ersetzen – ein zweifelhafter Tausch. Denn nicht nur entzieht sich «glückliche Fügung» unserer Anschauung; überdies wird durch diesen Begriff die Festlegung vermieden, wer oder was da ein Ereignis «gefügt» haben mag. So hält man sich die Möglichkeiten offen, daß vielleicht nur Zufall im Spiel war, vielleicht aber auch «von oben gelenkt wurde». Doch Skepsis ist nicht das Gegenteil von Glaube, denn nach wie vor gilt ja, daß der Skeptiker nur den *Zweifel* zur Religion erhebt. Wie auch immer, wir haben nicht die Absicht, die Zweifler von der Existenz der Schutzengel zu überzeugen; wir geben lediglich zu bedenken, daß sich die wundersame Geschichte anschaulicher nicht darstellen läßt:

Der römische Statthalter Herodes befiehlt, alle neugeborenen Knaben zu töten, da ihm zu Ohren gekommen ist, daß einer dieser Knaben der von den Juden erwartete Nachkomme aus dem Haus Davids sei, der das alte israelitische Reich wiedererrichten wolle. Kaum ist der Befehl ergangen, da

erschien dem Josef im Traum ein Engel des Herrn und sagte: Steh auf, nimm das Kind und seine Mutter, und flieh nach Ägypten; dort bleibe, bis ich dir etwas anderes auftrage; denn Herodes wird das Kind suchen, um es zu töten. *(Matthäus 2, 13)*

Diese Traumerscheinung wiederholt sich nach Herodes' Tod in Ägypten, wo der Engel diesmal von Josef fordert: «Steh auf, nimm das Kind und seine Mutter, und zieh in das Land Israel» *(Matthäus 2, 20).* Für die Evangelisten hat diese Wendung den Vorteil, daß ihre Geschichte nun auch die uralte Prophezeiung erfüllt, der Messias werde von Ägypten her nach Israel kommen. Der propagandistische Zweck steht daher auch hier außer Zweifel, doch er scheint wiederum nur eine Seite der Medaille zu sein. Denn sämtliche Engel, die nach dem Zeugnis der Evangelisten im Umkreis Jesu erscheinen, zeichnen sich durch eine Eigenschaft aus, die sie von den Himmelsboten des Alten Testamentes unterscheidet und ihnen allen eine eigentümliche, schwer begründbare Glaubwürdigkeit verleiht. Auch die Engel aus der Kindheit Jesu haben an dieser Besonderheit teil: In ihrem ernsten, äußerst diskreten und geheimnisvollen Auftreten bilden sie eine effiziente, auf das messianische Ziel konzentrierte *Verschwörung der Liebe.* Dieses Komplott – und nicht ihre nachträgliche «Erfindung» – könnte der tiefere Grund dessen sein, daß die Engel in der Heilsgeschichte einzig als Vision, Traumgestalt oder vor wenigen Auserwählten in Erscheinung treten.

Eine weitere bedeutsame Engelerscheinung im Leben Jesu ist im Zusammenhang mit der Versuchung Christi durch den Satan überliefert. Auf diese Begegnung der beiden Gottessöhne wollen wir hier aus bekannten Gründen nicht weiter eingehen; bemerkenswert ist in unserem Zusammenhang allein die abschließende Feststellung des Evangelisten: Nach der dreifach gescheiterten Versuchung «ließ der Teufel von ihm ab, und es kamen Engel und dienten ihm» *(Matthäus 4, 11).*

Diese ernste und konzentrierte Dienstbarkeit der gottgesandten Geister wird auch im weiteren Verlauf der Heilsgeschichte noch teilweise mit dem alttestamentarischen Register ausgeschmückt. Dennoch stellt sie – jenseits der rhetorischen Übertreibungen – ein so fundamental neuartiges Verhalten der Engel, einen so deutlichen Bruch mit alt-

Der Engel

Es sei der Mensch nicht unwürdig
    des Engels
dessen Schwert ihn hütet
seit ihn jene Liebe zeugte
die Sonne und Sterne bewegt
bis zum Jüngsten Tag da der
    Donner
in der Trompete dröhnt.
Er zerre ihn nicht in grelle Bordelle
noch in Paläste errichtet vom
    Hochmut
noch in besinnungslose Schänken.
Er erniedrige sich nicht zum
    Flehen
noch zur Schande des Jammerns
noch zu märchenhafter Hoffnung
noch zu den kleinen Magien der
    Angst
noch zum Trugbild des Gauklers;
der Andere sieht hin.
Im offenen Tag oder im Schatten
bezeugt ihn der unablässige Spiegel;
keine Träne besudle dessen Glas.
Herr, möge ich am Ende meiner
    Tage auf Erden
den Engel nicht entehren.

Jorge Luis Borges

testamentarischen Gepflogenheiten dar, daß man das Eingreifen dieser himmlischen Verschwörer der Liebe schwerlich
bestreiten kann, ohne die messianische Botschaft insgesamt
in Zweifel zu ziehen. Das gilt auch für die als «Verklärung
Jesu» bezeichnete Szene auf dem «hohen Berg»:

> Und er wurde vor ihren Augen verwandelt; sein
> Gesicht leuchtete wie die Sonne, und seine Kleider
> wurden blendend weiß wie das Licht. Da erschienen
> plötzlich vor ihren Augen Mose und Elija und redeten
> mit Jesus … Noch während er [Petrus] redete, warf
> eine leuchtende Wolke ihren Schatten auf sie, und aus
> der Wolke rief eine Stimme: *Das ist mein geliebter*
> *Sohn, an dem ich Gefallen gefunden habe; auf ihn sollt*
> *ihr hören. (Matthäus 17, 2-5)*

Mögen die Einschaltung der geheiligten judäischen Propheten Mose und Elija, mag selbst die «Stimme aus den Wolken»
fromme Rhetorik sein, dazu bestimmt, die Zweifler auf die
Seite des Messias zu ziehen – die «Verklärung» selbst, die augenscheinliche Verwandlung Jesu in eine Gestalt aus schie-
rem Licht, überzeugt gerade deshalb, weil der Evangelist hier
auf poetischen Schmuck verzichtet. «Verklärung» bedeutet,
in reine Energie verwandelt zu sein. Ein besseres Wort als
«Geist» oder «Engel» wurde hierfür bislang nicht gefunden,
und in genau diesem Sinn wird das Wort «Engel» auch in
der Szene auf dem Ölberg, kurz vor der Gefangennahme
Jesu, gebraucht: «Da erschien ihm ein Engel vom Himmel
und gab ihm (neue) Kraft.» *(Lukas 22, 43)*

Nach dem bereits zitierten Verzicht Jesu auf die «zwölf
Legionen Engel», die er zu seiner Befreiung anfordern könne,
begegnen wir den himmlischen Verschwörern der Liebe ein
letztes Mal am Ostertag. Während sich die Jünger Christi,
tief enttäuscht über das so nicht erwartete Ende ihres Messias, in alle Richtungen zerstreut haben, kehren die weiblichen Anhänger Jesu zum Grab zurück:

Verkündigung Mariae, *Ausschnitt, von Fra Angelico, 1430 -1432*

Nach dem Sabbat kamen in der Morgendämmerung
des ersten Tages der Woche Maria aus Magdala und
die andere Maria, um nach dem Grab zu sehen.
Plötzlich entstand ein gewaltiges Erdbeben; denn ein
Engel des Herrn kam vom Himmel herab, trat an das
Grab, wälzte den Stein weg und setzte sich darauf.
Seine Gestalt leuchtete wie ein Blitz, und sein
Gewand war weiß wie Schnee. Die Wächter begannen
vor Angst zu zittern und fielen wie tot zu Boden. Der
Engel aber sagte zu den Frauen: Fürchtet euch nicht!
Ich weiß, ihr sucht Jesus, den Gekreuzigten. Er ist
nicht hier; denn er ist auferstanden, wie er gesagt hat.
Kommt her und seht euch die Stelle an, wo er lag.
Dann geht schnell zu seinen Jüngern und sagt ihnen:
Er ist von den Toten auferstanden. Er geht euch
voraus nach Galiläa; dort werdet ihr ihn sehen. Ich
habe es euch gesagt. *(Matthäus 28, 1-7)*

Lukas spricht statt dessen von «zwei Männern in leuchtenden Gewändern» *(Lukas 24, 4)*, und auch bei Johannes lesen
wir eine rhetorisch schlichtere und desto beeindruckendere
Version:

Maria aber stand draußen vor dem Grab und weinte.
Während sie weinte, beugte sie sich in die Grab-
kammer hinein. Da sah sie zwei Engel in weißen
Gewändern sitzen, den einen dort, wo der Kopf, den
anderen dort, wo die Füße des Leichnams gelegen
hatten. Die Engel sagten zu ihr: Frau, warum weinst
du? Sie antwortete ihnen: Man hat meinen Herrn
weggenommen, und ich weiß nicht, wohin man ihn
gelegt hat. Als sie das gesagt hatte, wandte sie sich um
und sah Jesus dastehen. *(Johannes 20, 11-14)*

Hier sind die himmlischen Verschwörer offenbar am Ziel.
Der Messias ist erschienen – Gott zum Menschen geworden –,
der Neue Bund zwischen dem Gott der Liebe und den Men-

schen ist geschlossen, und nun folgt die Himmelfahrt des
«Menschensohnes», der dort inthronisiert werden wird, wo
bereits Satanel Platz zu nehmen versuchte und wo für Adam
nur kurzzeitig ein Platz vorgesehen war: auf dem Thron «zur
Rechten Gottes». Nur zweimal treten sodann noch Engel auf –
beide Male in eher alttestamentarischem Stil als «Agenten
Gottes», die Jesu inhaftierte Anhänger befreien *(Apostelgeschichte 5, 19f.; 12, 6-11)*. Dann aber ist es mit den Engelerscheinungen im Evangelium vorbei, die Offenbarung ist
vorderhand abgeschlossen, und «die Engel verteilen sich,
der Himmel schließt» (Goethe, *Faust*).

«Nicht Engeln hat er die zukünftige Welt unterworfen …»

Auf die Frage, ob Menschen gefallene Engel seien, die uns
in diesen Blättern immer wieder beschäftigt, finden wir auch
im Neuen Testament keine eindeutige Antwort. Manches
spricht für diese Annahme, so etwa die kryptische Bemerkung: «Adam, der Erste Mensch, *wurde* ein irdisches Lebewesen» *(1 Korinther 15, 45* – Hervorhebung P. B.), was ja zu
implizieren scheint, daß er zuvor ein überirdisches Wesen
war. Unmißverständlich sprechen sich dagegen die Verfasser
des Neuen Testamentes hinsichtlich der Zukunft der Menschen – zumindest der gottgefälligen unter uns – aus: Sie
werden, nach Tod und Auferstehung, nicht nur in den Rang
von Engeln erhoben, sondern diesen gar noch übertreffen,
wie es ja schon zu Adams Zeiten vorgesehen war. Hier also
die angelologisch bemerkenswertesten Aussagen der Frohen
Botschaft:

> Denn nach der Auferstehung werden die Menschen
> nicht mehr heiraten, sondern sein wie die Engel im
> Himmel. *(Matthäus 22, 30)*

Erzengel Gabriel, Kupferstich von
Martin Schongauer, 15. Jhdt.

Woraus wir nebenher schließen dürfen, daß es im Himmel auch mit dem Staunen über die unbefleckte Empfängnis ein Ende haben wird. Aber nur im Hinblick auf das Heiraten werden die Menschen «sein wie die Engel» – in anderer Hinsicht noch weitaus mehr. Grundlage des Heils ist die «Auferstehung Jesu Christi, der in den Himmel gegangen ist; dort sitzt er zur Rechten Gottes, und Engel, Gewalten und Mächte sind ihm unterworfen» *(1 Petrus 3, 21f.).*

Dies ist, wie gesagt, ein sehr alter Plan, der nach mehreren Versuchen nun aufgegangen scheint und kraft dessen offenbar alle Auferstandenen an der Macht Christi teilhaben werden:

Der Erste Mensch stammt von der Erde und ist Erde; der Zweite Mensch stammt vom Himmel. Wie der von der Erde irdisch war, so sind es auch seine Nachfahren. Und wie der vom Himmel himmlisch ist, so sind es auch seine Nachfahren. Wie wir nach dem Bild des Irdischen gestaltet wurden, so werden wir auch nach dem Bild des Himmlischen gestaltet werden. *(1 Korinther 15, 47-49)*

Man wird es einem Angelologen nachsehen, wenn er sich in aller Demut über solche idealen Aussichten freut. – Hören wir nun zum Abschluß dieser beflügelnden Passage, was Gott selbst zum Rangunterschied zwischen den Engeln und dem ersten der Zweiten Menschen gesagt hat:

[Jesus Christus] ist der Abglanz seiner Herrlichkeit und das Abbild seines Wesens; er trägt das All durch sein machtvolles Wort, hat die Reinigung von den Sünden bewirkt und sich dann zur Rechten der Majestät in der Höhe gesetzt; er ist um so viel erhabener geworden als die Engel, wie der Name, den er geerbt hat, ihren Namen überragt. Denn zu welchem Engel hat er jemals gesagt: *Mein Sohn bist du, / heute habe ich dich gezeugt,*

und weiter:
*Ich will für ihn Vater sein, / und er wird für mich Sohn
sein?*
Wenn er aber den Erstgeborenen wieder in die Welt
einführt, sagt er:
Alle Engel Gottes sollen sich vor ihm niederwerfen.
Und von den Engeln sagt er:
*Er macht seine Engel zu Winden / und seine Diener zu
Feuerflammen;*
von dem Sohn aber:
Dein Thron, o Gott, steht für immer und ewig ...
Zu welchem Engel hat er jemals gesagt:
*Setz dich mir zur Rechten, / und ich lege dir deine Fein-
de als Schemel unter die Füße?*
Sind sie nicht alle nur dienende Geister, ausgesandt,
um denen zu helfen, die das Heil erben sollen?
(Hebräer 1, 3-14)

Diese Aussage ist so poetisch wie eindeutig, und sie wird kurz
darauf nochmals bekräftigt und ausdrücklich auch auf die
jenseitige Welt ausgedehnt: «Denn nicht Engeln hat er die
zukünftige Welt unterworfen, von der wir reden, vielmehr
dem Sohn». *(Hebräer 2, 5)*

Mit Donner, Monstern und Posaunen: Die Engel des Endes

Nach unseren unzulänglichen irdischen Begriffen glich die
göttliche Gerichtsbarkeit des Alten Testamentes einem
Standgericht – einer furchtbaren, oftmals undurchsichtigen
Justiz mit dem alleinigen Richter Jahwe, dessen Engel als
Scharfrichter das Urteil sofort exekutierten: Feuer und
Schwefel auf Sodom, das Schwert im Lager der Assyrer, die
Sintflut, die alles außer der Arche hinwegschwemmt ... Da-

Die Flucht nach Ägypten, Fresko von Giotto di Bondone, 1305

gegen wirkt die himmlische Gerichtsbarkeit des Neuen Testamentes ungleich moderner: Sie baut auf Reue und Umkehr, vertagt die Urteilsverkündung auf das späteste Datum und setzt somit sämtliche Strafen zur Bewährung aus. Solange wir leben, haben wir prinzipiell die Chance, der Liebe Gottes noch teilhaftig zu werden – ein dankenswerter Fortschritt gegenüber altbiblischen Zeiten, da die Missetat nicht selten sofort mit tödlichem Donner geahndet wurde.

Doch auch die Langmut des Christengottes hat ihre exakt definierten Grenzen: Wer das Angebot zu Umkehr und Verzeihung noch in der Todesstunde ausschlägt, sollte besser alle Hoffnung fahren lassen. Denn die notwendige Kehrseite des Bewährungsgedankens, die Idee der endgültigen Abrechnung, bedeutet für alle unbekehrten Sünder ein furchtbares Gericht. Am Jüngsten Tag, in der Stunde des Weltgerichts, werden die Engel letztmals in ihre alttestamentarischen Rollen als Rächer-, Straf- und Scharfrichterengel zurückkehren und unter den verstockten Sündern «blutige Ernte» halten. Die Bewährungsphase begann mit dem Erscheinen des Messias, und sie wird enden mit der Wiederkehr des «Menschensohnes», die Matthäus in einer nüchternen Skizze voraussagt:

Sofort nach den Tagen der großen Not wird sich die Sonne verfinstern, und der Mond wird nicht mehr scheinen; die Sterne werden vom Himmel fallen, und die Kräfte des Himmels werden erschüttert werden. Danach wird das Zeichen des Menschensohnes am Himmel erscheinen; dann werden alle Völker der Erde jammern und klagen, und sie werden den Menschensohn mit großer Macht und Herrlichkeit auf den Wolken des Himmels kommen sehen. Er wird seine Engel unter lautem Posaunenschall aussenden, und sie werden die von ihm Auserwählten aus allen vier Windrichtungen zusammenführen, von einem Ende des Himmels bis zum anderen.
(Matthäus 24, 29-31)

Das klingt zunächst nach einem uneingeschränkt guten
Ende, zumal in seiner *Offenbarung* auch Johannes verkündet:
«Ihr werdet den Himmel geöffnet und die Engel Gottes auf-
und niedersteigen sehen über dem Menschensohn.» *(Offenbarung 1, 51)* Und im *ersten Brief an die Thessalonicher* heißt
es tröstlich:

> Denn der Herr selbst wird vom Himmel herab-
> kommen, wenn der Befehl ergeht, der Erzengel ruft
> und die Posaune Gottes erschallt. Zuerst werden die
> in Christus Verstorbenen auferstehen; dann werden
> wir, die Lebenden, die noch übrig sind, zugleich mit
> ihnen auf den Wolken in die Luft entrückt, dem
> Herrn entgegen. Dann werden wir immer beim Herrn
> sein. Tröstet also einander mit diesen Worten!
> *(1 Thessalonicher 4, 16-18)*

Diese Worte enthalten allerdings kaum weniger Drohung als
Trost – und damit gehen wir von den guten Nachrichten
zum grausigen Teil der Veranstaltung über:

> Denn es entspricht der Gerechtigkeit Gottes, denen
> mit Bedrängnis zu vergelten, die euch bedrängen, euch
> aber, den Bedrängten, zusammen mit uns Ruhe zu
> schenken, wenn Jesus, der Herr, sich vom Himmel
> her offenbart mit seinen mächtigen Engeln in
> loderndem Feuer. *(2 Thessalonicher 1, 6-8)*

Bemerkenswerterweise werden die Engel am Jüngsten Tag
nicht nur als himmlisches Gerichtspersonal auftreten; auch
ihnen selbst wird dann der Prozeß gemacht: «Wißt ihr nicht,
daß wir über Engel richten werden? Also erst recht über
Alltägliches.» *(1 Korinther 6, 3)* Wer sich – ob Engel, ob
Mensch – nicht zu den Auserwählten zählen darf, wird vom
Weltenrichter so empfangen werden:

Wenn der Menschensohn in seiner Herrlichkeit kommt und alle Engel mit ihm, dann wird er sich auf den Thron seiner Herrlichkeit setzen … Dann wird er sich auch an die auf der linken Seite wenden und zu ihnen sagen: Weg von mir, ihr Verfluchten, in das ewige Feuer, das für den Teufel und seine Engel bestimmt ist. *(Matthäus 25, 31-41)*

In Umkehrung jener Tat der alttestamentarischen Engel, welche die drei vom heidnischen König geprüften jungen Männer vor dem Feuertod retteten, werden die Racheengel des Jüngsten Gerichtes einen «Feuerofen» von zweifellos gewaltigem Umfang einheizen:

Der Menschensohn wird seine Engel aussenden, und sie werden aus seinem Reich alle zusammenholen, die andere verführt und Gottes Gesetz übertreten haben, und werden sie in den Ofen werfen, in dem das Feuer brennt. Dort werden sie heulen und mit den Zähnen knirschen. Dann werden die Gerechten im Reich ihres Vaters wie die Sonne leuchten. Wer Ohren hat, der höre! *(Matthäus 13, 41-43)*

Eine Mahnung, die dem Christenvolk in der Tat fast zweitausend Jahre lang in den Ohren klang und die noch der jetzige Papst durch drastische Höllenschilderung zu bekräftigen sucht. Allerdings stellte der «Feuerofen» zu Zeiten der Evangelisten nur eine von mehreren Weltgerichtsvisionen dar. Die Höllenversion sollte sich erst im Mittelalter durchsetzen, weshalb das Neue Testament – wie wir der an schaurichen Bildern so reichen *Offenbarung* des Johannes entnehmen – auch die Variante der «Bluternte» verzeichnet:

Dann sah ich eine weiße Wolke. Auf der Wolke thronte einer, der wie ein Menschensohn aussah. Er trug einen goldenen Kranz auf dem Haupt und eine

scharfe Sichel in der Hand. Und ein anderer Engel
kam aus dem Tempel und rief dem, der auf der
Wolke saß, mit lauter Stimme zu: Schick deine Sichel
aus, und ernte! Denn die Zeit zu ernten ist
gekommen: Die Frucht der Erde ist reif geworden.
Und der, der auf der Wolke saß, schleuderte seine
Sichel über die Erde, und die Erde wurde abgeerntet.
Und ein anderer Engel trat aus dem himmlischen
Tempel. Auch er hatte eine scharfe Sichel. Vom Altar
her kam noch ein anderer Engel, der die Macht über
das Feuer hatte. Dem, der die scharfe Sichel trug,
rief er mit lauter Stimme zu: Schick deine scharfe
Sichel aus, und ernte die Trauben vom Weinstock
der Erde! Seine Beeren sind reif geworden. Da
schleuderte der Engel seine Sichel auf die Erde,
erntete den Weinstock der Erde ab und warf die
Trauben in die große Kelter des Zornes Gottes.
(Offenbarung 14, 14-20)

Nach Johannes werden am Jüngsten Tag sieben Engel nach-
einander in ihre Posaunen blasen – eine Zahl, aus der viele
ableiten, daß es «sieben Erzengel» gebe –, wodurch ein in
sieben Etappen eskalierender Richt- und Vernichtungspro-
zeß in Gang gesetzt wird. Bedenklich genug, beginnt das ultimative Desaster mit einem Sturm aus «Hagel und Feuer,
die mit Blut vermischt waren» und nach dem ersten Posaunenstoß die Erde und ihre Vegetation zu «einem Drittel» vernichten (ein Grad der Zerstörung allerdings, den die
Menschheit bis heute schon aus eigener Kraft übertroffen
hat). Und es kommt noch ärger: Durch die Fanfare des zweiten Engels wird «etwas, das einem großen brennenden Berg
glich, ins Meer geworfen», woraufhin dieses «zu Blut» wird
und seine Bewohner sowie die es befahrenden Schiffe vernichtet werden – gleichfalls zu einem Drittel. Engel Num-
mer drei läßt den dritten Teil der irdischen Flüsse und Quellen «bitter» werden, während der Posaunenstoß des vierten
Engels die Leuchtkraft der Gestirne «um ein Drittel»

schwächt. Doch das alles war erst das grausige Vorspiel für die weitaus furchtbareren Taten der Engel fünf und sechs.

Schon diese beängstigenden Aktionen müßten uns aber an der *guten Kraft der Engel* allmählich zweifeln lassen, dürften wir uns nicht in der Gewißheit wiegen, daß Johannes seine apokalyptische Szenerie nicht so ganz wörtlich meint. Obwohl ein Prophet – und gar der einzige des Neuen Testamentes –, hat er zumindest diesen Teil der *Offenbarung* nicht mit alttestamentarischer Seherkraft geschaut, sondern zu erzieherischen Zwecken erdichtet. Das konnte den Kennern der Heiligen Schriften auch keineswegs verborgen bleiben, denn Johannes' Weltgericht ist offensichtlich einem alttestamentarischen Modell nachgebildet: den sieben ägyp-

Das Jüngste Gericht, Detail, Berner Münster, um 1500

tischen Plagen *(Exodus 7-11)*. Auch die beharrlich wiederhol-
te Angabe, daß Wasser oder Land, Sterne, Pflanzen oder Tiere jeweils zu «einem Drittel» vernichtet würden, unterstreicht
den rhetorischen Charakter der Prophezeiung. Sie spielt auf
die uralte Überlieferung an, daß bei Satanels Sturz ein Drittel
der Engel – die teufelstreue Fraktion – mit in die Tiefe ge-
rissen wurde; ein Maß, das seither zu besagen scheint, daß
ein Drittel der Schöpfung dem Satan verfallen sei. Um die
restlichen zwei Drittel aber wird bis zum letzten Lidschlag
gekämpft.

Der fünfte Engel begibt sich daher geradewegs zu jenem
«Abgrund», wo die gefallenen Engel in Ketten liegen – Asael
und seine Kumpane, die für ihre Lüsternheit so bitter bestraft
worden waren; möglicherweise auch jener Satanel, der einst
«strahlende Sohn der Morgenröte», der in seinem Kerker
dann überdies mit der Schmach leben mußte, von interes-
sierter Seite mit dem «Teufel» vermengt und verwechselt
worden zu sein … Wie auch immer: Aus dem «Schacht des
Abgrunds» steigt Höllenrauch auf, der «Sonne und Luft»
noch mehr verfinstert, und aus dem widrigen Qualm lösen
sich «Heuschrecken» wie einst in Ägypten, deren Appetit
und Funktion sich allerdings sehr verändert hat:

> Es wurde ihnen gesagt, sie sollten dem Gras auf der
> Erde, den grünen Pflanzen und den Bäumen keinen
> Schaden zufügen, sondern nur den Menschen, die das
> Siegel Gottes nicht auf der Stirn haben. Es wurde
> ihnen befohlen, die Menschen nicht zu töten, sondern
> nur zu quälen, fünf Monate lang. *(Offenbarung 9, 4f.)*

Sätze wie diese machen es uns schwer, die Frohe Botschaft
des Neuen Testamentes in Erinnerung zu behalten. Daher
sind wir um so erleichterter, daß die Schergenrolle des Quä-

Aufnahme Mariens in den Himmel von Egid Quirin Asam, ▷
um 1722

lers nicht Engeln, sondern den «Heuschrecken» zufällt, die allerdings vom «Engel des Abgrunds» angeführt werden. Nur mit Rücksicht auf die überlieferten sieben Plagen werden diese Kreaturen als «Heuschrecken» bezeichnet; in Wahrheit sind es geflügelte, gepanzerte Streitrösser mit Menschengesichtern, «Frauenhaar», «Löwengebiß» sowie «Schwänzen und Stacheln wie Skorpione» *(Offenbarung 9, 6 -11)* – eine monströse Frankensteinbrut, womöglich Abkömmlinge jener Kreaturen, die aus der gotteslästerlichen Vermischung von Engeln und Menschen hervorgingen und Zehntausende Jahre in ihren unterirdischen Verliesen darbten. Ihre Bosheit jedenfalls und leider auch «[die Kraft] in ihren Schwänzen, mit der sie den Menschen schaden», scheinen kein Maß zu kennen.

Wer annimmt, daß Furchtbareres über die sündige Menschheit kaum mehr hereinbrechen könne, hat seine Rechnung ohne den sechsten Engel gemacht: Auf Geheiß der göttlichen Stimme «wurden die vier Engel losgebunden, die auf Jahr und Monat, auf Tag und Stunde bereitstanden, um ein Drittel der Menschheit zu töten». Diese vier furchtbaren Todesengel gebieten über ein berittenes Heer von unermeßlicher Kopfzahl – gepanzerten Reitern auf löwenköpfigen Pferden, aus deren «Mäulern Feuer, Rauch und Schwefel [schlug]» und deren tödliche Macht wiederum auch «in ihren Schwänzen [lag]». Ein irritierendes Bild, das der Prophet hier unter Anspielung auf das Paradies enträtselt: «Ihre Schwänze glichen Schlangen, die Köpfe haben, mit denen sie Schaden zufügen können.» *(Offenbarung 9, 13 -19)* Teufelswerk also – aber wie es aussieht, setzen sich die vier zweifellos gottgesandten Engel an die Spitze des teuflischen Heeres. Will man noch hierin zumindest eine indirekte, schaurig vergrößerte und verzerrte Form *guter* Engelskraft erkennen, so wäre es die, daß die Engel das Teufelsheer zwin-

◁ *Verkündigung, gotisches Kirchenfenster Kloster Neuburg, Österreich, 13. Jhdt.*

gen, seine eigene Gefolgschaft – das dem Höllenfürsten verfallene Menschheitsdrittel – zu töten. Beunruhigend bleibt die Vorstellung von Killerengeln, die seit Jahr und Tag auf ihre Stunde als Menschenjäger warten, gleichwohl.

Die Pointe dieser Vision des Johannes – auch hierin der Apokalypsentradition entsprechend – aber ist diese: Obwohl die sechs Posaunenengel furchtbar auf der Erde und unter den Menschen wüten, kehrt der überlebende Teil der Menschheit nicht um.

> Sie hörten nicht auf, sich niederzuwerfen vor ihren Dämonen, vor ihren Götzen aus Gold, Silber, Erz, Stein und Holz, den Götzen, die weder sehen, noch hören, noch gehen können. Sie ließen nicht ab von Mord und Zauberei, von Unzucht und Diebstahl. *(Offenbarung 9, 20f.)*

Als dann der siebte Engel in seine Posaune bläst, ist es für Reue und Umkehr «in alle Ewigkeit» zu spät.

Posaunenengel kündet das Jüngste Gericht an, Holzschnitt, 16. Jhdt.

Heilige Hierarchien

Über die «angelologischen Systeme»

Die «angelologischen Systeme» des (sogenannten) Dionysios von Areopagita und des Thomas von Aquin gelten gemeinhin als Herz- und Prunkstücke der Lehre vom Sein und Wirken der Engel. In weitläufigen Schilderungen der diversen Engelklassen und himmlischen Hierarchien breitet manch ein Angelologe diese Fundstücke aus wie Exponate im überirdischen Trophäensaal. Ich möchte den Lesern diese kulturgeschichtlich so folgenreiche Systematik nicht vorenthalten, ebensowenig aber meine Bedenken verschweigen.

Unser Wissen über das Sein und die göttliche Ordnung der Engelwelt ist naturgemäß bruchstückhaft. In der Menschheitsgeschichte hat sich immer wieder «der Himmel geöffnet»; einzelne Engel – oder ganze himmlische Armeen – sind den Menschen erschienen, aber aufs Ganze gesehen gleicht der uns sichtbare Himmel, die Grenze zwischen Menschen- und Engelwelt, doch weitaus häufiger einem heruntergezogenen Vorhang als einer Kuppel aus transparentem Fensterglas. Was unsere metaphysischen Sichtverhältnisse angeht, ähnelt er dem Himmel über *England,* einer Gegend, deren Name ja eine gewisse Nähe zu den himmlischen Boten zu bezeugen scheint – und dennoch: Er ist meistens bedeckt.

Wer von diesem lückenhaften, aus Überlieferung und mystischer Schau gespeisten Wissen über die Engelwelt auf deren komplexe Gesamtordnung zu schließen versucht, kommt daher ohne gehörige spekulative Zutaten nicht aus. Diese beziehen unsere Engelsystematiker unvermeidlicherweise aus der Vorstellungswelt, aus dem «Zeitgeist», ihrer Epoche – also wiederum aus menschlichen, erd- und zeitgebundenen Denkmo-

Summa Theologica

Gott hat in der Wirklichkeit der Dinge nichts hervorgebracht, das er nicht dem Geist der Engel eingeprägt hätte ... Man muß notwendig irgendwelche unkörperlichen Geschöpfe annehmen. Denn das, was Gott hauptsächlich in den geschaffenen Dingen bezweckt, ist das Gut, das in der Anähnlichung an Gott besteht.

Thomas von Aquin

Unfehlbarkeit der Engel

Die heiligen Engel erlangen ihre
Kenntnis von Gott nicht durch
vernehmbare Worte, sondern
durch die unmittelbare Gegenwart
der unwandelbaren Wahrheit, d.h.
durch sein eingeborenes Wort.
Und sie wissen um dieses Wort
und um den Vater und den Heiligen Geist der beiden und daß dies
eine untrennbare Dreifaltigkeit
ist … Und endlich täuschen sich
die Dämonen, die Engel aber nie.

Augustinus

dellen, die mit heiligem Eifer in den Himmel projiziert werden.
Historisch gesehen fällt aber die Hohe Zeit der Engelkunde,
der Offenbarungen und mystischen Visionen – von Johannes
bis Hildegard von Bingen und darüber hinaus – mit der *vorde-
mokratischen* Menschheitsepoche zusammen oder, genauer
gesagt, mit der schier endlosen feudalistischen Ära zwischen
der altgriechischen Demokratie und der Wiederentdeckung
dieses Gesellschaftsmodelles vor wenigen hundert Jahren. Es
ist daher nicht sehr erstaunlich, daß uns die alten angelologischen Systeme eine hierarchische Engelwelt vorführen,
die nach feudalistischem Muster gegliedert ist: Dem niederen
«Landadel» der einfachen Engel sind etwa die «Fürstentümer» übergeordnet; weit über diesen rangieren beispielsweise
die «Throne», und erhaben über dem niederen, mittleren
und Hochadel der ständischen Engelwelt schwebt in der Ma-
nier eines Sonnenkönigs der göttliche Herrscher.

Offensichtlich idealisieren diese himmlischen Hierarchie-
modelle die realen irdischen Verhältnisse jener Zeit, in der
sie entstanden – sehr zur Freude übrigens der kirchlichen
wie der weltlichen Herrscher, die sich nur allzugern in die
geradewegs bis zum höchsten Thron reichende Rangordnung eingliederten und so ihre profane Macht als gottge-
wollte Herrschaft legitimierten. Hier schimmert deutlich genug das alttestamentarische Gebot des «Ein jeder bleibe an
seinem Platz» durch: Nach Dionysios, dem wirkmächtigsten
und zugleich mysteriösesten Engelkundler aller Zeiten, ist
die ständische Ordnung des Himmels unveränderlich.

In der Menschenwelt wurde dieses fürsten- und königs-
freundliche Prinzip bekanntermaßen durch eine Serie von
geistigen und politischen Revolutionen zerrüttet, deren Höhepunkt der französische Königssturz und die Proklamation
der Demokratie bildeten. Spätestens seit diesem Donner-
schlag der Aufklärung wirken die feudalistischen Engelsyste-
me des ersten christlichen Jahrtausend ziemlich unzeitge-
mäß. Als Refugien eines kirchlichen wie gesellschaftlichen
Konservatismus, der die hierarchische Ordnung auch auf Erden zu restaurieren trachtet, erfreuen sie sich verständlicher

Beliebtheit; doch unsere politische und gesellschaftliche Wirklichkeit, unsere wissenschaftlichen Erkenntnisse und Szenarien haben sich sphärenweit vom feudalen Modell der starren Stufenordnung entfernt. Bei allem Respekt vor den Visionen des sogenannten Dionysios: In ihrem Rubrizierungs- und Sammeleifer erinnern seine heutigen Schüler doch ein wenig an metaphysische Schmetterlingssammler, die ihre aufgespießten Fundstücke in Vitrinen ausstellen und mit Schrifttäfelchen wie «vierflügeliger Kerub» versehen.

Wenn aber die Engel, wie im Neuen Testament überliefert, «dienstbare Geister» sind, geschaffen, um den Menschen auf ihrem heiklen Heilsweg zu dienen, dann fällt es schwer zu glauben, daß die Ordnung der Engelwelt auf einer feudalen Stufe erstarrt sein soll, während die Menschen längst ihre Fürsten und Könige vom Thron gestoßen und die Vorstellung gottgewollter Ungleichheit über Bord geworfen haben. An eine überzeitliche, bis heute unerschütterte Gültigkeit der dionysischen Bilderwelt können wir also letztlich nur glauben, wenn wir gleichzeitig annehmen, daß die Idee der *Egalität* Einflüsterungen des Teufels seien – eine Folgerung, die nicht nur im Umkreis des Heiligen Stuhles bis heute manch einer bejaht.

Damit soll andererseits nicht gesagt sein, daß der gesamte visionäre Kosmos des Dionysios sozusagen «geschichtlich überholt» sei. Wir sollten aber bei der folgenden Betrachtung seines angelologischen Systems im Gedächtnis behalten, daß er bei seiner Schau einer himmlischen Ordnung ohne gewisse spekulative Bindemittel gar nicht auskommen konnte – und diese notwendigerweise seiner Zeit und den in seiner Epoche geschätzten Denkmodellen entnahm.

Welche aber war die Ära des Dionysios Areopagita? Ohne Zweifel lebte und wirkte er in der neutestamentarischen Epoche, was den unter seinem Namen verbreiteten Schriften für lange Zeit eine unantastbare Aura verlieh. Denn Dionysios war einer der ersten, die der Lehre des Paulus «von der Auferstehung der Toten» Glauben schenkten: «Einige Männer aber schlossen sich ihm an und wurden gläubig, unter ihnen

Über die Leiblichkeit der Engel

Wenn wir annehmen, sie hätten Körper, so steht uns das Wort der Schrift entgegen: «Er macht seine Engel zu Geistern.» Nehmen wir aber an, daß sie keine Körper besitzen, so bietet es größere Schwierigkeiten zu erklären, wie sie nach der Heiligen Schrift sich ohne Leib den leiblichen Sinnen der Menschen zeigen und als Gäste beherbergt werden konnten, wie man ihnen die Füße waschen, beim Essen und Trinken ihnen dienen konnte. Eher könnte man der Ansicht sein, die Engel würden in dem Sinne Geister genannt, in dem die Menschen Seelen heißen, als daß man glauben möchte, all jene Dinge seien an ihnen geschehen, ohne daß sie einen Körper hatten.

Augustinus

Was wir über Engel wissen

Wir wissen, daß außer den
Seraphim auch die Throne, die
Fürsten, die Mächte, die Kräfte
und die Herrschaften, die nach
Apostel Paulus Gott dienen, daß
alle Erzengel, die ihren ursprünglichen Gnadenstand bewahrt
haben, heilig sind. Dabei überlassen wir es allein der göttlichen
Einsicht, bei den einzelnen den
Grad der Heiligkeit zu ermessen.
Denn wir wissen nicht, welches
die Erzengel sind, die heiliger sind
als andere Erzengel, auch nicht,
welches die Engel sind, die besser
zu sein scheinen als andere
Engel ... Über die Engel und
Erzengel, über die Fürsten, Throne
und Herrschaften, über die Kräfte
und die anderen dienstbaren
Geister können wir aber, weil wir
sie nicht sehen, auch nicht urteilen.

Hieronymus

auch Dionysios, der Areopagit, außerdem eine Frau namens
Damaris und noch andere mit ihnen.» *(Apostelgeschichte 17, 34)* Von der bekehrten Damaris sind keine angelolo-
gischen Systeme überliefert, und vom Areopagiten, um der
Wahrheit die Ehre zu geben, auch nicht. Denn seit geraumer
Zeit gilt als gesichert, daß der Dionysios, der die Schrift über
die «himmlischen Hierarchien» verfaßte, mit dem biblischen
Dionysios – dem (vermutlich) nachmaligen Bischof von
Athen – nichts zu tun hat. Er war nicht einmal dessen Zeit-
genosse, sondern dürfte seine Visionen etwa im späten fünften oder frühen sechsten Jahrhundert protokolliert haben.
Wie er hieß, welchem Beruf er nachging, welche Zwecke er
möglicherweise mit seinem Werk verfolgte, ist nicht bekannt. Seine Behauptung, jener Gefolgsmann des Paulus zu
sein, ist ein geschickter literarischer Kunstgriff, ersonnen, um
die Glaubwürdigkeit seiner angelologischen Offenbarungen
zu steigern. Und tatsächlich ist es ihm so vollständig gelun-
gen, hinter seiner biblischen Deckfigur zu verschwinden,
daß die Engelkundler erst nach zehn Jahrhunderten Verdacht
schöpften. Da sich der wirkliche Verfasser nicht mehr auf-
spüren ließ, wird er seither mit einer gewissen Verlegenheit
als «Pseudo-Dionysios» bezeichnet, wodurch sich jedoch die
imposante Wirkungsgeschichte seines Werkes nicht mehr
schmälern läßt. Gestützt auf die Autorität eines scheinbar
biblischen Verfassers, Visionärs und Bekehrten, erfreut sich
seine Schrift bis heute allerhöchsten – das heißt päpstlichen
– Wohlwollens und hat zahllose Theologen, bildende Künst-
ler und Dichter zu wundersamen Werken angeregt.

Obwohl uns weder aus dem Alten noch aus dem Neuen
Testament «angelologische Systeme» überliefert sind, konnte
Pseudo-Dionysios immerhin auf Bruchstücke einer kanonischen Systematik zurückgreifen. So finden wir in den *Bil-
derreden* des *äthiopischen Henochbuches* diese etwas verwirrende Schilderung der Verhältnisse im höchsten Engelstand:

Danach sah ich tausendmal Tausende und zehntausendmal Zehntausende, eine unzählige und unbe-

rechenbare Menge, vor dem Herrn der Geister stehen.
Ich sah und erblickte zu den vier Seiten des Herrn der
Geister vier Gesichter, die von den nie Schlafenden
verschieden sind. Ich erfuhr ihre Namen; denn der
Engel, der mit mir ging, teilte mir ihre Namen mit
und zeigte mir alle verborgenen Dinge. Ich hörte die
Stimmen jener vier Angesichtsengel, wie sie vor dem
Herrn der Herrlichkeit lobsangen … Darauf fragte ich
den Engel des Friedens, der mit mir ging und mir
alles Verborgene zeigte, und ich sagte zu ihm: Wer
sind diese vier Gesichter, die ich gesehen, deren
Worte ich gehört und aufgeschrieben habe? Da sagte
er zu mir: Der erste da ist der barmherzige und
langmütige Michael; der zweite, der über alle Krank-
heiten und über alle Wunden der Menschenkinder
gesetzt ist, ist Raphael; der dritte, der allen Kräften
vorsteht, ist Gabriel; und der vierte, der über die Buße
und die Hoffnung derer gesetzt ist, die das ewige
Leben ererben, heißt Phanuel.

Die *Offenbarung des Johannes* enthält etliche Passagen, die
mit der apokryphen Überlieferung teilweise wortwörtlich
übereinstimmen und einen der wesentlichen Keime der späteren angelologischen Systeme bilden:

Und jedes der vier Lebewesen hatte sechs Flügel,
außen und innen voller Augen. Sie ruhen nicht, bei
Tag und Nacht, und rufen:
Heilig, heilig, heilig / ist der Herr, der Gott, der
Herrscher über die ganze Schöpfung; / er war, und er
ist, und er kommt. *(Offenbarung 4, 8)*

Ich sah, und ich hörte die Stimmen von vielen Engeln
rings um den Thron und um die Lebewesen und die
Ältesten; die Zahl der Engel war zehntausendmal
zehntausend und tausendmal tausend.
(Offenbarung 5, 11)

*Engel, Kathedrale von Notre Dame,
Reims, um 1250*

Über Pseudo-Dionysios

Es tönt merkwürdig, aber es ist so:
Man hat von seiner ‹himmlischen
Hierarchie› her nun doch entschieden leichteren Zugang zum
biblischen Zeugnis von den Engeln als von dem her, was von den
älteren Vätern und was nachher
von Thomas v. Aquino zu dieser
Sache beigebracht worden ist.

Karl Barth

Und alle Engel standen rings um den Thron, um die
Ältesten und die vier Lebewesen. Sie warfen sich vor
dem Thron nieder, beteten Gott an und sprachen:
Amen, Lob und Herrlichkeit, / Weisheit und Dank, /
Ehre und Macht und Stärke / unserem Gott in alle
Ewigkeit. Amen. *(Offenbarung 7, 11f.)*

Von diesen systemischen Bruchstücken bis zum hochdiffe-
renzierten, in sich abgeschlossenen Engelsystem des Pseudo-
Dionysios ist es allerdings ein weiter Weg, bei dem der Visionär weithin ohne kanonische Wegweiser auskommen
muß. Was das *Material* betrifft, das er in seinen Schriften
verarbeitet, so konnte er aus einem reichen Fundus von Engellegenden und -erzählungen schöpfen, den die Häupter
der jungen christlichen Kirche gesammelt hatten. Was allerdings die *Form* seiner Systematik angeht, so ist diese eindeutig von heidnischen Vorbildern inspiriert: Seine systembil-
dende Annahme einer dreifachen Triade – drei Engelklassen,
die in jeweils drei Unterklassen zerfallen – ist neuplatoni-
schen Denkmodellen nachgebildet, insbesondere den Schriften von Plotin und Proklos, die nicht christliche Engel, sondern heidnische Götter und Geister nach dem Muster der
dreifachen Triade zu ordnen versuchten.

Dies alles vorausgeschickt, lassen wir nun Pseudo-Dionysios selbst ausführlicher zu Wort kommen und flechten jeweils ergänzende Spekulationen und Informationen aus dem
Fundus der Überlieferung ein. Über den höheren Zweck und
die Unveränderlichkeit der Stufenordnung führt er in *Über
die himmlische Hierarchie* aus:

Die Hierarchie ist nach meiner Ansicht eine heilige
Stufenordnung, Erkenntnis und Wirklichkeit. Sie will
nach Möglichkeit zur Ähnlichkeit mit der Gottheit
führen und gemäß den ihr von Gott verliehenen
Erleuchtungen in entsprechendem Verhältnis zum
Nachbilde Gottes erheben ... Zweck der Hierarchie
ist also die möglichste Verähnlichung und Eins-

werdung mit Gott … Demnach besagt der Ausdruck
«Hierarchie» eine gewisse ganz heilige Institution, ein
Abbild der urgöttlichen Schönheit, welches in
hierarchischen Abstufungen und Erkenntnissen die
Mysterien der entsprechenden Erleuchtung heilig
auswirkt und Verähnlichung mit dem eigenen Urbild,
soweit es nur immer geschehen kann, hervorbringt.
Denn für jedes Mitglied der Hierarchie besteht die
Vollendung darin, daß es seinem zuständigen Grade
entsprechend zum Nachbild Gottes erhoben werde, ja
daß es wahrhaftig … zu einem Mitwirkenden mit
Gott werde und in sich selbst die göttliche Wirksam-
keit nach Möglichkeit zeige und hervortreten lasse.
Durch die Stufenordnung der Hierarchie ist es
bedingt, daß die einen gereinigt werden, die anderen
reinigen, daß die einen erleuchtet werden, die anderen
erleuchten, daß die einen vollendet werden, die
anderen vollenden. *(III, 1f.)*

Seraphim, Zeichnung, 12. Jhdt.

Zu der Frage, woher er sein geheimnisvolles Wissen beziehe,
äußert sich der Verfasser eher kryptisch, doch sosehr er einerseits auf die Autorität des Eingeweihten pocht, sosehr betont er andererseits, daß seiner Erkenntnis unüberschreitbare
menschliche Grenzen gesetzt seien:

Wie viele Ordnungen der überhimmlischen Wesen es
gibt, wie beschaffen sie sind und wie ihre Hierarchien
vollendet werden, das weiß nur, wie ich denke, das
göttliche Urprinzip derselben … Sonach wollen wir
nichts aus eigenem Antriebe vorbringen; was aber die
Verfasser der heiligen Schriften von den Engeln in
Bildern gesehen haben, das wollen wir, nachdem wir
darüber geheimnisvolle Lehren empfangen haben,
nach besten Kräften auseinandersetzen. *(VI, 19)*

Ob wir uns unter den «geheimnisvollen Lehren» mystische
Vision oder die Einweihung in esoterisches Geheimwissen

vorzustellen haben – und inwieweit vielleicht auch diese Behauptung eine literarische Fiktion des Pseudo-Dionysios darstellt –, bleibt unbestimmt.

Das Engelsystem

Die triadische Ordnung ist insofern starr, als ihre Gliederung in dreimal drei Klassen unveränderlich sei. Dennoch sollen wir uns die Triade nicht als statische Stufenfolge vorstellen – vergleichbar einer Treppe, die zum höchsten Thron emporführt –, sondern als drei rotierende Ringe, die den Gottesthron als ihr Zentrum umkreisen:

Obere Triade
I. Seraphim – II. Kerubim – III. Throne

Mittlere Triade
IV. Herrschaften – V. Mächte – VI. Gewalten

Untere Triade
VII. Fürstentümer – VIII. Erzengel – IX. Engel

Die Engel der ersten Klasse – die Seraphim – sind somit Gott am nächsten, die Engel der neunten Klasse am gottfernsten oder, wenn wir das Fernrohr umdrehen, die Menschennächsten und vielleicht auch -ähnlichsten der Himmelsboten. Diese Abstufungen werden oftmals auch in einem Energie-Materie-Modell beschrieben: Die höchstrangigen Engel sind reine Energie; die Engel der niederen Ränge dagegen stehen in Kontakt mit der materiellen Welt, können sich mühelos in physische Wesen verwandeln und sind daher auch vor den «Verlockungen des Fleisches» kaum weniger gefeit als die um eine Klasse kompakter verkörperten Menschenseelen.

Sehen wir uns nun die Wesenheiten der pseudo-dionysischen *ersten Triade* etwas näher an:

> Dies also ist, soweit ich es verstehe, die erste Ordnung der himmlischen Wesen. Sie steht unmittelbar in der Runde um Gott und um Gott her, in unablässigem Reigen bewegt sich ihr einfaches Denken in der ewigen Erkenntnis Gottes, wie es der immer bewegten, höchsten Rangstellung unter den Engeln entspricht. *(VII, 4)*

Seraphim

Ihr Name leitet sich von den hebräischen Wörtern *Ser* (Schutzengel) und *Rapha* (Heiler) ab. Pseudo-Dionysios nennt sie «Entflammer» und «Erglüher»; es sind Wesen aus schierer Energie, die wir uns daher weniger als Gestalten denn als Lichtmanifestationen vorzustellen haben. Während die Engel aller anderen Klassen ihrer Vermittlung bedürfen, stehen die Seraphim in direkter Verbindung zu Gott, dessen Thron sie unablässig umkreisen. Hierbei singen sie nach uralter jüdischer Überlieferung fortwährend «Kadosh, Kadosh, Kadosh» oder «Heilig, heilig, heilig ist der Gott, der Herr Zebaoth, alle Lande sind seiner Ehre voll». Jedoch ist dieser bei Tag und Nacht erschallende Gesang wohl eher als Metapher für einen Vorgang zu verstehen, der sich bis heute unserer Vorstellung entzieht: Der Gesang der Seraphim verbildlicht die «Urschwingung», die schöpferische Vibration, die Leben entstehen läßt und in Gang hält, also die Schöpfungskraft als solche oder – mit einer anderen Metapher – das «Feuer der Liebe».

Für Menschen ist der Anblick dieser hochenergetischen Lichtwesen unerträglich. Nach *Jesaja* nehmen sie, wenn sie

einem Erdenwesen erscheinen, hierauf durch spezielle Vorkehrungen Rücksicht: «Serafim standen über ihm. Jeder hatte sechs Flügel: Mit zwei Flügeln bedeckten sie ihr Gesicht,
mit zwei bedeckten sie ihre Füße, und mit zwei flogen sie.»
(Jesaja 6,2) Ihre feurige Beschaffenheit kommt auch in zahlreichen volkstümlichen Engellegenden zum Ausdruck, welche die Seraphim oftmals mit Drachen und feuerspeienden
Schlangen identifizieren.

Kerubim

Die Engel dieser zweitedelsten Klasse müßten der «ersten
Menschheit», also der adamitischen Linie, in zwiespältiger
Erinnerung sein. Ihr Name bedeutet nach Pseudo-Dionysios
«Fülle der Erkenntnis» oder «Ergießung der Weisheit», ihre
Aufgabe, die Paradiesbewachung, kehrte sich bekanntlich ge-
gen Adam, dem sie ursprünglich dienen sollten, dann aber
auf göttliches Geheiß den Zutritt zum Garten Eden ver-
wehrten.

Nach anderer Lesart bedeutet das hebräische «Kerub»
wörtlich übersetzt «einer, der Fürsprache hält», was uns an
die Überlieferung der Apokryphen erinnert: Dort wollten
die Kerubim «aus Mitleid» Adam noch eine Chance geben,
doch ihre Fürsprache half nichts – auf Jahwes Befehl hin vertrieben sie nach kurzer Unterbrechung das Menschenpaar
weiter aus dem Paradies. Die von ihnen ausgehende Schwin-
gung gilt als Energie des Wissens und der Weisheit.

Zum Zeichen ihres – gegenüber den Seraphim – geringeren Ranges begnügen sich die Kerubim mit lediglich vier Flügeln; dafür spricht ihnen die hebräische Überlieferung allerdings «vier Köpfe» zu. Ihre triadische Aufgabe besteht darin,
den Thron Gottes zu tragen. In alten Bildern und Legenden
wird dieser Thron oft auch zum «Wagen» des höchsten Herr-
schers, dem die Kerubim dann als Wagenlenker dienen.

Im Alten Testament werden die Kerubim an prominenter
Stelle erwähnt: Bezalel, der nach göttlichem Plan die Bun-

deslade – Zeichen des Alten Bundes zwischen Menschen und
Gott – anfertigt,

> machte zwei Kerubim aus getriebenem Gold und
> arbeitete sie aus den beiden Enden der Deckplatte
> heraus, und zwar einen Kerub an dem einen Ende
> und einen Kerub an dem andern Ende der Deck-
> platte; er arbeitete die Kerubim an ihren beiden
> Enden heraus. Die Kerubim breiteten ihre Flügel nach
> oben aus; mit ihren Flügeln beschirmten sie die
> Deckplatte, und sie wandten ihre Gesichter einander
> zu; die Gesichter waren der Deckplatte zugewandt.
> *(Exodus 37, 7-9)*

Diese Sätze, die mehr nach magischer Beschwörung als nach
handwerklicher Beschreibung klingen, stützen allerdings
nicht die populäre Vorstellung, daß Engel dieser Klasse
über vier Flügel und vier Köpfe verfügten. Jedoch führen
die Verteidiger der vierköpfigen Engel zum Beweis *Ezechiel
(1, 6-14)* an, der detaillierte und überaus schauerliche Anga-
ben zur Beschaffenheit der Kerubim macht. Diese Debatte
scheint seit ein paar tausend Jahren ziemlich festgefahren zu
sein.

Throne

Die niedersten Engel der ersten Triade haben einen erstran-
gigen Anspruch auf den Titel der mysteriösesten Wesenheit.
Im Hebräischen heißen sie «Galgallin», was sich allerdings
nicht eindeutig übersetzen läßt: «Galgall» bedeutet sowohl
«großes Rad» als auch «Auge, Pupille». Lassen wir die Bedeutung «Auge» für den Moment beiseite, so erklärt sich die
verbleibende Namensschwankung mit der erwähnten Tatsache, daß Gottes Thron zuweilen die Neigung hat, sich in
einen Wagen zu verwandeln. Während die Kerubim den Wagen lenken, besteht die Aufgabe der Throne sonderbarerwei-

Die Throne, zu erkennen an ihren
Kronen, Kupferstich, 17. Jhdt.

se darin, dieser Wagen zu *sein*. Diese Vorstellung finden wir
bereits im *äthiopischen Henochbuch*, außerdem bei *Ezechiel*,
der von der Schilderung der vierköpfigen Kerubim zu be-
sagten «Rädern» übergeht:

Ich schaute auf die [vierköpfigen] Lebewesen: Neben
jedem der vier sah ich ein Rad auf dem Boden. Die
Räder sahen aus, als seien sie aus Chrysolith gemacht.
Alle vier Räder hatten die gleiche Gestalt. Sie waren
so gemacht, daß es aussah, als laufe ein Rad mitten im
andern. Sie konnten nach allen vier Seiten laufen und
änderten beim Laufen ihre Richtung nicht.
(Ezechiel 1, 15-17)

Es ist oftmals angemerkt worden, daß diese Schilderung ihrer
Zeit unfaßbar weit voraus ist. Das Rad war damals zwar
bereits «erfunden», das heißt, man begann, sich der Möglichkeiten der natürlichen Rundform bewußt zu werden.
Es wurde aber kaum erst genutzt, und die beschriebene Be-
weglichkeit und das Ineinandergreifen der Räder gehören
aus alttestamentarischer Sicht einer futuristischen Hochtechnologie an, die erst Jahrtausende später verwirklicht werden sollte. Oder muß man präziser sagen: «von Menschen
verwirklicht»? Einerseits befremdet uns die Vorstellung,
daß Engel genötigt sein sollten, sich mittels einer – wenn
auch ausgeklügelten – Mechanik durch die Sphären zu bewegen. Andererseits scheint aber das zu Ezechiels Zeiten
kaum begreifliche Bild der zauberischen Räder gerade nicht
auf das begrenzte «Erkenntnisvermögen» der Menschen dieser Epoche Rücksicht zu nehmen. Tatsächlich sind es Widersprüche dieser Art, aus denen die Bibelkritiker ihre
Schlüsse zu ziehen pflegen: Die Vorstellung radförmiger «Engel» (Kräfte, Energien, «Wagen») läßt sich nicht auf traditionelle Rhetorik zurückführen (wie beispielsweise der lob-
preisende «Chor der Engel»), und sie ist andererseits auch
nicht aus dem zeitgenössischen Alltag des Verfassers ge-
schöpft (wie etwa der häufig zitierte «Feuerofen»). Der
Schluß, daß *Ezechiel* hier von etwas Außerordentlichem berichte, das er weder kennen noch erdichten konnte, also «tatsächlich» gesehen habe, entbehrt nicht einer gewissen Plau-
sibilität. Wie wir noch sehen werden, haben die Ufologen
und Verfechter extraterrestrischer Evolutionstheorien an rät-

selhafte Textstellen dieser Art ihre weitreichenden Spekulationen geknüpft.

Statt uns hier bereits in die ufologische Debatte einzu-
mischen, zitieren wir nochmals *Ezechiel*, der in seiner weiteren Schilderung mühelos auch die scheinbar so wenig zu
den «Rädern» passenden «Augen» unterbringt:

> Ihre Felgen waren so hoch, daß ich erschrak; sie
> waren voll Augen, ringsum bei allen vier Rädern.
> Gingen die Lebewesen, dann liefen die Räder an ihrer
> Seite mit. Hoben sich die Lebewesen vom Boden,
> dann hoben sich auch die Räder. Sie liefen, wohin der
> Geist sie trieb …; denn der Geist der Lebewesen war
> in den Rädern. *(Ezechiel 1, 18-20)*

Die Verwirrung, die von diesen mit «Augen» versehenen «Rädern» ausgeht, läßt sich innerhalb des pseudo-dionysischen
Systems nicht auflösen. Sie wird auch nicht geringer, wenn
wir erfahren, daß der – uns aus dem *Buch Tobit* bereits be-
kannte – Erzengel Raphael gemeinhin als Regent der Throne
gilt, obwohl er im triadischen System sechs Klassen unter
den Galgallin rangiert.

Nach allem, was wir wissen, kommt den Wesenheiten der
zweiten Triade eine so mühselige wie verdienstvolle Aufgabe
zu. Sie bilden die genaue Mitte zwischen der reinen Energie
der ersten und der bedenklichen Materienähe der dritten
Triade. Ihre Aufgabe besteht daher, allgemein gesprochen,
darin, in diesem Spannungsverhältnis vermittelnd und aus-
gleichend zu wirken. Licht und Dunkel, Gut und Böse, göttlicher Sphäre und Menschenwelt (zu schweigen von der teuflischen) sind sie gleichermaßen nah – oder fern –, so daß
sie aus menschlicher Sicht eine recht undankbare Rolle zu-

Friedensengel, München, 1896 -1899 ▷

Engel, Genua

gewiesen bekamen. Von dieser heißt es auch, sie sei dazu bestimmt, «Gott mit dem Urgrund eins werden zu lassen».

Herrschaften

Im Hebräischen «Kyriotes» oder «Hamshallin» genannt, koordinieren die Herrschaften die «Pflichten der Engel» und gelten als «Mittler der Gnade». Ihre Sphäre wird von Yahriel, Zadkiel und dem «Feuersprechenden Engel» Chasmal regiert, und nach jüdischer Überlieferung bewahren sie die himmlischen Buchstaben des – tabuierten – heiligen Namens auf. Nach Pseudo-Dionysios

> offenbart der redende Name der heiligen Herrschaften meines Erachtens einen gewissen unbezwingbaren und von jedem Sinken zum Irdischen freien Aufschwung nach oben, ein Herrschertum, welches gar nicht irgendeiner Entartung ins Tyrannische in irgendeiner Weise überhaupt zuneigt und in edler Freiheit kein Nachlassen kennt, ein Herrschertum, welches, jeder erniedrigenden Knechtung entrückt, jedem Erschlaffen unzugänglich und, über jegliche Unähnlichkeit erhaben, unaufhörlich nach dem wahren Herrschertum und der Urquelle alles Herrschertums hinanstrebt und nach der herrschgewaltigen Ähnlichkeit mit demselben soweit als möglich sich selbst und gütig auch das unter ihm Stehende umbildet, ein Herrschertum, welches keinem der eitlen Scheindinge, sondern dem wahrhaft Seienden gänzlich zugewendet ist und immerdar, soweit es ihm verstattet ist, an der Ähnlichkeit mit Gott als dem Urquell des Herrschertums teilnimmt.
> *(VIII, 1)*

Mächte

Sie werden auch «Malakim», «Dynameis» oder «Tarshshim»
genannt, was sich ebensogut als «Kräfte» übersetzen läßt.
Ähnlich wie die ihnen untergeordneten «Gewalten» – wenn
auch weniger gefährdet als diese – scheinen sie mit irdischem
Geschehen bereits enger verbunden und greifen nicht selten
in menschliche Prozesse ein. Sie sind die Heroen dieser En-
gelstriade, was sich nach Pseudo-Dionysios bereits in ihren
Namen andeutet:

> Der Name der heiligen Mächte bezeichnet nach
> meiner Meinung eine gewisse männliche und
> unerschütterliche Mannhaftigkeit in Hinsicht auf alle
> ihre gottähnlichen Tätigkeiten, welche bei der
> Aufnahme der ihr verliehenen urgöttlichen
> Erleuchtungen durchaus keine kraftlose Schwäche
> zeigt, sondern mächtig zur Gottähnlichkeit aufstrebt,
> eine Mannhaftigkeit, welche durch keine Unmänn-
> lichkeit von ihrer Seite die gottähnliche Bewegung
> aufgibt, sondern vielmehr unentwegt auf die
> überwesentliche und machtbildende Macht hinblickt
> und deren machtspiegelndes Abbild wird, welche zu
> ihr als der Urquelle der Macht mächtig hingekehrt ist
> und zu den Wesen der tieferen Ordnung macht-
> spendend und gottähnlich heraustritt. *(VIII, 1)*

Die Mächte, auch die «Strahlenden» oder «Leuchtenden» genannt, sind daher auch die gebieterisch eingreifenden Schutzengel der menschlichen Heroen. Sie stehen jedem zur Seite,
der entschieden für die gute Sache ficht, und flößen ihm in
Stunden der Bedrängnis neuen Mut ein. Wir dürfen deshalb
vermuten, daß auch jener Engel, der vor Jesu Gefangennahme dem Messias «(neue) Kraft» gab *(Lukas 22, 43)*, zur Klasse der Mächte zählte. Als Engel der Naturgewalten bewerk-
stelligten sie die Himmelfahrt Christi. Regiert wird dieser
Engelrang von dem gleichfalls heldenhaften Erzengel Micha-

el und weiteren Erzengeln wie Gabriel und Raphael; jedoch werden aus dieser Engelklasse auch düstere Nachrichten vermeldet: Ehe er stürzte, zählte auch Satanel zu den Regenten der Mächte, und nach der apokryphen Schrift *Das Leben Adams und Evas* sind sie indirekt in den berühmtesten Brudermord aller Zeiten verwickelt:

> Und als die Zeit nahte, da sie [Eva] gebären sollte, ward sie von Schmerzen befallen. Und sie rief zum Herrn also: Erbarme dich meiner, Herr, und hilf mir! Aber sie ward nicht erhört, und Gottes Barmherzigkeit war nicht um sie. Und sie sprach bei sich: Wer wird es meinem Herrn Adam verkünden? Euch, Himmelsleuchten, bitte ich: Wenn ihr zum Osten zurückkehrt, verkündet es meinem Herrn Adam! In jener Stunde aber sprach Adam: Evas Klage ist zu mir gedrungen, vielleicht hat die Schlange abermals wider sie gekämpft. Und da er hinging, fand er Eva in tiefer Traurigkeit. Und Eva sprach: Als ich dich sah, war meine schmerzbewegte Seele erquickt. Und jetzt bitte Gott den Herrn für mich, daß er dich erhöre und mich gnädig ansehe und von meinen argen Schmerzen befreie. Und Adam bat den Herrn für Eva. Und siehe, zwölf Engel und zwei Kräfte stellten sich Eva zur Rechten und zur Linken. Und Michael, der sich zur Rechten gestellt, berührte sie vom Antlitz bis zur Brust und sprach zu Eva: Gesegnet seist du, Eva, um Adams willen … Und sie gebar einen Sohn, der war lichtvoll. Und alsbald stand das Kind auf, lief fort und brachte in seinen Händen einen Halm und gab ihn seiner Mutter. Und er erhielt den Namen Kain.

Die Fortsetzung ist bekannt. Manch einer munkelt, daß Satan(el) von seinem finsteren Verbannungsort aus die Fäden zog, wobei er sich seiner einstigen Untertanen, der Mächte, bediente. Jedenfalls tritt mit Kain der erste einer unendlichen Reihe menschlicher «Teufelskinder» auf die

Bühne, und «zwei Kräfte» waren bei dieser unheilvollen Geburt behilflich.

Gewalten

Sie werden auch «Autoritäten» oder «Dynameis» genannt und sind, wie letzterer Name anzeigt, von den «Mächten» nicht immer leicht zu unterscheiden. Nach Pseudo-Dionysios offenbart uns der Name

> der heiligen Gewalten, welche mit den gottähnlichen Herrschaften und Mächten auf gleicher Stufe stehen …, wie ich glaube, die wohlgeordnete und unverwirrbare Harmonie bei Aufnahme des Göttlichen und das Festbestimmte der überweltlichen und geistigen Gewaltstellung, welche die aus der Gewalt fließenden Kräfte nicht mit tyrannischer Willkür zu den minderen Zwecken mißbraucht, sondern unbesiegbar zum Göttlichen in schöner Ordnung empordringt und die tieferstehenden Wesen gütig aufwärts leitet, welche der gewaltschaffenden Urquelle der Gewalt soweit als möglich sich verähnlicht und sie kräftigst nach den wohlgeordneten Stufen der aus der Gewalt fließenden Macht den Engeln einstrahlt. *(VIII, 1)*

Selbst in dieser zuversichtlichen Charakterisierung klingt allerdings die Gefahr an, in der die Gewalten ständig schweben. Da ihre Sphäre direkt an die unterste – erdnächste – Triade grenzt, sind sie auch der Verlockung des Bösen ständig ausgesetzt.

Wie ihr Name – der an archaische Urkräfte denken läßt – gleichfalls andeutet, sind sie die wahrhaften Erstlinge der (ersten) Schöpfung. Auch von dieser Seite aus erkennt man also eine Verbindung zu Satanel, der ja ebenso als erster geschaffener Engel gilt. Die Gewalten sind daher die Engel der Am-

Die Gewalten tragen Donnerkeil und flammendes Schwert, Kupferstich, 17. Jhdt.

bivalenz: nach Pseudo-Dionysios die Grenzwächter zwischen erstem und zweitem Himmel, dazu bestimmt, diesen gegen die «Dämonen» zu verteidigen, die ohne das ständige unerschrockene Eingreifen der Gewalten längst die Welt beherrschen würden. In der Menschenwelt kommt ihnen die

Aufgabe zu, die zwischen Gut und Böse schwankenden Seelen im Gleichgewicht zu halten.

Camael gilt als ihr Regent. Er gebietet über das gewaltige Heer der Straf- und Zerstörungs-, Rache- und Todesengel, und einige düstere Gerüchte besagen, daß er mitsamt seiner Heerschar längst zum Höllenfürsten übergelaufen oder, schlimmer noch, daß Camael nur einer der zahlreichen Decknamen des gestürzten Engels sei. Diesen pessimistischen Versionen halten wir jedoch jene Legenden entgegen, nach denen derselbe Camael dem himmlischen Hochadel der «Engel des Angesichts» angehört. Auch diese Debatte über Identität und Loyalität Camaels scheint seit längerem in einer Sackgasse zu stecken – möglicherweise auch dies ein versuchter Rufmord an einem Engel, dessen Name immerhin «Er, der Gott sieht» bedeutet.

Wie wir sahen, werden die Engel der ersten und zweiten Triade mit menschenähnlichen Gestalten kaum jemals in Verbindung gebracht. Das erklärt sich einfach genug damit, daß sie nach dem Vermittlungsgedanken der dreifachen Triade keinen direkten Kontakt zur Menschenwelt unterhalten. Ganz anders die Engel der *dritten Triade*, die unmittelbar an die materielle Welt grenzt und daher von den menschenähnlichsten Himmelswesen bewohnt wird. Wenn wir heute von Engeln sprechen, die sich einzelnen Menschen zeigen, sie beschützen, ansprechen und geleiten, so bezieht sich dies nach Pseudo-Dionysios letztlich allein auf die Klasse der Engel, allenfalls und ausnahmsweise auch auf die Erzengel, während bereits die Fürstentümer über diese individuellen Schutzengeldienste erhaben zu sein scheinen.

Fürstentümer

Wie ihr Name andeutet, waren sie ursprünglich als Beschützer der Völker und Städte eingesetzt worden. Spätestens mit

der historischen Säkularisierung – der Trennung von geist-
licher und weltlicher Gewalt – büßten sie diese Aufgabe in
der christlichen Hemisphäre ein. Doch bereits in dem Wort
Jesu – «Mein Reich ist nicht von dieser Welt» – scheint sich
der Kompetenzverlust der Fürstentümer anzubahnen: Obwohl irdische Herrscher sich anschließend noch geraume
Zeit als von Gott selbst eingesetzte Regenten preisen ließen,
wird schon im Neuen Testament die Verbindung zwischen
irdisch-profanen und himmlischen Hierarchien gekappt. Da
überdies die Mehrzahl der irdischen Fürstentümer und Kö-
nigreiche nach und nach hinweggefegt wurde, gelten die Engel der himmlischen Fürstenklasse seither nur noch als Hüter
der Religionen, der christlichen ebenso wie des Judentums
und des Islams. In den beiden letzteren ist der Prozeß der
Säkularisierung bis heute nicht abgeschlossen, weshalb die
himmlischen Fürstentümer dort auch noch – oder wieder –
als Beschützer der auserwählten Staaten, Städte und Völker
gelten dürfen. Im Christentum haben sie bekanntermaßen
ihr stärkstes Bollwerk im römischen Katholizismus, der nach
wie vor wie eine irdische Filiale des himmlischen Feudalis-
mus organisiert ist.

Als Regent der Fürstentümer wird meist Anael genannt,
der zu den sieben Engeln der Schöpfung zählt. Obwohl man
annehmen sollte, daß beim Kampf Davids gegen Goliath
eher die Mächte – als Beschützer der Heroen – zuständig
waren, wird uns in diversen Überlieferungen versichert, daß
«Cervill, Fürst der Stärke», David beigestanden habe. Das
leuchtet insofern ein, als es David, den die Bibel «keck»
nennt, nicht an Mut, sondern an hinlänglicher Stärke fehlte,
um allein gegen den Riesenphilister zu bestehen.

*Die Fürstentümer mit Lilienstab,
Kupferstich, 17. Jhdt.*

Erzengel

Der Streit über Namen und Zahl dieser Engel ist uralt, un-
ergiebig und allenfalls geeignet, uns in Erinnerung zu rufen,
wie lückenhaft unser Wissen über die Engelwelt tatsächlich

ist. Die jüdische Überlieferung nennt sieben Erzengel, die christliche bis zu sechs; für manche strikt bibeltreuen Protestanten – deren Kanon das *Buch Tobit* nicht angehört – existiert gar nur ein einziger Erzengel: der berühmteste seiner Klasse, der heldenhafte Michael.

Wenn man die Dinge nicht ganz so streng nimmt, gehören zumindest auch die uns schon bekannten Raphael und Gabriel der Klasse der Erzengel an. Doch jenseits dieses Trios wird das Licht menschlichen Erkenntnisvermögens bereits wieder bedenklich matt: In nahezu beliebigem Durcheinander werden uns von den verschiedenen Engelkundlern und Legendensammlern Anael und Sariel, Uriel und Remiel, Metatron und Raguel, Raziel und noch einige weitere Anwärter auf den Erzengelrang genannt. Doch diese Debatte braucht uns hier nicht weiter zu beschäftigen. Wie in der kanonischen und apokryphen Überlieferung, hat sich auch in der – insbesondere katholischen – Volksfrömmigkeit, in bildender Kunst und Dichtung seit jeher alles auf die drei Erzengel Michael, Raphael und Gabriel konzentriert – mit einem uneinholbaren Vorsprung für den glanzvollen Engelfürsten Michael, der im katholischen und orthodoxen Heiligenkult teilweise bis heute fast wie ein Abgott verehrt wird. In dieser Erzengelverehrung, der Anbetung der heiligen Maria und andererseits auch im Satansglauben kristallisiert sich die bis heute nicht gebannte Gefährdung des christlichen Monotheismus, der immer wieder in Vielgötterei zu zerfallen droht. Dagegen bekleiden die Erzengel nach Pseudo-Dionysios einen klar definierten dienenden Rang, der zur Anbetung dieser Engel – statt allein Gottes, ihres Schöpfers – keinen Anlaß gibt:

Der Chor der heiligen Erzengel steht mit den himmlischen Fürstentümern auf gleicher Stufe. Denn sie

Der heilige Michael besiegt den Drachen *von Josse Lieferinxe* ▷

Vier Seraphim mit mehreren Flügelpaaren, Detail aus dem Stundenbuch *des Herzogs
von Berry, von Pol, Hermant und Jan von Limburg, 1413-1416*

und die Engel bilden ... eine Hierarchie und
Ordnung. Da es nun aber keine Hierarchie gibt,
welche nicht erste, mittlere und letzte Mächte besäße,
so hält der heilige Chor der Erzengel durch seine
Mittelstellung in der Hierarchie die Endglieder
gemeinschaftlich zusammen; denn er steht in
Gemeinschaft mit den heiligsten Fürstentümern und
mit den heiligen Engeln, mit den einen, weil er zur
überwesentlichen Fürstenhoheit in fürstlicher Weise
hingewendet ist und ihr soweit als möglich sich
nachbildet und gemäß seinen wohlgeordneten,
festbestimmten und unsichtbaren Führungen die
Engel ins Eine vereinigt. Mit den anderen hat er
Gemeinschaft, weil auch er die Stellung von
Dolmetschern einnimmt, insofern er die urgöttlichen
Erleuchtungen durch Vermittlung der ersten Mächte
hierarchisch in sich aufnimmt und sie dann den
Engeln gütig offenbart und vermittels der Engel auch
uns kundtut, wie es dem heiligen Grade eines jeden
der göttlich Erleuchteten entspricht. *(IX, 2)*

Wenden wir uns nun den drei berühmtesten und eindrucks-
vollsten Erzengeln im einzelnen zu.

Gabriel

Von seinem für das Christentum bedeutsamen Wirken haben wir bereits gehört. Da er in den Elternhäusern der
nachmaligen Johannes der Täufer und Jesus Christus eine
so rege und folgenreiche Geburtstätigkeit in Gang setzt, wird
er zuweilen als «weiblicher» Erzengel angesehen, der – oder
die – als eine Art himmlische Hebamme für gutes Gelingen
der Geburten sorge. Aber wie wir sahen, leistet im apokryphen *Leben Adams und Evas* nicht Gabriel, sondern der heroische Michael solche Hebammendienste (unseligerweise
bei der Geburt der «Satansbrut» Kain). Mit zumindest dem
gleichen Recht könnten wir Gabriel als den Erzengel der

Dem Lenker der himmlischen
　　Scharen,
dem Engel im neunfachen Chor
bereitet in christlicher Demut
die fromme Gemeinde das Fest.
Das Leben des jüdischen Volkes
war anvertraut Michaels Schutz,
dem Führer auf all seinen Wegen –
so sagt der Propheten Bericht.
Jetzt lenkt er als oberster Priester
die heilige Handlung der Kirche,
die sicheren Schrittes durchwandert
die Fluten der schwankenden Zeit.
Er wehret dem Ansturm des
　　Feindes
im steten Gebete zu Gott.
Im Kampf wird am Ende der
　　Zeiten
er treffen das Haupt alles Bösen,
der Führer im künftigen Streite,
Michael, «wer ist wie Gott?».
Die Macht des verderbenden
　　Drachen
besiegt er am Ende und spendet
der Erde den ewigen Frieden.
Michael, heiliger Engel,
so steh uns im Leben zur Seite
und führe auf sicherem Wege
die Seele zum Heile empor!
Vereint mit dem Chor aller Engel
im neunfachen Reigen vertreibe
die glühenden Pfeile der Sünde –
daß künftig in Höhen wir finden
zum Kreise der ewigen Geister,
der ewig in lauterer Liebe
die göttliche Schöpfermacht preist.

Anonymus (10. Jhdt.)

«göttlichen Zeugung» bezeichnen, zumal er die Schwangerschaft Marias ohne irdischen Erzeuger zustandebringt, also den menschlichen Samen durch eine Art himmlischer Energie ersetzt haben muß. Wie auch immer: Er ist der Engel der Messiasverkündung, deren neutestamentarischer Höhepunkt ein altbiblisches Vorspiel hat. Bereits gegenüber Daniel, der seine «Vision vom Widder und dem Ziegenbock» nicht zu enträtseln vermag, prophezeit der «im Flug» herbeieilende «Mann Gabriel» die dereinstige «Ankunft eines Gesalbten, eines Fürsten» *(Daniel 9, 25)* – auf den aber das Judentum, in skeptischerer Einschätzung der Identität Jesu, bis heute wartet.

Ohne den erhabenen Rang des Engels Gabriel bestreiten zu wollen, erklären die erwähnten streng bibeltreuen Christen, daß Gabriel in der Heiligen Schrift nicht ausdrücklich als Erzengel bezeichnet werde. Das ist wahr, doch wird er in zahlreichen nichtkanonischen Schriften als hochrangiger Engel gepriesen, als Paradiesverwalter und Herrscher der Kerubim. Auch bedeutet sein Name immerhin «Statthalter Gottes» oder «ein Mächtiger Gottes», was ihn über die Klasse der gewöhnlichen Engel weit zu erheben scheint.

RAPHAEL

Gemeinsam mit diesem fröhlichsten und geselligsten der Erzengel haben wir bereits den jungen Tobias begleitet, der dank Raphael die Abenteuer des Mannbarwerdens bestand. Über seine Kenntnis diverser Natur- und Liebeszauber hinaus, die er im *Buch Tobit* bewies, gilt Raphael allgemein als Engel der Heilkünste, worauf schon sein Name verweist: Das hebräische «Rapha» bedeutet «Heiler».

Wenn wir der Überlieferung glauben, war Raphael als Wächter des paradiesischen Lebensbaumes derjenige Engel, der Adam auf Gottes Geheiß die Unsterblichkeit verwehrte. Doch das ist ungewiß, wie überhaupt über diesen Erzengel eine Menge verwirrender Behauptungen kursieren. So soll er gleichzeitig Regent der Mächte und der gesamten mittleren Triade sein und sowohl den Herrschaften als auch den Gewalten und schließlich sogar den Kerubim angehören. Auch in diese unersprießliche Debatte mischen wir uns nicht ein, da wir uns weigern, die Engelwelt als eine überirdische Fauna anzusehen, die sich einer Art meta-zoologischem Ordnungsstreben zu fügen habe.

Dagegen gedenken wir gerne der Überlieferung, die Raphael als Retter der Menschheit preist: Als Gott beschloß, alles Leben zu ersäufen, schenkte Raphael Noah jenes geheimnisvolle Buch, das den nachmaligen Sintflutschiffer zum Archenbau befähigte. Da er sein naturkundliches und zauberisches Geschick so eindrucksvoll unter Beweis gestellt hat, wird Raphael folgerichtig auch als Engel des Wissens und der (Natur-)Wissenschaften verehrt.

MICHAEL

So zahlreich und glanzvoll sind die mit seinem Namen verbundenen Zeugnisse und Legenden, daß man mit ihnen ein eigenes Buch füllen könnte. Die heilige Schrift erwähnt ihn dreimal in durchweg heroischen Rollen: Im *Buch Daniel (10, 13-21)* kämpft er gegen die (finsteren) «Engelfürsten von Jawan und Persien»; der neutestamentarische *Judas* schildert einen Zusammenstoß zwischen dem Teufel und Michael, der hier – exklusiv – als Erzengel bezeichnet wird:

> Als der Erzengel Michael mit dem Teufel rechtete und über den Leichnam des Mose stritt, wagte er nicht, den Teufel zu lästern und zu verurteilen, sondern sagte: Der Herr weise dich in die Schranken. *(Judas, 9)*

Am berühmtesten aber ist jene Passage der *Offenbarung*, die Michaels dramatischen Kampf gegen den aufständischen Satanel beschreibt:

> Da entbrannte im Himmel ein Kampf; Michael und seine Engel erhoben sich, um mit dem Drachen zu

*Die drei Erzengel Gabriel, Michael
und Raphael, Holzschnitt,
Spanien, 15. Jhdt.*

kämpfen. Der Drache und seine Engel kämpften, aber
sie konnten sich nicht halten, und sie verloren ihren
Platz im Himmel. Er wurde gestürzt, der große
Drache, die alte Schlange, die Teufel oder Satan
heißt und die ganze Welt verführt; der Drache wurde
auf die Erde gestürzt, und mit ihm wurden seine
Engel hinabgeworfen. *(Offenbarung 12, 7-9)*

Die Begeisterung für Michael, dessen Name «Wer ist wie Gott» bedeutet, kannte zeitweise keine Grenzen und kein Maß mehr. Wie eine Fülle populärer Legenden berichtet, soll Michael alle wesentlichen Heldentaten, die das Alte Testament Engeln zuschreibt, im Alleingang ausgeführt haben. So wird uns versichert, daß er Abraham gehindert habe, Isaak zu opfern, und er soll Mose im brennenden Dornbusch erschienen sein. Einige nüchternere Bibelkundler wenden ein, daß es sich hier um einen «Engel Jehovas», also um eine Theophanie – eine Gotteserscheinung – gehandelt habe, doch der volkstümliche Michaelkult wurde durch solche Bemerkungen niemals irritiert. Tatsächlich hat die römische Kirche im Mittelalter auch ihrerseits die Verehrung Michaels geschürt, den sie als Nachfolger des altrömischen Totengottes Merkur einsetzte. Auf heidnischen heiligen Stätten, teilweise auf den Ruinen der alten Merkurtempel, entstanden zahlreiche «Michaeltempel» – mit der Folge, daß die Macht des Heidengottes zwar gebrochen, aber durch die Regentschaft eines christlichen Nebengottes erkauft wurde. Nachher hatte die Kirche dann ihre liebe Mühe, die Woge der Michaelverehrung wieder einzudämmen und das Eingottprinzip in Erinnerung zu rufen, das dem Volksglauben nie ganz geheuer war. In seinen «Engelpredigten» sollte Martin Luther noch Anfang des 16. Jahrhunderts gegen die abgöttische Verehrung der Erzengel wettern, die im Rummel um Michael geradezu Züge eines heiligen Jahrmarkttreibens annahm.

Wie Satanel wird Michael häufig mit dem Drachensymbol dargestellt. Jedoch ist er nicht der «Fürst», sondern der Bezwinger des Drachen, weshalb er auch mit jenem Engel gleichgesetzt wird, der nach *Johannes* die tausendjährige Gottesherrschaft begründen werde:

Dann sah ich einen Engel vom Himmel herabsteigen; auf seiner Hand trug er den Schlüssel zum Abgrund und eine schwere Kette. Er überwältigte den Drachen, die alte Schlange – das ist der Teufel oder der

Gebet

Ich suche allerlanden eine Stadt,
Die einen Engel vor der Pforte hat.
Ich trage seine großen Flügel,
Gebrochen schwer am Schulter-
    blatt,
Und in der Stirne seinen Stern als
    Siegel.
Und wandle immer in der
    Nacht ...
Ich habe Liebe in die Welt ge-
    bracht –
Daß blau zu blühen jedes Herz
    vermag,
Und hab ein Leben müde mich
    gewacht,
In Gott gehüllt den dunklen
    Atemschlag.
O Gott, schließ um mich deinen
    Mantel fest;
Ich weiß, ich bin im Kugelglas der
    Rest,
Und wenn der letzte Mensch die
    Welt vergißt,
Du mich wieder aus der Allmacht
    läßt
Und sich ein neuer Erdball um
    mich schließt.

Else Lasker-Schüler

Satan –, und er fesselte ihn für tausend Jahre. Er warf ihn in den Abgrund, verschloß diesen und drückte ein Siegel darauf, damit der Drache die Völker nicht mehr verführen konnte, bis die tausend Jahre vollendet sind. Danach muß er für kurze Zeit freigelassen werden. *(Offenbarung 20, 1-3)*

Dieser beiläufige Schlußsatz hilft uns zu verstehen, warum für das Christentum ein himmlischer Heros wie Michael geradezu unentbehrlich wurde. Da der «Satan» oder «Teufel» von der römischen Kirche immer mehr dämonisiert und bald schon zum Inbegriff der Bestialität, Bosheit und fehlgeleiteten Energien wurde, brauchte man dringend einen ebenso starken und entschlossenen Kämpfer auf der Seite des Guten, der es mit dem grauenvollen «Drachen» aufnehmen konnte. Jesus hatte sich bekanntlich dagegen ausgesprochen, Gewalt mit Gewalt zu bekämpfen (»alle, die zum Schwert greifen, werden durch das Schwert umkommen» – *Matthäus 26, 52*); aber wie es aussieht, war die Christenheit für die Frohe Botschaft des Gottes der Liebe noch nicht reif genug. Nach wie vor wurde ein Schwertkämpfer gebraucht, und so fiel diese Rolle Michael zu: dem einzigen Engel, der uns noch in neutestamentarischer Zeit mit jener heroischen Gebärde entgegentrat, die für die Engel der alttestamentarischen Ära so bezeichnend war.

Engel

Es scheint mehr als nur ein Schönheitsfehler zu sein, daß die niederste Klasse in den «himmlischen Hierarchien» denselben Namen trägt, der zugleich alle Wesenheiten des Gesamtsystems bezeichnet. Erfüllt von einer Zuversicht, die die eigentliche Botschaft aller Engel sein könnte, fassen wir diesen Widerspruch als Indiz dafür auf, daß der Himmel doch keine in alle Ewigkeit erstarrte Standes- oder Klassengesellschaft sei. Pseudo-dionysische Engelkundler jeden-

falls geraten an dieser Stelle in einen unauflösbaren Zwiespalt: Um das System nicht zu sprengen, müssen sie uns –
in einem Tonfall, der ihre Verlegenheit möglichst verbirgt –
nun erklären, daß «die unterste Klasse der Engel die Engel»
seien.

> Die Engel schließen … die sämtlichen Ordnungen der
> himmlischen Geister ergänzend ab, weil sie unter den
> himmlischen Wesen das Eigentümliche der Engelnatur
> im untersten Grade besitzen. Und sie werden von uns
> mit um so größerem Rechte gegenüber den höheren
> Geistern ‹Engel› genannt, weil ihre Hierarchie auch
> mehr im Gebiet des mehr Sichtbaren ist und der
> irdischen Welt näher steht. *(IX, 2)*

Schon diese Erläuterung des Pseudo-Dionysios leuchtet
nicht ganz ein. Schließlich waren es in zahlreichen Zeugnissen, die wir bisher gesichtet und betrachtet haben, gerade
die Erzengel – wie Michael, Raphael und Gabriel –, die sich
als «Botschafter» Gottes (persisch «Angaros» = Botschafter,
Kurier) mit «der irdischen Welt» befaßten. Vielleicht ist es
daher auch kein Zufall, daß der Verfasser wenig später als
Beispiel für das Wirken eines «Botschafters» keinen «Engel»
(im Sinne seines Systems), sondern einen Erzengel anführt:

> Deshalb hat die Gottesoffenbarung unsere Hierarchie
> den Engeln zugewiesen, da sie Michael den Fürsten
> des Judenvolkes und andere Engel die Fürsten anderer
> Völker nennt. *(IX, 2)*

Entgegen allem, was uns der Stammvater der Angelologen
und seine heutigen Anhänger versichern, scheint somit etwa
der Grenzverlauf zwischen «Engeln» und «Erzengeln» zumindest ungewiß zu sein. Wollten wir also an dieser Stelle
«die Engel» als Unterklasse «der Engel» behandeln, so bliebe
diese Klasse entweder leer oder müßte sich mit zahlreichen
Mischwesen füllen, die zugleich diversen anderen Klassen

Eine kaiserliche Botschaft

Der Kaiser – so heißt es – hat Dir, dem Einzelnen, dem
jämmerlichen Untertanen, dem winzig vor der kaiserlichen
Sonne in die fernste Ferne geflüchteten Schatten, gerade Dir
hat der Kaiser von seinem Sterbebett aus eine Botschaft
gesendet. Den Boten hat er beim Bett niederknien lassen
und ihm die Botschaft ins Ohr zugeflüstert; so sehr war ihm
an ihr gelegen, daß er sie noch ins Ohr wiedersagen
ließ. Durch Kopfnicken hat er die Richtigkeit des Gesagten
bestätigt. Und vor der ganzen Zuschauerschaft seines Todes –
alle hindernden Wände werden niedergebrochen und auf den
weit und hoch sich schwingenden Freitreppen stehen im
Ring die Großen des Reichs – vor allen diesen hat er den
Boten abgefertigt. Der Bote hat sich gleich auf den Weg
gemacht; ein kräftiger, ein unermüdlicher Mann; einmal
diesen, einmal den andern Arm vorstreckend schafft er sich
Bahn durch die Menge; findet er Widerstand, zeigt er auf die
Brust, wo das Zeichen der Sonne ist; er kommt auch leicht
vorwärts, wie kein anderer. Aber die Menge ist so groß; ihre
Wohnstätten nehmen kein Ende. Öffnete sich freies Feld,
wie würde er fliegen und bald wohl hörtest Du das herrliche
Schlagen seiner Fäuste an Deiner Tür. Aber statt dessen, wie
nutzlos müht er sich ab; immer noch zwängt er sich durch
die Gemächer des innersten Palastes; niemals wird er sie
überwinden; und gelänge ihm dies, nichts wäre gewonnen;
die Treppen hinab müßte er sich kämpfen; und gelänge ihm
dies, nichts wäre gewonnen; die Höfe wären zu durchmessen;
und nach den Höfen der zweite umschließende Palast; und
wieder Treppen und Höfe; und wieder ein Palast; und so
weiter durch Jahrtausende; und stürzte er endlich aus dem
äußersten Tor – aber niemals, niemals kann es geschehen –
liegt erst die Residenzstadt vor ihm, die Mitte der Welt,
hochgeschüttet voll ihres Bodensatzes. Niemand dringt hier
durch und gar mit der Botschaft eines Toten. – Du aber
sitzt an Deinem Fenster und erträumst sie Dir, wenn der
Abend kommt.

Franz Kafka

angehören. Denn auch die Schutzengel, nach verbreiteter Meinung erstrangige Anwärter auf die untere Engelklasse, kommen für diesen Rang nicht in Frage: Nach dem zitierten Wort Jesu «sehen [sie] stets das Angesicht meines himmlischen Vaters» *(Matthäus 18, 10)* und bekleiden folglich, als «Engel des Angesichts», einen der höchsten Ränge im hierarchischen System.

«Aber niemals, niemals kann es geschehen ...»

Ohne die Erhabenheit der pseudo-dionysischen Vision bestreiten zu wollen, kommen wir doch nicht an der Frage vorbei, wie sich die sonderbare Kompliziertheit dieses Systems erklärt. Einer der Gründe ist sicherlich die erwähnte neuplatonische Herkunft; ein anderer – vielleicht tieferer – scheint mir der Einfluß der jüdischen Gottesvorstellung zu sein.

Obwohl sich der unbekannte Verfasser der «himmlischen Hierarchien» die Autorität einer neutestamentarischen Gestalt borgt, ist sein Denken dem Alten Testament sehr viel stärker verhaftet – der Idee eines fernen, nahezu unerreichbaren Gottes, der sich zuweilen in tyrannischen Macht- oder Liebesbeweisen manifestiert und in penibel einzuhaltenden Ritualen verehrt und besänftigt werden muß. Für seine Geschöpfe aber ist er nie «unmittelbar» gegenwärtig, sondern stets nur in unendlichen und höchst ungewissen Vermittlungsprozessen erreichbar.

Diese Idee findet einen großartigen Widerhall im Werk Franz Kafkas – man denke nur an *Das Schloß* mit seinen unzähligen Instanzen, Abteilungen und Schranken, die sich zwar öffnen, hinter denen sich aber immer neue Hierarchiestufen erheben; oder umgekehrt an die kurze Erzählung *Eine kaiserliche Botschaft*, in der ein vom Kaiser gesandter Bote – also vielleicht ein gottgesandter Engel – auf dem unendlichen Ritt durch die Instanzen niemals bis zum Adressaten

der Botschaft vordringt. Tatsächlich erklärt Pseudo-Dionysios mehrfach, daß auch die einzelnen Chöre oder Klassen
in jeder Triade wiederum in drei Unterklassen zerfielen und
die einzelnen Engel sich die göttliche Botschaft von Rang
zu Rang, von Klasse zu Klasse, von Unterklasse zu Unterklasse «zurufen» – womit wir dem Gedanken der unendlichen, unergründlichen und stets vom Scheitern bedrohten
Vermittlung bereits sehr nahe sind.

Die zentrale Botschaft des Neuen Testamentes – die
Menschwerdung Gottes – besagt aber das genaue Gegenteil,
indem Jesus all diese komplizierten Vermittlungen in sich
aufhebt. Der christliche Gottesgedanke scheint also mit dem
alttestamentarischen und pseudo-dionysischen der unendlichen Vermittlung nicht recht vereinbar zu sein.

Geben wir zum Abschluß dieser labyrinthischen Betrach-
tungen dem Pseudo-Areopagiten Gelegenheit, sich ein wenig
von seinem eigenen System zu distanzieren. Wie er ausführt,
hält er selbst nicht viel von der populären Schilderung der
Engel als Tier-, Fabel- und sonstige Wunderwesen. Vielmehr
ermahnt er seine Leserschaft,

nicht gleich der Menge die unheilige Auffassung [zu]
teilen, als wären die himmlischen und gottähnlichen
Geister Wesen mit Füßen und vielen Gesichtern und
sie seien nach der tierischen Figur von Stieren und
nach der Raubtiergestalt von Löwen gebildet, oder sie
seien nach dem Bilde der Adler mit einem Krumm-
schnabel oder wie die Vögel mit einem struppigen
Gefieder ausgestattet … und es gäbe gewisse bunt-
scheckige Pferde und speertragende Kriegsoberste und
was sonst alles von der Schrift in heiliger Plastik durch
die bunte Fülle der bedeutungsreichen Sinnbilder uns
überliefert ist. Denn ganz natürlich hat sich die
Offenbarung bei den gestaltlosen Geistern der
dichterischen heiligen Gebilde bedient, weil sie, wie
gesagt, auf unser Erkenntnisvermögen Rücksicht nahm
und für die ihm entsprechende und naturgemäße Em-

Raphael als sechsflügliger Seraph,
Kupferstich, 18. Jhdt.

porführung Sorge trug und in Anpassung an dasselbe
die anagogischen heiligen Darstellungen ausbildete.
(II, 1)

Diese und etliche andere Warnungen in den Schriften des
wortgewaltigen Engelkundlers werden sonderbarerweise bis
heute von vielen Angelologen überhört. Je nach Laune,
Gläubigkeit oder Ungläubigkeit der Verfasser werden uns da-

her die «heiligen Plastiken» der Bibel und des Pseudo-Diony-
sios teils mit amüsiertem Augenzwinkern, teils mit heiligem
Eifer als bunte Sammlung metaphysischer Wunderwesen
vorgeführt. Tatsächlich läßt sich auch der angelologische
Großmeister selbst mehr als einmal von seinen flammenden
Schilderungen vieläugiger, vielflügeliger, vielgesichtiger Engelgestalten mitreißen und scheint in diesen ekstatischen
Momenten seine eigenen Warnungen zu vergessen. Wir aber
nehmen ihn beim Wort und ziehen nur den naheliegenden
Schluß aus seiner Warnung: Wenn die bildliche Darstellung
und Unterscheidung der Engel verschiedener Klassen «heilige Plastik» ist, dazu bestimmt, das Unfaßliche in menschen-
gerechter Dichtung zu veranschaulichen, dann wird dies mit
einiger Wahrscheinlichkeit auch für die «Großplastik» des
dreifachen Triadenmodells insgesamt gelten.

Und: Da mit der alltäglichen Erfahrung, mit gesellschaftlichen und sonstigen Veränderungen auch die Vorstellungs-
und Bilderwelt der Menschen wechselt, sind gewisse Bilder,
die den Menschen einer Epoche helfen, abstrakte und kom-
plizierte Sachverhalte – oder Glaubensinhalte – zu begreifen,
für Menschen anderer Epochen verwirrend und wenig hilf-
reich. Nach der Überzeugung des Pseudo-Dionysios ent-
sprach es göttlichem Willen, daß wir auch hienieden «alle
Hierarchien in erste, mittlere und untere Mächte eingeteilt
sehen»; nach dem Willen der Geschichte, der Menschheit –
und damit vielleicht doch auch Gottes – aber ist es mit diesem gesellschaftlichen Unrecht zumindest in einigen Teilen
der Erde seit längerem vorbei. Wenn es zutrifft, daß uns die
Engel in einer Gestalt erscheinen und Botschaften verkünden, die unserem jeweiligen «Erkenntnisvermögen» entspre-
chen, dann dürfen wir zuversichtlich erwarten, daß in heutigen Begegnungen zwischen Menschen und Engeln die
Vorstellung eines in drei Stände und neun Klassen gespal-
tenen Paradieses keine Rolle mehr spielt.

Tatsächlich werden wir diese Annahme in späteren Kapiteln – in den Erfahrungsberichten von heutigen Engelbegegnungen – bestätigt sehen.

Zwischen Dogma und Vision

Engelzeugnisse vom Mittelalter bis zur Gegenwart

So rasch wie im Fluge werden wir uns in diesem Kapitel durch die Jahrhunderte bewegen und nur an einigen engelkundlich bedeutsamen Stationen unserer Zeitreise verweilen. Nur allzugern würde ich vor den Leserinnen und Lesern die kostbaren Engelvisionen und -offenbarungen sämtlicher Dezennien ausbreiten; doch als Menschen sind wir vorerst noch den Gesetzen des Raumes unterworfen, die unbarmherzig auch das Fassungsvermögen von Druckbögen bestimmen, selbst bei einem von Engeln handelnden Buch. Jedoch werden wir versuchen, im Vorbeiflug einige interessante Seitenblicke auch auf solche Engelmonumente zu werfen, deren nähere Besichtigung unsere himmlische Interepochalreise nicht vorsieht.

Spiegel des Friedens:
Die Engelchöre der heiligen Hildegard

Zwischen den folgenreichen Schriften des Pseudo-Dionysios und dem ehrfurchtgebietenden Werk der Benediktinerin Hildegard von Bingen (1098-1179) liegt mehr als ein halbes Jahrtausend. Aber dies sind zugleich Jahrhunderte unauslöschlicher Wirkungsgeschichte der *Himmlischen Hierarchie*, deren Chöre und Symbole, heilige Rangordnungen und suggestive Bilder sich tief in die Seelen der Menschen eingebrannt haben – zumal in das Herz einer frommen, den stren-

Liber de nymphis

Die im Licht der Natur suchen, die reden von der Natur, die im Licht des Menschen suchen, die reden über die Natur. Denn der Mensch ist mehr dann die Natur, er ist die Natur, er ist auch Geist; er ist auch Engel: deren aller dreien Eigenschaften hat er. Wandelt er in der Natur, so dient er der Natur, wandelt er im Geist, er dient dem Geist, wandelt er im Engel, er dient als ein Engel. Das erste ist dem Leib gegeben, die anderen sind der Seele gegeben und sind ihr Kleinod.

Paracelsus (Theophrastus Bombastus von Hohenheim)

gen Klosterritualen unterworfenen Nonne, die im Traum und Gebet tagtäglich mit den himmlischen Geistern kommunizierte.

Kein Zweifel, daß Hildegard von Bingen eine echte Prophetin und Visionärin war, die in ihrem dreiundvierzigsten Jahr zum Medium übernatürlicher Mitteilungen wurde. Ebenso steht die enge Verwandtschaft zwischen ihren Visionen und der Bilderwelt des Pseudo-Areopagiten außer Zweifel, und ein jeder mag für sich selbst entscheiden, wie sich diese Ähnlichkeit erklärt. Es zählt zur altbewährten Rhetorik der Prophezeiung, daß Visionäre beteuern, nicht aus eigener Phantasie oder Gelehrsamkeit zu schöpfen, sondern einzig zu protokollieren, was übermenschliche Mächte ihnen diktierten oder was sie bei «Jenseitsbesuchen» mit eigenen (inneren) Augen sahen. Im Fall der Hildegard von Bingen scheint dies weitaus mehr als bloße Rhetorik zu sein: Lange Jahre eine einfache Nonne, die der Überlieferung nach weder zum Schreiben noch zur Auslegung der Bibel ausgebildet war, hörte sie eines Nachts eine «Stimme vom Himmel», die ihr kundtat, daß sie zur Seherin berufen sei. Es folgte eine Serie überwältigender Gesichte, die sie vor allem in ihrem Hauptwerk *Scivias* eindringlich beschrieb. In den Heiligenstand erhoben, gehört Hildegard von Bingen nach katholischer Konfession nun auch ihrerseits der Engelwelt an.

In ihrer Sechsten Vision schildert die Seherin eines ihrer angelologisch bedeutsamsten Gesichte – die Engelchöre:

Im ersten Chor hatten sie Flügel an der Brust und menschliche Antlitze, in denen sich, wie in klarem Wasser, Menschengesichter spiegelten. Im zweiten Chor hatten sie gleichfalls Flügel an der Brust und Menschenantlitze, in denen auch das Bild des Menschensohnes [Jesu] wie in einem Spiegel aufleuchtete … Diese Chöre aber umgaben wie ein Kranz fünf weitere Chöre. Im ersten Chor trugen die Geister ein Menschenantlitz und funkelten von der Schulter abwärts in hellem Glanz; im zweiten Chor

zeigten sie sich von solcher Herrlichkeit, daß ich sie
nicht anzuschauen vermochte. Im dritten erschienen
sie wie weißer Marmor, hatten menschliche Häupter,
über denen sich brennende Fackeln zeigten, und unterhalb der Schulter waren sie von einer eisenfarbenen
Wolke umgeben. Im vierten Chor hatten sie ein
menschliches Antlitz und Menschenfüße. Auf dem
Kopf trugen sie einen Helm und waren mit einem
marmorschimmernden Gewand bekleidet. Im fünften
Chor hatten sie keine Menschengestalt und leuchteten
wie Morgenrot. Mehr konnte ich von ihrer Gestalt
nicht erkennen. Doch auch diese Chöre wurden in

Musizierende Engel, Fresko von
Gaudenzio Ferrari, 16. Jhdt.

Kranzform von zwei weiteren umgeben. In dem einen erschienen die Geister voller Augen und Flügel, hatten in jedem Auge einen Spiegel, in dem ein Menschenantlitz aufleuchtete, und erhoben ihre Flügel gleichsam zum Emporschwingen in himmlische Höhen. Im anderen Chor brannten sie wie Feuer und hatten viele Flügel, auf denen wie in einem Spiegel alle Ränge der kirchlichen Stände zu erkennen waren.

Weder diese Referenz an die vatikanischen Herren noch die scheinbar naive Bilderwelt der Vision sollte uns an deren überragender Bedeutung zweifeln lassen. Obwohl von begrenzter Bildung, war Hildegard von Bingen eine für ihre Zeit weitgereiste Frau und einflußreiche Kirchenaktivistin, die das Kloster Rupertsberg begründete und in Wort und Tat für kirchliche Erneuerung focht. Seit jeher spekulieren esoterische und häretische Gelehrte, daß in den Worten der Heiligen Schrift ein Geheimcode verborgen sei, dessen Dechiffrierung uns alle wesentlichen Welträtsel offenbaren werde. Ähnlich wird seit Jahrhunderten versucht, die himmlische Geheimschrift der *Scivias* zu entschlüsseln, deren eingeweihte Protokollantin oder – je nach esoterischer Lesart – ahnungsloses Medium die heilige Hildegard war. Wie auch immer – Tatsache jedenfalls ist, daß die «Stimme vom Himmel» der Seherin unter anderem dies zuruft:

Der allmächtige und unaussprechliche Gott … hat jedes Geschöpf wunderbar nach seinem Willen … ausgestattet. Wie? Er bestimmte, daß die einen der Erde verhaftet sind, die anderen aber dem Himmel angehören. Er berief die seligen himmlischen Geister sowohl zum Heil der Menschen als auch zur Ehre seines Namens. Wieso? Er bestimmte nämlich die

Israfil, der Engel der Auferstehung, bläst seine Posaune, arabisch ▷

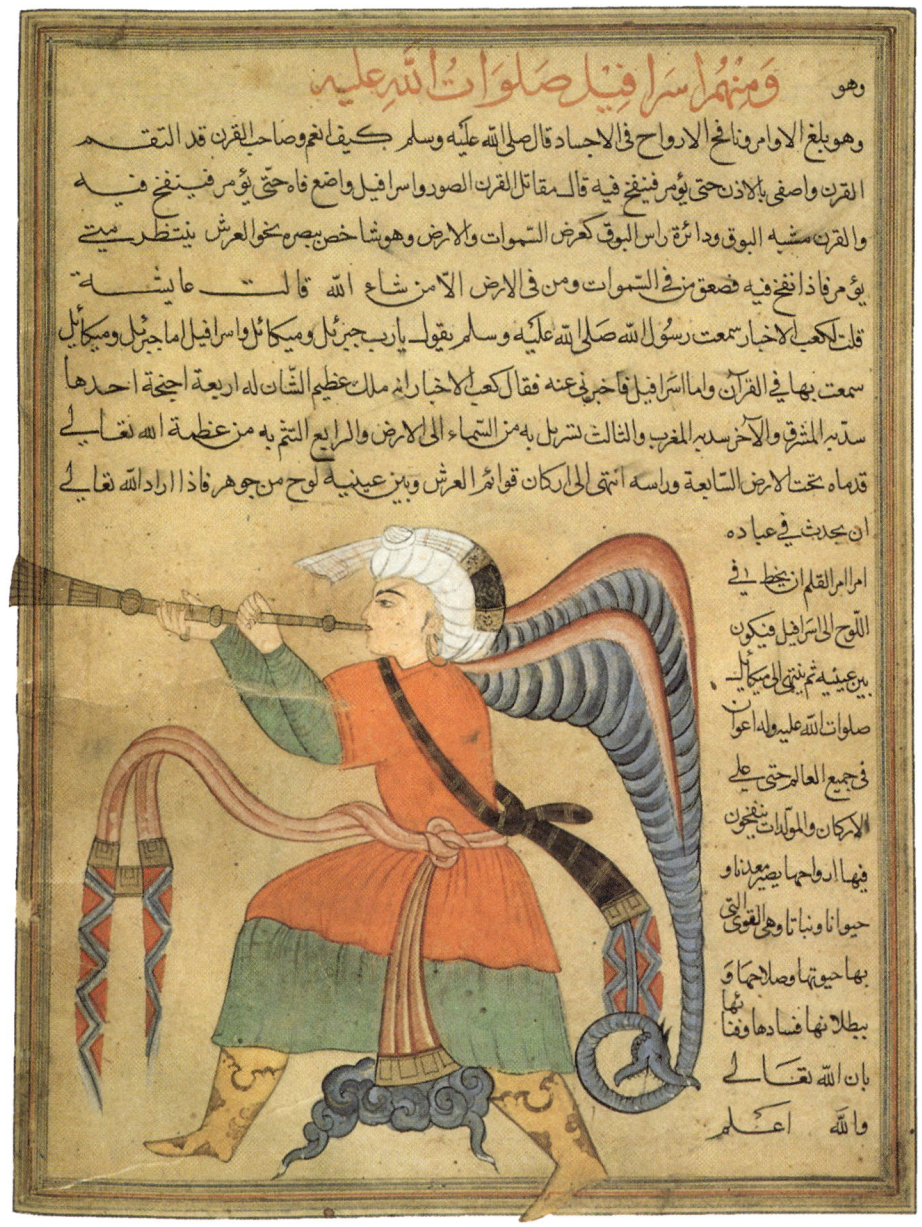

einen dazu, den Menschen in ihren Nöten zu Hilfe zu kommen, die anderen aber, den Menschen seine geheimen Urteile kundzutun.

Deshalb siehst du in der Erhabenheit der himmlischen Geheimnisse zwei Chöre überirdischer Geister in großem Glanz erstrahlen: Denn so wird es dir in dieser erhabenen Verborgenheit, die kein menschlicher Blick, sondern das innere Auge des Menschen durchdringt, gezeigt.

An diesen Texten verblüfft nicht zuletzt der Stil der «himmlischen Stimme», die sich noch dem Leser fast wie eine akustische Halluzination mitteilt. Die knappen Zwischenrufe – «Wie?», «Wieso?» – verleihen diesen Passagen eine wundersame Lebendigkeit und Glaubwürdigkeit.

Im einzelnen unterscheidet die Stimme dann zwischen Engeln verschiedener Chöre und Ränge, die wir überwiegend aus der *Himmlischen Hierarchie* des Pseudo-Dionysios schon kennen. So sind die «Geister im ersten Chor» am menschenähnlichsten, dazu bestimmt, «den Willen Gottes bei den Menschen» umzusetzen und umgekehrt durch ihre «spiegelnden Menschengesichter» «die Werke der Menschen» Gott zu übermitteln. Es sind die Boten- und Schutzengel, die der Ur-Angelologe in den untersten Rang der dritten Triade einordnet.

Im zweiten Chor finden wir die *Erzengel* – gleichfalls geflügelt und mit Menschenantlitz, in dem sich aber, zum Zeichen ihrer größeren Gottnähe, «auch das Bild des Menschensohnes» spiegelt. Von bemerkenswerter «Modernität» ist die folgende Passage, in der die himmlische Ordnung offenbart und zugleich als eine Art irdisches Trugbild relativiert wird:

Über Engel

Also beten wir die Engel nicht an, trauen auch nicht in sie …, wie wir auch in der Schrift finden, daß sie sich nirgends haben anbeten lassen, sondern danken und loben Gott, daß er sie uns geschaffen hat. Denn sie sind ja geschaffene Geister, von Gott zu uns geordnet. Wie wir nun Gott danken und loben, daß er uns die liebe Sonne, Mond, Wein und Korn geschaffen hat, so sollen wir ihm auch für die lieben Engel danken: Lieber Gott, ich danke dir, daß du uns also mit deinen Engeln versorgt und geschützt hast, daß du solche Fürsten über uns gesetzt hast. Das heißt denn die Engel recht gelobt und geehrt … Wo Gott auch nur an einem Tage die Welt durch die Engel nicht regierte, so würde bald in einem Hui das ganze menschliche Geschlecht gar vergehen, der Teufel würde alles verderben.

Martin Luther

◁ *Engel, Detail aus* Drei schwebende Engel *vom Meister des Rheinischen Hausbuches, 15. Jhdt.*

Doch kannst du an keinem der beiden Chöre mehr von ihrer Gestalt erkennen. Denn in den Engeln und Erzengeln sind viele verborgene Geheimnisse, die der menschliche Verstand unter dem Gewicht des sterblichen Leibes nicht begreifen kann. Daß aber diese Chöre fünf weitere wie ein Kranz umgeben, bedeutet: Die fünf Sinne umfassen Leib und Seele des Menschen mit ihrer gewaltigen Stärke.

Bedeutet diese Vision aber nicht umgekehrt, daß sich uns die Chöre, Klassen oder Ränge der Engelwelt vollkommen anders darstellten, wären wir vom «Gewicht des sterblichen Leibes» und vom Filter unserer «fünf Sinne» befreit? So wird die scheinbar naive Schilderung der Hildegard von Bingen unversehens zum Rätselgebilde, in dem die fünf «Kränze» rings um Engel und Erzengel geheimnisvollen Chiffren gleichen, die den, der sie entschlüsselt, «geradewegs zum inneren Sinn der Gebote führen».

Obwohl die Visionen der Heiligen auf den ersten Blick überwiegend die traditionelle Bilderwelt zu beschwören scheinen, haben (undogmatische) Exegeten daher immer wieder die geheime Bedeutung dieser Texte zu erspüren versucht, eine verborgene Schicht, bewachten Schatzkammern ähnlich, deren Öffnung bis heute – soweit man weiß – jedoch nicht geglückt ist. Jenseits dieser esoterischen Debatte aber stellen sich die Chöre der Seherin eher als Variationen der Grundmotive – und Bekräftigung der Hauptmelodie – dar, die vom Pseudo-Areopagiten mehr als ein halbes Jahrtausend vorher angestimmt wurden: Auch Hildegard von Bingen nennt und beschreibt *Mächte* und *Fürstentümer*, *Herrschaften* und *Throne, Kerubim* und *Seraphim*, und auch wenn sie in zahlreichen Details von der Tradition abweicht, läßt sich ihr Werk überwiegend als Ergänzung und Erneuerung der älteren Offenbarungen verstehen. Was etwa die Throne angeht, die nach Pseudo-Dionysios die sonderbare (alttestamentarisch überlieferte) Gestalt von «Rädern» aufweisen, merkt Hildegard lediglich an, daß sie «keine Men-

Im 17. und endgültig im 18. Jahrhundert nimmt das intellektuelle, vor allem von der Aufklärung bestimmte Westeuropa Abschied von der Welt der Geister. Dieser Abschied bedeutet einen völligen Umbau des Weltbildes; war dieses bisher dämonologisch, so wird es nun mechanistisch.

Katholisches Handbuch theologischer Grundbegriffe (1984)

schengestalt haben und leuchten wie Morgenrot»; dafür tragen die Herrschaften nach ihr «einen Helm und sind mit einem marmorschimmernden Gewand bekleidet» – zwei Details, die der ufologischen Spekulation sowenig entgangen sind wie obige überirdische «Räder».

Auch diesem visionär geschauten System liegt letztlich der Vermittlungsgedanke zugrunde – wenngleich weniger starr, weniger hierarchisch und mit einer Reihe von Hinweisen, daß auch zwischen den niederen Engeln und Gott eine direkte Verbindung bestehe. Dieses faszinierende Werk stellt bis heute eine Herausforderung für dogmatische wie für esoterische Schriftgelehrte dar, und selbstverständlich konnten wir mit den wenigen Zitaten und Andeutungen der mittelalterlichen Visionärin keineswegs gerecht werden. Als kleine Abbitte greifen wir hier noch einen bedeutsamen Aspekt ihrer Lehre heraus: Nach Hildegard von Bingen sind die Engel des menschennächsten Chores so etwas wie gestaltgewordene «Tugenden», die in unseren Seelen um den Sieg Gottes ringen.

> Denn die Menschen tragen in ihrem Innern Kämpfe zwischen Bekenntnis und Verleugnung aus. Wie denn? Der eine bekennt mich [d.h. den durch die «Stimme» sich offenbarenden Gott], der andere verleugnet mich. Und es geht in diesem Kampf um die Frage: Gibt es einen Gott oder nicht? Dann ertönt auf diese Frage des Menschen die Antwort des Heiligen Geistes: Es gibt einen Gott, der dich erschaffen hat; aber er hat dich auch erlöst. Solange jedoch diese Frage und die Antwort im Menschen ersteht, wird ihm die Kraft Gottes nicht fehlen … Wo es aber diese Frage im Menschen nicht gibt, gibt es auch keine Antwort des Heiligen Geistes, weil dieser Mensch die Gabe Gottes verdrängt und sich … selbst in den Tod stürzt. Die Tugenden bringen aber diese kämpferischen Auseinandersetzungen Gott dar, denn sie sind in Gottes Augen der Beweis, an dem sich zeigt, mit welcher Absicht Gott verehrt oder verleugnet wird.

Dies legt uns den Gedanken nahe, daß jene Menschen, die lauthals die Existenz von Engeln bestreiten, sich selbst ein bedenkliches Zeugnis ausstellen. Denn die Leere des Himmels, der sich über ihnen wölbt, könnte mehr mit ihrer inneren Beschaffenheit zu tun haben als mit der des Himmels selbst.

Von der himmlischen Lehre zur Himmelsleere

Zu neutestamentarischen Zeiten hat es in jeder Epoche Engelleugner und Engelverächter gegeben, doch ihre Zahl blieb eineinhalb Jahrtausende lang gering. Im frühen Christentum, noch im Hoch- und im Spätmittelalter war der Glaube an himmlische Boten und mehr oder minder an die kompletten pseudo-dionysischen Hierarchien für europäische Laien wie Theologen eine Selbstverständlichkeit. Die Frage, wie dieser Glaube noch im ausgehenden Mittelalter schwinden und sich ab dem 17./18. Jahrhundert nahezu verflüchtigen konnte, ist abgründiger, als es zunächst den Anschein hat.

These 1: Satanische Siege. Diese Ansicht ist nicht leicht von der Hand zu weisen. Zwei furchtbare Geißeln machten es den Menschen im Mittelalter – und darüber hinaus – schwer, an die fortwirkende *gute Kraft der Engel* zu glauben. Es schien, als hätten sich die lichten Geister des Himmels von den Menschen abgewandt. Jene beiden Geißeln, die Pest und die Inquisition, versetzten dem Engelglauben schwere, nahezu tödliche Schläge, aber beide bewirkten auch, daß der Luzifer-Teufel-Mythos sich zu finsterer Pracht und düsterer Wirklichkeit entfaltete. Der Traum vom Himmel voller Engel wurde zum Alptraum in den Pestgeisterstädten und in den Verliesen der Inquisitoren, mit Folterern in schwarzer Robe, die dafür sorgten, daß zumindest die Legende vom gefallenen Engel Satanel nicht in Vergessenheit geriet.

Engel in der Glorie, Radierung von Guido Reni (1575-1642)

These 2: Epidemische Erblindung. Engelverächter beweisen uns seit Beginn des naturwissenschaftlichen Zeitalters, daß es keine Geistwesen gebe, noch geben könne, da kein physikalisches Instrument ihre Präsenz je gemessen habe. Auf die Frage, warum aber die Menschen früherer Epochen unerschütterlich von der Existenz der Engel überzeugt waren, erfahren wir, daß die Menschheit während ihrer ersten fünf bis sechs Jahrtausende verblendet gewesen und dieser Wahn erst kürzlich gewichen sei. Diese Antwort ist nicht plausibel, sie ist hilflos. Wie es aussieht, hat die Menschheit während ihres so triumphalen wie katastrophenreichen Zivilisationsprozesses einige herbe Verluste hinnehmen müssen. Wir Heutigen verfügen beinahe nur noch über die Begriffe, die diese verlorenen Schätze rätselhaft bezeichnen: Magie, Spiritualität …

Millionen Menschen waren über Jahrtausende und bis vor wenigen hundert Jahren von der Präsenz immaterieller Wesen überzeugt. Eine solche Überzeugung, die die gesamte Wirklichkeit, jeden kleinsten Bereich des Alltags, die Künste, den Glauben, die Gelehrsamkeit durchdrang, kann nicht ohne weiteres widerlegt werden; hierzu bedarf es starker, unanfechtbarer Beweise. Die Widerlegung erfolgte aber mit einer wissenschaftlich nicht ganz sauberen Methode: durch einen Beweis «ex negativo», hier also durch das aggressive Bekenntnis einer wachsenden Zahl von Menschen, daß sie für jene Präsenz, jene immaterielle Realität unempfindlich seien. Angenommen, unter den führenden Meinungsmachern einer Epoche beginne plötzlich die Farbenblindheit zu grassieren, was wäre das Ergebnis? Die «Existenz von Farben» würde hierdurch sicher nicht widerlegt, aber der «Glaube an Farben» geriete ins Wanken, und das farbige Wirklichkeitsbild würde durch eine Graustufenrealität ersetzt.

Ähnliches könnte dem vor wenigen hundert Jahren verzeichneten rapiden Niedergang des Engelglaubens zugrundeliegen: ein Austausch des herrschenden Wirklichkeitsbildes, dem aber keine «Widerlegung» eines kollektiven Glaubens voranging, sondern das epidemische Erblinden des

Von den Geistern

Christus selber und seine Apostel, auch damals noch, als sie den Heiligen Geist empfangen hatten, der sie in alle Wahrheit leitete, begünstigten in ihrer Lehre den Glauben an den Einfluß guter und böser Geister mehr, als sie ihm entgegenarbeiteten. Glaubten er und sie selber daran, so werden wir wohl auch keine andere Wahl haben. Oder wäre der gemeine und gemeinste Mann en gros jetzt gereifter und empfänglicher für die reine trockene Wahrheit ohne Hülle, als damals die Juden, Griechen und Römer, bereitwilliger seine Vorurteile abzulegen, und wir sicherer, daß er nicht mit seinen Irrtümern auch die Wahrheit wegwerfen würde, die sich in jene mischt, wie das Licht in die Finsternis in der milden Dämmerung? Das Fortrücken in der Kalenderzahl macht wohl den Menschen, aber nicht die Menschheit reifer. Soviel von den Geistern.

Johann Peter Hebel

Fauna scholastica

Durch die Subtilitäten der Schola-
stik sind die Engel zu metaphysischen Fledermäusen geworden: sie
sind vielmehr zu versinnlichen, zu
individualisieren, dem Dichter und
dem Maler gehören sie an, diesem
zur idealen Darstellung jugend-
licher und kindlicher Schönheit ...
Die Kunst kann so wenig den
Himmel darstellen ohne Engel als
einen Frühling ohne Blumen.

Carl August Hase

«inneren Auges» – ein dramatisches Schwinden der spirituellen Sensibilität, das durch die Inthronisierung des physischen Sehsinns (der Empirie) zugleich verdeckt und be-
schleunigt wurde.

Aus der Tatsache, daß uns ganze Galaxien und ihre Sterne
erst durch mechanische und elektronische Hilfsmittel sichtbar
geworden sind, würde gewiß niemand schließen, daß sie vor
Erfindung der Teleskope «nicht existierten». Dann müßte aber
auch der Umkehrschluß gelten: Viele Menschen der moder-
nen Zeit haben ihre «spirituellen Instrumente» verloren, mit
deren Hilfe vorher alle Welt sehen konnte, was sich heute vielen verschließt. Aber können wir hieraus wirklich folgern,
daß eine Wesenheit «niemals existiert hat», deren Präsenz
und Wirken so vielfältig und eindrucksvoll dokumentiert ist?

Himmel und Hölle: Swedenborg, der aufgeklärte Engelvisionär

Emanuel Swedenborg wurde Ende des 17. Jahrhunderts
geboren, ein Jahrhundert vor der Französischen Revolution.
Zugleich Wissenschaftler und Visionär, ein Gottsucher von
enzyklopädischer Gelehrsamkeit, empfand sich Swedenborg
selbst als zerrissen zwischen dem Geist der Aufklärung und
spirituellem Denken, zwischen dem Vernunftdenken des
Wissenschaftszeitalters und mystischer Sehnsucht. In seinem Leben voll rastloser Produktivität schwankte er immer
wieder zwischen diesen beiden Polen: Zugleich technischer
Erfinder und Theosoph, Naturwissenschaftler und Liebhaber
der Musen, entstammte er wie so viele Dichter und Denker
des 17. und 18. Jahrhunderts einem protestantischen Pfarr-
haus. Nachdem er sich jahrzehntelang fast ausschließlich den
Naturwissenschaften gewidmet hatte, ergab er sich im Alter
von Mitte Fünfzig mit nahezu fanatischer Entschiedenheit
den religiösen Spekulationen und mystischen Neigungen sei-

ner späten Jugend. Beseelt von der Idee – die ihm, wie er schrieb, durch Visionen eingeflößt wurde –, die «geheime Bedeutung» der Bibel zu offenbaren, schuf er ein umfängliches Werk mystischer Schau, zu dem er sich durch zahlreiche «Jenseitsbesuche» autorisiert, ja gedrängt sah.

Viele Passagen und Gedanken seines Werkes wirken auf den heutigen Leser veraltet oder verstiegen, auch sind nicht wenige seiner Ideen nur für den begreiflich, der sie im Kontext der Bibel, nicht zuletzt auch gewisser dogmatischer Debatten zu lesen versteht, deren Bedeutung heute verblaßt ist. Zweifellos hat Swedenborg einige überragende Geister seiner Zeit und der folgenden Generationen beeinflußt – darunter Kant und Goethe –, und ebenso unstrittig ist, daß Humanismus und Toleranz sein visionäres Werk beseelen. Als antidogmatisches Gegenbild zu den erstarrten kirchlichen Gottesbildern, Himmels- und Engelsvorstellungen seiner Zeit – die teilweise bis in unser Jahrhundert nachwirken – ist sein umfangreiches Werk noch heute bemerkenswert. Anders als einige Angelologen möchte ich Swedenborgs Visionen jedoch nicht in eine Reihe mit biblischen Prophezeiungen und Offenbarungen stellen. Auf diese baut er auf, an ihnen nimmt er eine Reihe subjektiver, hochinteressanter Korrekturen und Umdeutungen vor, und insofern ist er originell, aber nicht originär.

Auf der Höhe des Denkens und Wissens seiner Zeit, konnte Swedenborg nicht einfach «naiv» seine Visionen kundtun. Die Gewißheit, daß der Mensch in Traum und Vision zum Medium himmlischer Mächte werde, war Mitte des 18. Jahrhunderts längst abhanden gekommen; mittlerweile dachte man in solchen Fällen eher an Psychiatrie als an Religion. Auch hatten Sprach- und Erkenntniskritik umstürzende Zweifel geweckt, ob wir, in unserer Sinneswelt gefangen und auf eine an natürlichen Erfordernissen gebildete Sprache angewiesen, prinzipiell überhaupt imstande seien, «Übernatürliches» zu erfahren oder gar mitzuteilen. Von solchen kritischen Positionen zugleich gehemmt und beflügelt, reflektiert Swedenborg immer wieder auch die Möglichkei-

Blinde Skepsis

In besonderer Weise hat sich die metaphysische Erblindung ausgewirkt im Blick auf den Erlebnisbereich von Engel und Dämon. Die Skepsis gegenüber diesen überirdischen Mächten reicht heute weit hinein bis in die Reihen der christlichen Theologie … Man muß schon versuchen, durch innere Überführung den kritischen Geist der Neuzeit zu überwinden, so daß er sich wieder zu öffnen wagt für eine Schau, die ihm verloren gegangen ist.

Adolf Köberle

Die Engel sind erledigt

Erledigt ist durch die Kenntnis
der Kräfte und Gesetze der Natur
der Geister- und Dämonenglaube.
Die Gestirne gelten uns als
Weltkörper, deren Bewegung
eine kosmische Gesetzlichkeit
regiert; sie sind für uns keine
dämonischen Wesen, die den
Menschen in ihren Dienst
versklaven … Man kann nicht
elektrisches Licht und Radio-
apparat benutzen, in Krankheits-
fällen moderne medizinische und
klinische Mittel in Anspruch
nehmen und gleichzeitig an die
Geister und Wunderwelt des
Neuen Testaments glauben.

Rudolf Bultmann

ten und Grenzen seines Versuchs, das visionär Geschaute an
seine Leser weiterzugeben:

> Wer den Frieden im Himmel begreifen will, muß so
> beschaffen sein, daß sein Denken erhoben und er vom
> Körper weggeführt, in den Geist versetzt werden und
> dann bei den Engeln sein kann. Da ich nun auf diese
> Weise den Frieden des Himmels empfunden habe,
> kann ich ihn auch beschreiben – freilich nicht so, wie
> er *an sich* ist, denn menschliche Worte reichen dazu
> nicht aus, sondern nur durch den Vergleich mit der
> Seelenruhe derer, von denen es heißt, daß sie in Gott
> vergnügt seien.

Swedenborg sichert also seine visionären Mitteilungen durch
einen zweifachen Vorbehalt ab: Nur wer «so beschaffen» ist,
daß er sich vom Materiellen, Körperlichen lösen kann, vermag seine Ausführungen zu begreifen, und der Verfasser
selbst kann die übernatürlichen Verhältnisse nicht so «beschreiben», wie sie «*an sich*» seien, sondern nur in einer Bil-
dersprache, in der die menschlichen Verhältnisse idealisiert
und hierdurch zu Metaphern der Engelwelt werden. Als einer der letzten wagte Swedenborg noch einmal den großen
angelologischen Flügel- und Brückenschlag, indem er sein
Werk einzig auf die Autorität und Glaubwürdigkeit der Visionen stützte. Obwohl durch seinen Ruf und seine Berühmtheit geschützt, war bereits er beträchtlichen Anfein-
dungen ausgesetzt.

> Es ist mir völlig klar, daß viele der Meinung sind, daß
> niemand, der noch in diesem Körper ist, mit Geistern
> und Engeln reden kann; viele glauben, es sei alles aus-
> gedacht, andere finden, daß ich dieses berichte, um
> Glaubwürdigkeit zu erlangen, während andere wieder
> andere Einwendungen haben. Aber ich lasse mich
> nicht verunsichern, denn ich habe gesehen, ich habe
> gehört und ich habe gefühlt.

Swedenborgs Himmelsmodell weicht in einigen zentralen Punkten vom Jenseitsbild der Bibel und anderer bedeutender Überlieferungen ab. So befindet sich im Himmel nach seiner Überzeugung kein einziger Engel, der als «Erstling der Schöpfung» gelten dürfe: Sämtliche Engel seien verklärte, wiederauferstandene Menschen. Damit legt sich Swedenborg auch in höllischer Hinsicht eindeutig fest: Wie ihm die Engel versichert hätten, befinde sich auch im finsteren Sektor des Jenseits kein «Teufel, der einst als Engel des Lichts erschaffen und hinabgestoßen worden wäre». Die Existenz der Hölle als solcher stellt der Seher keineswegs in Frage, nur sei auch sie allein von einstigen Menschen bevölkert, die sich «gegen den Himmel» entschieden hätten.

Zu den anziehendsten Prinzipien des Swedenborgschen Jenseits zählt die Idee der «Wahlfreiheit». Die Verstorbenen werden nicht strafweise in die Hölle verbannt oder gnadenhalber in den Himmel eingelassen, sondern «entscheiden sich», welcher der – übrigens verblüffend zahlreichen – himmlischen oder höllischen «Gesellschaften» sie sich anschließen möchten. Je nach dem Grad ihrer Verblendung – der «höllischen Liebe» – oder Vollkommenheit – der «himm-

Die vier Erzengel, Altargemälde,
San Marco, Rom

lischen Liebe» – schließen sie sich aus freien Stücken einer
lichten oder finsteren Gruppe an. Auch der schwedische
Visionär berichtet von einer fein abgestuften himmlischen
Ordnung (in der wir abermals die gewaltige Nachwirkung
des Pseudo-Dionysios erkennen können); jedoch scheint die
Hierarchie hier weniger starr, erfreulich durchlässig und
durch ein skandinavisches Ideal der gegenseitigen Fürsorge
gemildert zu sein. Lichte Engel übernehmen die Patenschaft
für Höllenfraktionen; wer sich auf einer durch matteren
Glanz charakterisierten Stufe befindet, kann durchaus – immer gemäß seiner Einsicht oder Annäherung an die Vollkommenheit – in heller leuchtende Höhen aufsteigen. Wie
wir uns diese Dynamik des Jenseits, die beherrschende Idee
der immerfort möglichen Wandlung in einer Sphäre jenseits
der Zeit vorzustellen haben, bleibt ein Mysterium, das wir
nach Swedenborg nicht mittels Vernunft durchdringen, sondern nur durch mystische Erfahrung als Scheinwiderspruch
erkennen können.

So vermittelt uns der enthusiastische Seher in jeder Zeile
seines so umfangreichen Werkes den – zweifellos zutreffen-
den – Eindruck, daß er uns bei aller Wortgewalt nur eine
fahle Skizze des in Wahrheit übernatürlich leuchtenden Bildes geben könne. Denn die für dieses Gemälde benötigten
Farben finden sich auf der ganzen Erde nicht, und auch der
preisgekrönte Chemiker Swedenborg verfügt nicht über das
hierfür nötige Rezept, da alles, selbst das Strahlendste, was
der Körperwelt angehört, im Vergleich zur himmlischen
Sphäre matt und stumpf ist.

Um uns die idealen Verhältnisse im Himmel nahezubrin-
gen, greift der Seher daher zu den Mitteln des rhetorischen
Superlativs, der idealen Verklärung. Auch die Engel leben
in «Wohnungen», «Häusern», «Palästen» wie die Menschen;
nur sind es keine materiellen Gebäude, sondern Bauten aus
immateriellen Substanzen, deren Beschaffenheit der «Güte»
ihrer jeweiligen Bewohner genau entspricht. «Sie verändern
sich auch ein wenig, je nach den Zustandsveränderungen ihrer Bewohner.» Ebenso tragen die Engel auch «Kleider», nur

sind es keine materiellen Kleider, sondern – der Abstufung entsprechend – matt- oder glänzendweiße oder leuchtende Umhüllungen, und die «Engel des innersten Himmels» sind – wie Adam und Eva in Eden – «nackt». Aber auch «nackt» sind sie nicht in einem irdischen Sinne: Anscheinend verfügen sie auch über alle menschenüblichen Organe und Gliedmaßen, doch es handelt sich eben um keinen materiellen Leib. Nach Swedenborg «heiraten» die Engel sogar, was nebenher bedeutet, daß es auch geschlechtliche Wesen seien; nur hat «Heirat» nichts mit körperlicher Vereinigung zu tun, sondern bedeutet «Verschmelzung der Seelen».

Das Swedenborgsche Grundprinzip dürfte deutlich geworden sein. Mit aufklärerischer Gründlichkeit führt es der Seher in allen erheblichen Bereichen der Menschen- und Engelwelt vor: Die Engel haben auch eine Schrift, sie sprechen, hören, sehen wie wir – und doch immer um die entscheidende Nuance idealer. Für den Philosophie- und Theologiehistoriker ist Swedenborg auch deshalb so interessant, weil er einige erzprotestantische Ideen mit urjüdischen Vorstellungen verbindet. Zu letzteren zählt der faszinierende Gedanke einer paradiesischen Welt, in der alles genauso beschaffen sei wie in der Menschenwelt, nur um ein winziges, alles entscheidendes Detail verändert – und genau dadurch ideal, himmlisch, übernatürlich …

Obwohl Swedenborg in einer Zeit lebte, die dem Mystischen und Spirituellen noch weitaus weniger entfremdet war als insbesondere das neunzehnte und weite Strecken des zwanzigsten Jahrhunderts, gelangt die christlich-systematische Angelologie in der Tradition des Pseudo-Dionysios' in seinem Werk zu einem Endpunkt – einem ehrfurchtgebietenden zweifellos, einer letzten Gesamtschau, die sich in einem auch stilistisch bemerkenswerten Werk niederschlägt; aber doch zu einem Endpunkt. Wie wenig später in der Philosophie (Kant, Hegel, Schopenhauer) enden in der Angelologie mit Swedenborg die Idee und Tradition der ganzheitlichen Schau, des großen Weltentwurfs, der das gesamte «Weltgebäude» mit all seinen Wohnungen

und Winkeln, Voraussetzungen und Konsequenzen präsentierte.

Die unendliche Kette menschlicher Engelbegegnungen und -erfahrungen reißt damit nicht ab. Aber an die Stelle des «Systems» tritt in der Moderne, in unserer heutigen Zeit, die individuelle, ja punktuelle Erfahrung, die sich nicht mehr ohne weiteres zur kosmischen Totalschau weitet.

Jakob Lorber – der Seher von Maribor

Nur scheinbar widerspricht dieser Tendenz das nahezu maßlos umfangreiche und vielschichtige Werk des Jakob Lorber. Zweifellos zählt es zu den aufrüttelndsten metaphysischen Zeugnissen der Moderne, und doch steht die *Neuoffenbarung* des Jakob Lorber nicht in der Tradition der angelologischen Systeme. Sie enthält keine systematischen Aussagen über jene Engels-Chöre, -Ränge oder -Klassen, die von Pseudo-Dionysios über Hildegard von Bingen bis Emanuel Swedenborg eine zentrale Rolle spielten. Entscheidender (und weitaus mysteriöser) aber ist dieser Punkt: Anders als Swedenborg verfügte Jakob Lorber über keinerlei Voraussetzungen, um die Flut seiner Visionen aus eigener intellektueller Kraft in irgendeiner Weise zu «systematisieren». Buchstäblich aus heiterem Himmel wird er in seinem vierzigsten Lebensjahr zum Medium übernatürlicher Offenbarungen, die sich volle vierundzwanzig Jahre lang fast ununterbrochen in seinen Geist ergießen.

Im Jahr 1800 im untersteirischen Marburg, dem heutigen Maribor, als Bauernsohn geboren, arbeitete Lorber als Dorfschullehrer, später als Musiklehrer in Graz. Nach einigen

◁ *Die Gerechten im Paradies, Detail aus* Das Jüngste Gericht
von Fra Angelico, 1431

Auftritten als Violinsolist, durch die er auch den magischen
Meister dieser Kunst, Paganini, kennenlernte, wurde ihm
im Jahr 1840 eine Stellung als Kapellmeister am Theater in
Triest angeboten. Jedoch sah sich Lorber gezwungen, diese Chance auszuschlagen, da ihm eine «Stimme» im selben
Jahr den Auftrag erteilte, die *Neuoffenbarung* niederzuschrei-
ben. Fortan protokollierte er tagaus, tagein von früh bis spät,
was ihm die Stimme diktierte – ein Werk im Umfang von
zehntausend Druckbögen, dessen Inhalt nicht nur die Ver-
standeskräfte des Jakob Lorber, sondern auch den Erkennt-
nisstand seiner Zeit bei weitem überstieg. Denn bemerkenswerterweise wurden ihm nicht nur der Schöpfungsplan
und die himmlischen Verhältnisse, sondern ebenso eine
Vielzahl nachprüfbarer Informationen zur Vorgeschichte
und Zukunft der Menschheit übermittelt, die in den folgenden hundertfünfzig Jahren allesamt von der fortschreitenden
Wissenschaft bestätigt werden sollten. Eine rationale Erklärung für dieses Phänomen konnte bis heute nicht gefunden
werden, und es sieht nicht so aus, als ob die Wissenschaft
den Fall Lorber jemals mit ihren Axiomen in Einklang bringen könnte.

Selbstverständlich können wir an dieser Stelle nicht einmal versuchen, die unerschöpfliche Gedankenfülle der
Neuoffenbarung angemessen wiederzugeben. Wir beschrän-
ken uns daher auf knappe Erläuterungen einiger zentraler
Punkte. Nach Lorber sind alle Bücher der Bibel und der
Apokryphen Bruchstücke und teilweise verfälschende Versionen einer umfassenden Geheimlehre, die der Menschheit
nach dem Maß ihrer Reife nur stufenweise aufgedeckt werden kann. So hat bereits Jesus seinen Jüngern weitaus mehr
offenbart, als das Neue Testament überliefert, und nach Jahr-
tausenden kirchlicher Mißdeutung der Heiligen Schrift hat
die göttliche Stimme beschlossen, der Menschheit durch Jakob Lorber den verborgenen Sinn der Bibel kundzutun. Die
Neuoffenbarung deckt also nicht weniger als den gesamten
Schöpfungs- und Heilsplan von der Urschöpfung bis zur
Vollendung des Heils auf.

Im Kapitel über den Sturz Luzifers wurde ein Kernstück dieser Lehre bereits zitiert: «Die ganze sichtbare Schöpfung besteht nur aus Partikeln des großen gefallenen und in die Materie gebannten Geistes Luzifer und seines Anhangs.» *(Himmelsgaben II, 1)* Ohne den Abfall Satanels und seiner Geisterfraktion wäre das materielle Universum nie geschaffen worden, oder umgekehrt:

Alles, was nun Materie ist, war dereinst Geistiges, das da freiwillig aus der guten Ordnung Gottes getreten ist, sich in den verkehrten Anreizungen begründete und darin verhärtete. Die Materie ist demnach nichts anderes als ein gerichtetes und aus sich selbst verhärtetes Geistiges. Noch deutlicher gesprochen ist sie eine allergröbste und schwerste *Umhülsung* des Geistigen. *(Das Große Evangelium Johannes IV 103, 4)*

Auch wenn somit alle Kreaturen – auf der Erde und einer Vielzahl weiterer Planeten – luziferische Partikel sind, bedeutet dies nicht, daß wir allesamt «dem Satan verfallen» seien. Denn das Luziferische der Schöpfung bedeutet letztlich ihre Verselbständigung gegenüber dem Schöpfer, ohne die weder Gott sich selbst noch umgekehrt wir den Schöpfer erkennen könnten. Zweifellos hätte Gott die Schöpfung nach Satanels Rebellion als gescheitert betrachten und vernichten können, doch aus der Einsicht heraus, daß er mit jeder neuen Schöpfung notwendigerweise auch einen neuen, ebenso sich empörenden Luzifer hervorbringen würde, entschloß er sich, alle Kreaturen den langen und mühseligen Heilsweg durchlaufen zu lassen – die einzige Möglichkeit, alle von ihm abgesprengten «Partikel» wahrhaftig und auf ewig wieder mit dem Urgrund zu vereinigen. Dieser Heilsweg wird mit dem «Auskristallisieren» der Seele aus dem «Liebeswasser» der Materie verglichen, und er weist – neben der ziemlich positiven Rolle, die Luzifer hierbei zukommt – noch einige weitere undogmatische Aspekte auf:
Von jüdischem und christlichem Denken zwar durch-

Parsische Läuterung

Ich starb als Stein und sproßt' als
   Pflanze auf,
Ich starb als Pflanze und ward
   Tier darauf,
Ich starb als Tier und ward als
   Mensch geboren,
Was grauet mir? Hab' durch den
   Tod ich je verloren?
Als Menschen rafft er mich von
   dieser Erde,
Daß ich des Engels Fittich tragen
   werde.
Als Engel noch ist meines Bleibens
   nicht,
Denn ewig bleibt nur Gottes Ange-
   sicht.
So trägt noch über Engelwelt
   mich fort
Mein Flug zu unerdenklich hohem
   Ort:
Dann ruf zu nichts mich!
   Denn wie Harfenlieder
Klingt's in mir, daß zu Ihm wir
   kehren wieder.

Dschelâl ed Din Rûmi

tränkt, aber keineswegs eingeengt, schließt die *Neuoffenba-rung* auch den Wiedergeburtsglauben ein. Die mit materi-eller Grobstofflichkeit umhüllten Seelen arbeiten sich nach dem Maß ihrer Gotteserkenntnis vom Pflanzen- über das Tier- zum Menschenleben empor, wobei allerdings in den Wesen niederer Ordnung keine Menschenseelen anzutreffen sind: Diese entstehen erst, indem der Schöpfer etwa einer Tierseele einige «Funken» hinzufügt.

Für den Angelologen sind natürlich die – eher verdeckten und indirekten – Bemerkungen zu Beschaffenheit und Funk-tion der Engel von besonderem Interesse. Nach Lorber wur-den die Engel jedenfalls *vor* der adamitischen Linie der Menschheit geschaffen. Bis zu seinem Sturz war Luzifer der erste und vollkommenste ihrer Art. Da die gesamte mate-rielle Schöpfung aus luziferischen Partikeln besteht, können wir im Umkehrschluß folgern, daß die Gott treu gebliebenen Engel immaterielle Wesen sind. Da aber die Materialität nichts anderes ist als der sichtbare Ausdruck der Willensfrei-heit (des satanischen Abfalls, der Verselbständigung gegen-über Gott), können wir des weiteren schließen, daß die im Himmel verbliebenen Engel auch Wesen ohne eigenen Wil-len sind, zur Rebellion sowenig wie zur Besserung fähig:

> Gott kann infolge seiner Allmacht freilich einen Geist mit vollendeter Macht und Weisheit aus sich hin-ausstellen oder erschaffen, und das in einem Moment gleich zahllos viele – aber alle solchen Geister haben keine Selbständigkeit; denn ihr Wollen und Handeln ist kein anderes als das göttliche Selbst, das unauf-hörlich in sie einfließen muß, auf daß sie sind, sich bewegen und handeln nach dem Zuge des göttlichen Willens. Sie sind für sich gar nichts, sondern pur momentane Gedanken und Ideen Gottes. Sollen sie

Anbetung der drei Weisen aus dem Morgenlande, ▷
Ausschnitt, von Ghirlandaio, 1485

aber mit der Zeit möglicherweise selbständig werden, so müssen sie den Weg der Materie oder des gerichteten und also gefesteten Willen Gottes durchmachen auf die Art, wie ihr sie auf dieser Erde vor Augen habt. Haben sie das, dann sind sie erst aus sich selbständige, selbstdenkende und freiwillig handelnde Kinder Gottes, die zwar allzeit auch den Willen Gottes tun, aber nicht, weil er ihnen durch die Allmacht Gottes aufgedrungen ist, sondern weil sie solchen als höchst weise erkennen und sich selbst bestimmen, nach solchem zu handeln, was dann für sie selbst lebensverdienstlich ist und ihnen erst des Lebens höchste Seligkeit und Wonne gibt.
(Das Große Evangelium Johannes VI 133, 9-11)

Wir können aus diesen Andeutungen und Gedanken zwei angelologisch bedeutsame Folgerungen ziehen:

Erstens: Alle Menschen – alle Kreaturen auf Erden und im gesamten Universum – sind gefallene Engel.

Zweitens: Erst durch diesen «Sturz» in die Grobstofflichkeit der Schöpfung gewinnen die Geister oder Engel «Selbständigkeit» und eigenen Willen, ohne die «höchste Seligkeit und Wonne» nicht erreichbar sind.

Nach Lorber müssen wir daher zwischen jenen willenlosen Engeln, deren geistige Substanz nie im «Liebeswasser» der Fleischlichkeit gelöst wurde, und solchen Geistern oder Seelen unterscheiden, die nach dem physischen Leben ins Jenseits gelangen. Engel jener ersten Art haben, als dienstbare und allein vom göttlichen Willen angetriebene Geister, bei der Einrichtung des adamitischen Paradieses mitgewirkt, das übrigens nach der *Neuoffenbarung* kein Wunder- oder Schlaraffenland, sondern schlicht ein klimatisch begünstigter Erdenfleck war:

◁ *Verzückung der heiligen Theresa von Gianlorenzo Bernini, 1644-1647*

Es versteht sich von selbst, daß Gott und die Engel es
wohl wußten und auch verstanden, das erste
Menschenpaar in einer der fruchtbarsten Gegenden
der Welt werden und entstehen zu lassen.
(Das Große Evangelium Johannes IV 142, 8-13)

Aus der grundlegenden Unterscheidung zwischen im Himmel verbliebenen und in die Schöpfung eingetretenen Geistern erklärt sich auch, weshalb nach Lorber etwa die biblischen Kerubim-Aktivitäten bildlich aufzufassen sind:

Meint ihr denn im Ernst, daß Gott den Adam aus
dem Paradies durch einen Engel, der ein flammendes
Schwert als Vertreibungswaffe in seiner Rechten
führte, vertreiben ließ? Ich sage es dir: Mag das dem
Adam als Erscheinung vorgestellt worden sein, so war
es aber nur eine Entsprechung von dem, was
eigentlich in Adam selbst vorgegangen ist, und gehörte
eben zum Akte seiner Erziehung und zur Gründung
der ersten Religion und Urkirche unter den Menschen
auf Erden. *(Das Große Evangelium Johannes IV 143, 2)*

Zweifellos kann daher auch die apokryphe Schilderung der
von Mitleid mit Adam ergriffenen Kerubim nicht den Beifall
der göttlichen «Stimme» finden: Nach Lorber ist die Existenz
der immateriell gebliebenen Engel statisch und unpersön-
lich, und sie scheinen nicht des leisesten Anflugs von Eigen-
willen, gar des Aufbegehrens fähig zu sein.

Umgekehrt stellt sich jedoch noch das jenseitige Leben
aller aus dem «Liebeswasser» wieder «auskristallisierten» Geister als ungemein dynamisch und individuell dar. Direkt
nach dem physischen Tod gelangen sämtliche Seelen in das
«Mittelreich», wo überraschenderweise das Gesetz der Zeit
weiterhin wirksam ist. So sehr wir uns schon auf Erden um
Vervollkommnung bemühen sollten, so wenig kommt dieser
Prozeß im Jenseits zum Stillstand: Das Mittelreich gliedert
sich in drei Regionen, auf welche die Seelen bei Ankunft je

nach Güte und Reinheit verteilt werden, um nach dem Maß ihrer Läuterung stufenweise aufzusteigen. «Jede Seele muß von Stufe zu Stufe geleitet und geführt werden, und muß rein und lauter werden wie reinstes Gold, auf daß sie fähig wird, in die endlosen Freuden des Himmels einzugehen.» *(Das Große Evangelium Johannes VIII 106, 11)*

Diese «endlosen Freuden» sind Ziel, Sinn und Grund des gesamten Schöpfungs- und Heilsprozesses, durch dessen Vollendung das materielle Universum samt aller Kreaturen wieder aufgehoben und aus der Zersplitterung in den göttlichen Urgrund zurückgeführt wird. Diesen unfaßbar komplexen und langwierigen Prozeß veranschaulicht die *Neuoffenbarung* durch eine grandiose Neudeutung des Gleichnisses vom verlorenen Sohn: Dessen Urbild ist Luzifer, aber da die gesamte materielle Schöpfung aus luziferischen Partikeln besteht, gilt zugleich «jeder einzelne Mensch» als verlorener Sohn *(Himmelsgaben I, 315)*, für dessen Rückkehr Gott eher «Milliarden von Sonnen und Welten aller Art opfern» würde, «als eines Meiner Kinder [zu] verlieren» *(Haushaltung Gottes II 251, 14)*. Ebenso wie jede einzelne Kreatur ist daher das Universum insgesamt nichts anderes als jener «verlorene Sohn». Nach einer wundersamen, unergründlich kostbaren Verheißung, die Lorber protokollierte, gleicht deshalb auch unser Kosmos, von «außen», aus Gottes Perspektive gesehen, einer «vollendeten Menschengestalt» *(Himmelsgaben I, 312)*.

Obgleich ohne Verdammnis, Fegefeuer und großen Gerichtstag, prophezeit also auch die Neuoffenbarung jenes gute Ende, das bereits im Neuen Testament verkündet wird: In Nachfolge Jesu werden alle Wesen der zweiten Menschheit zu göttlicher Höhe aufsteigen und somit nicht nur «wie die Engel werden», sondern kraft ihrer Willensentscheidung, ihres Sturzes, ihrer stufenweise erfolgenden Läuterung letzlich auch jenen willenlosen, immateriell gebliebenen Engeln übergeordnet sein. Eine keineswegs nur für Engelkundler tröstliche Prophezeiung.

Amor und Psyche *von Antonio Canova, 1787-1793*

Wächter der Schwelle

Begegnungen mit Todesengeln

Mit jener heiteren Zuversicht, die dem Engelgläubigen in jeder Lage treu bleibt, begeben wir uns nun auf den Marsch durch eine angelologische Wüste: das 20. Jahrhundert. Nur gelegentlich werden wir auf karge Oasen treffen, während in weiter Ferne, einer Fata Morgana ähnlich, das Gelobte Land einer neuen Spiritualität flimmert, die im letzten Drittel unseres Jahrhunderts erwacht zu sein scheint.

Seit dem 17. Jahrhundert hatten uns die Materialisten und Rationalisten, die philosophischen, naturwissenschaftlichen und bald darauf auch die industriellen Revolutionäre ein «Paradies auf Erden» versprochen, dessen Glanz alle jenseitigen Paradiesverheißungen überstrahlen werde. Eine Fülle alarmierender Indizien zwingt uns heute zu der Vermutung, daß dieser Plan gescheitert ist. Wie vielfach bemerkt wurde, leben wir in einer Epoche, in welcher der Tod noch weitaus grausamer triumphiert als in den düstersten Pestzeitaltern. In zwei Weltkriegen, bei der planmäßigen Ausrottung ganzer Völker oder Ethnien, in einer schier unendlichen Serie «kleinerer» Kriege, bei Hungersnöten, Epidemien und teilweise von den Menschen selbst verschuldeten Naturkatastrophen hält der hagere Schnitter mit der Sense so reichhaltige Ernte, als wäre das Weltgericht des neutestamentarischen Johannes in der Tat nicht mehr fern. Den atomaren oder ökologischen Kollaps unseres Planeten ständig vor Augen, wenden sich immer mehr Menschen von den materialistischen Hoffnungen ab, die unsere Zivilisation dreihundert Jahre lang vorantrieben.

Im letzten Drittel unseres Jahrhunderts beobachten wir daher, insbesondere in der westlichen Hemisphäre, eine breite

Amen

Verwestes gleitend durch die
   morsche Stube;
Schatten an gelben Tapeten; in
   dunklen Spiegeln wölbt
Sich unserer Hände elfenbein-
   farbene Traurigkeit.
Braune Perlen rinnen durch die
   erstorbenen Finger.
In der Stille
Tun sich eines Engels blaue
   Mohnaugen auf.
Blau ist auch der Abend;
Die Stunde unseres Absterbens,
   Azraels Schatten,
Der ein braunes Gärtchen
   verdunkelt.

Georg Trakl

Abendgebet

Führe Du, mildes Licht im
    Dunkel, das mich umgibt,
führe Du mich hinan!
Die Nacht ist finster, und ich bin
    fern der Heimat:
führe Du mich hinan!
Leite Du meinen Fuß – sehe ich
    auch nicht weiter:
wenn ich nur sehe jeden Schritt.

Einst war ich weit, zu beten, daß
    Du mich führest.
Selbst wollt' ich wählen.
Selbst mir Licht, trotzend dem
    Abgrund,
dachte ich meinen Pfad zu
    bestimmen,
setzte mir stolz das eigene Ziel.
Aber jetzt – laß es vergessen sein.

Du hast so lang mich behütet –
    wirst mich
auch weiter führen: über
    sumpfiges Moor,
über Ströme und lauernde Klippen,
bis vorüber die Nacht
und im Morgenlicht Engel mir
    winken.
Ach, ich habe sie längst geliebt –
nur vergessen für kurze Zeit.

John Henry Newman

Rückbesinnung auf die verlorene Spiritualität, die offensichtlich auch eine «Rückkehr der Engel» einschließt. Doch die angelologische Tradition ist zwischenzeitlich abgerissen; das spirituelle Erwachen vollzieht sich überwiegend außerhalb der etablierten Kirchen und Konfessionen, beamteter Glaubensverwalter, unter deren Händen die Wunder der Offenbarung zu bloßen «Sinnbildern» erstarrt sind. Nach einer Serie von Niederlagen gegenüber dem wissenschaftlichen Positivismus, der das menschliche Sensorium auf die empirischen «fünf Sinne» reduziert hat, versichert uns die fortschrittliche Theologie heute, daß der komplette Dämonen- und Engelglaube nur eine Art erbaulicher Eselsbrücke für schlichtere Menschenseelen sei. Da diese Theologie der Zerknirschung von Luzifers Sturz bis zur Himmelfahrt Jesu, von Eden bis Golgatha alle wesentlichen Berichte von übernatürlichen Geschehnissen preisgegeben hat, fällt es manchmal schwer zu erkennen, woran diese Geistlichen ihrerseits noch zu glauben vermögen; an Engel jedenfalls nicht.

Diese sonderbare Entwicklung muß auch den Engelkundler bekümmern, da der Zusammenbruch der angelologischen Tradition und Bilderwelt die überlieferten sprachlichen Ausdrucksmöglichkeiten mit zertrümmert hat: Zahlreichen Menschen, die uns in heutiger Zeit von Begegnungen mit Geistwesen zu berichten versuchen, fehlen hierfür buchstäblich die Worte. Aber das allein erklärt noch nicht die Unsicherheit und zögernde Vorsicht, mit der manche Zeitgenossen sich zu ihren übersinnlichen Erlebnissen äußern: Vom materialistischen common sense mit subtilen bis drastischen Strafen bedroht und von den kleingläubigen Religionsverwaltern im Stich gelassen, ziehen es viele Menschen vor, ihre spirituellen Erfahrungen zu verschweigen – aus Angst, sich dem Spott preiszugeben oder gar ein unheilvolles psychiatrisches Interesse auf sich zu ziehen.

Zweifellos ist diese Furcht in den immer größer werdenden spirituellen und esoterischen Kreisen längst in stolzes oder trotziges Bekennertum umgeschlagen. Doch die breite «bürgerliche» Mehrheit hat bislang ihre – verständliche – Scheu

Der Todesengel

's gibt eine Sage, daß, wenn plötzlich matt
Unheimlich Schaudern einen übergleite,
Daß dann ob seiner künft'gen Grabesstatt
Der Todesengel schreite.
Ich hörte sie und malte mir ein Bild
Mit Trauerlocken, mondbeglänzter Stirne,
So schaurig schön, wie's wohl zuweilen quillt
Im schwimmenden Gehirne.
In seiner Hand sah ich den Ebenstab
Mit leisem Strich des Bettes Lage messen,
– So weit das Haupt – so weit der Fluß – hinab
Verschüttet und vergessen!
Mich graute, doch ich sprach dem Grauen Hohn,
Ich hielt das Bild in Reimes Netz gefangen,
Und frevelnd wagt' ich aus der Totenkron'
Ein Lorbeerblatt zu langen.
Oh, manche Stunde denk' ich jetzt daran,
Fühl' ich mein Blut so matt und stockend schleichen,
Schaut aus dem Spiegel mich ein Antlitz an –
ich mag es nicht vergleichen; –
Als ich zuerst dich auf dem Friedhof fand,
Tiefsinnig um die Monumente streifend,
Den schwarzen Ebenstab in deiner Hand
Entlang die Hügel schleifend;
Als du das Auge hobst, so scharf und nah,
Ein leises Schaudern plötzlich mich befangen,
O wohl, wohl ist der Todesengel da
Über mein Grab gegangen!

Annette von Droste-Hülshoff

vor der Stigmatisierung nicht überwunden, und die sprachliche Mitteilung und gedankliche Durchdringung scheint hier wie dort ein ungelöstes Problem zu sein. Die immer breiter sich auffächernde esoterische Szenerie bietet den Suchenden ein zwar vielfältiges, doch meist bruchstückhaftes, aus allerlei schwer zu vereinbarenden Kulten und Kulturen montiertes Tohuwabohu «dämonologischer Erklärungen» an. Der im Mo-

detakt wechselnde Jargon der Eingeweihten scheint daher
der Sprachlosigkeit manchmal nur eines vorauszuhaben: die
dröhnende Redseligkeit des Jahrmarktschreiers, der indessen
auf Dauer weniger erleuchtet als betäubt.

Seelenwanderung

In Beruf und Freizeit, Trachten und Träumen auf die physische Welt, ihre Herausforderungen und Reize konzentriert,
werden sich die (westlichen) Menschen unserer Epoche
meist nur noch in existentiellen Grenzsituationen der Präsenz von Geistwesen bewußt. Überwiegend sind dies die
Momente tödlicher Gefahr, Situationen unerträglicher
Schmerzen sowie die Minuten des sogenannten «klinischen
Todes», aus dem eine wachsende Patientenzahl dank moderner medizinischer Apparaturen zurückgeholt werden kann.

In spiritueller Hinsicht sind hier zwei – allerdings eng ver-
wobene – Aspekte zu unterscheiden: Menschen in solchen
Grenzsituationen erfahren *sich selbst* als Geistwesen, das wie
ein zweiter, feinstofflicher Leib aus dem physischen Körper
herausfährt, und Menschen in todesnahen Situationen
(Koma, klinischer Tod) berichten von Begegnungen mit einem *«Lichtwesen»*, das sie auf der Schwelle zwischen dem irdischen und einem jenseitigen Leben empfangen, befragt –
und anschließend wieder «zurückgeschickt» habe.

Seit den siebziger Jahren haben insbesondere die Psychiater Raymond A. Moody und Elisabeth Kübler-Ross durch
etliche Buchveröffentlichungen dieses Phänomen der
Schwellenerfahrung in den Blickpunkt der Öffentlichkeit
gerückt. Neben Spott und Skepsis, die ihnen vor allem von
seiten der Schulmedizin wie auch der etablierten Kirchen
entgegenschlugen, erfuhren die Autoren jedoch auch freu-
dige Zustimmung beim sogenannten «Laienpublikum», und
ihre Berichte lösten eine Flut ähnlicher Bekenntnisse sowie

*Die Gerechten betreten das Para-
dies, Detail eines Polyptychons von
Roger van der Weyden
(1400-1464)*

Eine Seele, empfangen an der Himmelspforte *von Edward Burne-Jones, ca. 1882*

Recherchen und Forschungsprojekte rund um den Erdball aus. Das lebhafte Interesse und die überschwenglichen Reaktionen der Öffentlichkeit waren nicht weiter erstaunlich; denn die Idee, nun sei endlich «bewiesen», daß man nach dem physischen Tod von einem «Lichtwesen» freundlich begrüßt werde, um sodann unter idealen Verhältnissen weiterzuleben, hat etwas unzweifelhaft Bestechendes.

Fassen wir zunächst den Kern der von Moodys und Kübler-Ross' Gewährsleuten berichteten Schwellenerfahrungen zusammen:

Erstens: Aufgrund von Unfällen, bei oder trotz Notoperationen tritt ein Zustand ein, den die Medizin als «klinischen Tod» bezeichnet: Herzschlag und Atemtätigkeit haben vor mehreren Minuten aufgehört; die Körpertemperatur sinkt; alle bekannten Reanimationsverfahren bleiben erfolglos. (Gehirnaktivität bleibt allerdings nachweisbar, und insofern sind «klinisch Tote» [noch] nicht tot, sondern in einem Stadium, in dem ihre Physis auf keine Interventionen mehr anspricht.)

Zweitens: Obwohl nach außen hin bewußtlos, macht der klinisch Tote die subjektive Erfahrung, aus seinem Körper herauszufahren «wie aus einem Mantel» und über der Szene zu schweben, so daß er «sich selbst» und alle anderen Beteiligten aus der Perspektive des unbeteiligten Dritten beobachtet. Er gewinnt den Eindruck, noch immer verkörpert zu sein, nun aber gehüllt in einen immateriellen Leib von wolkenartiger Form und Beschaffenheit. Er kann alles hören und sehen, was ringsum vorgeht, sich aber nicht verständlich machen, da die anderen ihn nicht wahrnehmen. Personen «laufen durch ihn hindurch»; umgekehrt kann er (oder sie) materielle Hindernisse aller Art durchdringen und in einigen Fällen auch gedankenschnell räumliche Distanzen überwinden. Bei alldem sind die klinisch Toten – beziehungsweise ihr spirituelles Ich – bei normalem Bewußtsein und reagieren infolgedessen auf ihre Situation sehr verwirrt.

Drittens: Sofern Reanimationsversuche scheitern, fühlen sich die klinisch Toten in einen «dunklen Tunnel» gezogen,

Im Feuerofen

Das Geheimnis der Vergebung
jedoch wurde mir nur im Zusammenhang mit dem Geheimnis
des Todes enthüllt: Ich fühlte
zugleich, daß mein Leben zu Ende
war, daß ich im Sterben lag. Wo
war nun die Todesangst? Davon
war nichts zu spüren, es gab nur
die Todesfreude, die Freude im
Herrn ... In diesem Augenblick
ließ sich inwendig die Stimme des
Gefährten vernehmen. Ich war
nicht allein, ich war mit meinem
alter ego, meinem Schutzengel. Er
sagte mir, daß wir uns zu weit
entfernt hätten, daß wir
zurückkehren müßten ... zum
Leben. Ich begriff und empfand
im Innersten, daß mich der Herr
dem Leben zurückgab und daß ich
gesundete ... Ich kehrte vom Tod
zum Leben zurück, und bei mir
war mein Freund, der mir
Nächste, zart und still. Nicht mit
meinen Augen sah ich ihn, er
blieb ihnen verborgen, aber ich
war mir seiner Gegenwart bewußt,
und ich vernahm ihn ...

Sergej Bulgakov

den sie in raschem Flug durchmessen und an dessen Ende sich
ein gleißendes Licht manifestiert. «Auf der anderen Seite» werden sie in der Regel zunächst von bereits verstorbenen Ange-
hörigen oder anderen einst nahestehenden Personen willkom-
men geheißen und sodann von jenem «Licht» begrüßt, das die
Zeugen übereinstimmend wie hier bei Moody als «Lichtwesen»
bezeichnen.

Unbeschreibliche Liebe und Wärme strömen dem
Sterbenden von diesem Wesen her zu. Er fühlt sich
davon vollkommen umschlossen und ganz darin
aufgenommen, und in der Gegenwart dieses Wesens
empfindet er vollkommene Bejahung und Geborgenheit. Er fühlt eine unwiderstehliche, gleichsam
magnetische Anziehungskraft von ihm ausgehen. Er
wird unausweichlich zu ihm hingezogen. Ohne die
geringsten Abweichungen wird das Lichtwesen stets
auf die oben angeführte Weise beschrieben.

Viertens: Das Lichtwesen und der klinisch Tote verständigen
sich telepathisch. Das Wesen befragt den Neuankömmling,
ob er zum Sterben bereit sei und seine irdischen Ziele erreicht
habe. Zur Erleichterung der Zeugen ist diese Frage in keinem Fall mahnend oder gar zornig gemeint, sondern geprägt von Liebe, Güte «und sogar Humor». Die Sühne für
etwaige Sünden scheint in einen gedankenschnellen Reka-
pitulationsvorgang integriert zu sein, bei dem nach Kübler-
Ross

ein jeder von uns etwas betrachten muß, das einer
Fernsehmattscheibe sehr ähnlich sieht, auf der sich
jede unserer irdischen Taten, Worte und Gedanken
widerspiegeln. Hiermit wird uns die Gelegenheit
gegeben, selbst über uns anstelle eines gestrengen
Gottes Gericht zu sitzen.

Fünftens: Wo immer sich die Zeugen während dieser metaphysischen «Das war dein Leben»-Vorführung befinden
mögen – nach sämtlichen Berichten herrscht dort eine so
unwiderstehliche Atmosphäre der Güte und Liebe, Wärme
und Geborgenheit, daß man sich sofort eingewöhnt und nie
wieder weggehen will. Das Lichtwesen muß daher an das
Verantwortungsgefühl der Betreffenden appellieren und sie
beispielsweise an unversorgt hinterbliebene Kinder erinnern,
ehe die klinisch Toten sich mit einem tiefen Gefühl des Be-
dauerns zur «Rückkehr» entschließen.

Sechstens: In allen Menschen, die diese Erfahrung machten, bleibt ein unauslöschliches Glücksgefühl zurück, verbunden mit der Gewißheit, unsterblich zu sein. Für sie steht
seither fest, daß wir weder rein physische Wesen sind, auf
die nach dem Tod nur noch die Verwesung wartet, noch ein
strenges Gericht mit etwaiger Höllenstrafe zu gewärtigen
haben.

Für den Engelkundler sind diese Berichte einerseits keine
Überraschung. Schon das Neue Testament verheißt uns, daß
der Sterbende von einem Todesengel «in Abrahams Schoß
getragen» werde *(Lukas 16, 22)*, und der uralte Glaube an
Todesengel, die den Verblichenen an der Schwelle zum Jenseits empfangen, hat sich in zahllosen Legenden niederge-
schlagen und seit jeher Maler und Dichter inspiriert. In en-
gelkundigeren Zeiten war überdies die Überzeugung
verbreitet, daß der Todesengel niemand anderes als unser
persönlicher Schutzengel sei, der uns von der Wiege bis zur
Bahre begleite und in der Todesstunde das letzte Geleit gebe.
In den von Moody ausgewerteten Berichten spielt diese
Schutz- und Todesengelidee allerdings nur «in ein paar seltenen Fällen» eine Rolle, was sich offenbar damit erklärt, daß
das Wissen von Engeln auf der langen Reise durch die Jahrhunderte – und über den großen Teich nach Amerika – weitgehend verlorengegangen ist.

Engel mit Posaune, Straßburger
Münster, um 1230

Rede des toten Christus vom Weltgebäude herab, daß kein Gott sei

Ich lag einmal an einem Sommerabende vor der Sonne auf einem Berge und entschlief. Da träumte mir, ich erwachte auf dem Gottesacker. Die abrollenden Räder der Turmuhr, die elf Uhr schlug, hatten mich erweckt. Ich suchte im ausgeleerten Nachthimmel die Sonne, weil ich glaubte, eine Sonnenfinsternis verhülle sie mit dem Mond. Alle Gräber waren aufgetan, und die eisernen Türen des Gebeinhauses gingen unter unsichtbaren Händen auf und zu. An den Mauern flogen Schatten, die niemand warf, und andere Schatten gingen aufrecht in der bloßen Luft. In den offenen Särgen schlief nichts mehr als die Kinder …

Jetzo sank eine hohe edle Gestalt mit einem unvergänglichen Schmerz aus der Höhe auf den Altar hernieder, und alle Toten riefen: «Christus! ist kein Gott?»

Er antwortete: «Es ist keiner.»

Der ganze Schatten jedes Toten erbebte, nicht bloß die Brust allein, und einer um den anderen wurde durch das Zittern zertrennt.

Christus fuhr fort: «Ich ging durch die Welten, ich stieg in die Sonnen und flog mit den Milch-straßen durch die Wüsten des Himmels; aber es ist kein Gott. Ich stieg herab, soweit das Sein seine Schatten wirft, und schauete in den Abgrund und rief: ‹Vater, wo bist du?› Aber ich hörte nur den ewigen Sturm, den niemand regiert, und der schimmernde Regenbogen aus Wesen stand ohne eine Sonne, die ihn schuf, über dem Abgrunde und tropfte hinunter. Und als ich aufblickte zur uner-meßlichen Welt nach dem göttlichen *Auge*, starrte sie mich mit einer leeren bodenlosen *Augenhöhle* an; und die Ewigkeit lag auf dem Chaos und zernagte es und wiederkäuete sich. – Schreiet fort, Mißtöne, zerschreiet die Schatten, denn Er ist nicht!»

Die entfärbten Schatten zerflatterten, wie weißer Dunst, den der Frost gestaltet, im warmen Hauche zerrinnt; und alles wurde leer. Da kamen, schrecklich für das Herz, die gestorbenen Kinder, die im Gottesacker erwacht waren, in den Tempel und warfen sich vor die hohe Gestalt am Altare und sagten: «Jesus! haben wir keinen Vater?» – Und er antwortete mit strömenden Tränen: «Wir sind alle Waisen, ich und ihr, wir sind ohne Vater.»

Da kreischten die Mißtöne heftiger – die zitternden Tempelmauern rückten auseinander – und der Tempel und die Kinder sanken unter – und die ganze Erde und die Sonne sanken nach – und das ganze Weltgebäude sank mit seiner Unermeßlichkeit vor uns vorbei – und oben am Gipfel der unermeßlichen Natur stand Christus und schauete in das mit tausend Sonnen durchbrochne Welt-gebäude herab, gleichsam in das in die ewige Nacht gewühlte Bergwerk, in dem die Sonnen wie Grubenlichter und die Milchstraßen wie Silberadern gehen.

Und als Christus das reibende Gedränge der Welten, den Fackeltanz der himmlischen Irrlichter und die Korallenbänke schlagender Herzen sah …: so hob er groß wie der höchste Endliche die Augen empor gegen das Nichts und gegen die leere Unermeßlichkeit und sagte: «Starres, stummes Nichts! Kalte, ewige Notwendigkeit! Wahnsinniger Zufall! Kennt ihr das unter euch? Wann zerschlagt ihr das Gebäude und mich? – Zufall, weißt du selber, wenn du mit Orkanen durch das Sternen-Schnee-gestöber schreitest und eine Sonne um die andere auswehest, und wenn der funkelnde Tau der

Gestirne ausblinkt, indem du vorübergehest? – Wie ist jeder so allein in der weiten Leichengruft des Alls! Ich bin nur neben mir – O Vater! o Vater! wo ist deine unendliche Brust, daß ich an ihr ruhe? – Ach wenn jedes Ich sein eigner Vater und Schöpfer ist, warum kann es nicht auch sein eigner Würgeengel sein? …»

Hier schauete Christus zur Erde hinab, und sein Auge wurde voll Tränen, und er sagte: «Ach, ich war sonst auf ihr: da war ich noch glücklich, da hatt' ich noch meinen unendlichen Vater und blickte noch froh von den Bergen in den unermeßlichen Himmel und drückte die durchstochne Brust an sein linderndes Bild und sagte noch im herben Tode: ‹Vater, zieh deinen Sohn aus der blutenden Hülle und heb ihn an dein Herz!› … Ach ihr überglücklichen Erdenbewohner, ihr glaubt *Ihn* noch. Vielleicht gehet jetzt euere Sonne unter, und ihr fallet unter Blüten, Glanz und Tränen auf die Knie und hebet die seligen Hände empor und rufet unter tausend Freudentränen zum aufgeschlossenen Himmel hinauf: ‹Auch mich kennst du, Unendlicher, und alle meine Wunden, und nach dem Tode empfängst du mich und schließest sie alle.› … Ihr Unglücklichen, nach dem Tode werden sie nicht geschlossen. Wenn der Jammervolle sich mit wundem Rücken in die Erde legt, um einem schönern Morgen voll Wahrheit, voll Tugend und Freude entgegen zu schlummern: so erwacht er im stürmischen Chaos, in der ewigen Mitternacht – und es kommt kein Morgen und keine heilende Hand und kein unendlicher Vater! – Sterblicher neben mir, wenn du noch lebest, so bete Ihn an: sonst hast du Ihn auf ewig verloren.»

Und als ich niederfiel und ins leuchtende Weltgebäude blickte: sah ich die emporgehobenen Ringe der Riesenschlange der Ewigkeit, die sich um das Welten-All gelagert hatte – und die Ringe fielen nieder, und sie umfaßte das All doppelt – dann wand sie sich tausendfach um die Natur – und quetschte die Welten aneinander – und drückte zermalmend den unendlichen Tempel zu einer Gottesacker-Kirche zusammen – und alles wurde eng, düster bang – und ein unermeßlich ausgedehnter Glockenhammer sollte die letzte Stunde der Zeit schlagen und das Weltengebäude zersplittern … als ich erwachte.

Meine Seele weinte vor Freude, daß sie wieder Gott anbeten konnte – und die Freude und das Weinen und der Glaube an ihn waren das Gebet. Und als ich aufstand, glimmte, die Sonne tief hinter den vollen purpurnen Kornähren und warf friedlich den Widerschein ihres Abendrotes dem kleinen Monde zu, der ohne eine Aurora im Morgen aufstieg, und zwischen dem Himmel und der Erde streckte eine frohe vergängliche Welt ihre kurzen Flügel aus und lebte, wie ich, vor dem unendlichen Vater; und von der ganzen Natur um mich flossen friedliche Töne aus, wie von fernen Abendglocken.

Jean Paul

Das führt uns zur anderen Seite dieser Berichte von «todesnahen Erfahrungen», die für den Angelologen einige Irritationen bereithält. Zunächst sollte ich gestehen, daß die Idee, auf Veranlassung des Lichtwesens mein Leben «auf einer Fernsehmattscheibe» reproduziert zu sehen, mir einiges Unbehagen einflößt. Ich hielte es für gerecht und tröstlich, wenn für altmodischere Ankömmlinge auch traditionelle Medien zur Verfügung stünden. Seit jeher lebe ich in der Zuversicht, meine Taten und Unterlassungen dereinst im *Buch des Lebens* verzeichnet zu sehen, und zweifellos wäre ich nicht der einzige, der angesichts eines metaphysischen Monitors seine Enttäuschung kaum verbergen könnte.

Aber «Spaß beiseite», wie meine deutschen Freunde so vortrefflich sagen: Einer der irritierenden Aspekte dieser Schwellenerfahrungen besteht darin, daß das von den Zeugen geschilderte Jenseits – soweit überhaupt Details sichtbar werden – im großen und ganzen den heimischen Wohnzimmern der Betreffenden gleicht. Es besteht aus einem Raum, der einen «Fernseher» enthält und in dem der verstorbene Teil der Familie und Freunde des Zeugen versammelt sind. Das «Lichtwesen» tritt hinzu und veranlaßt den Beginn der «Fernsehübertragung», sehr viel mehr erfahren wir von den dortigen Vorgängen nicht. Offensichtlich sind die Berichte aber nicht deshalb so knapp oder vage geraten, weil darüber hinaus nichts Erwähnenswertes geschehen wäre, sondern weil die Zeugen ihre Erfahrungen nicht in Worte zu fassen vermögen.

Nach Moody gelangte fast jeder Zeuge, «der mir von diesem [spirituellen] ‹Leib› erzählen wollte, … früher oder später an einen Punkt, an dem er resignierend feststellen mußte: ‹Ich kann ihn nicht beschreiben› oder wo er mit einer ähnlichen Bemerkung aufgab». Bei dem Versuch, die jenseitigen Verhältnisse zu beschreiben, wird diese Sprachnot noch weitaus gravierender, was Moody mit der «Unangemessenheit der menschlichen Sprache» begründet, also für ein zeitloses und unlösbares Problem zu halten scheint.

Dieser Ansicht kann ich mich nicht anschließen. Denn

wie wir sahen, haben die Menschen jahrtausendelang über eine Sprache, eine Bilderwelt, ein semantisches Register verfügt, die ihnen erlaubten, ohne Kommunikationsprobleme über die Begegnung mit Engeln und anderen Geistwesen zu sprechen. Unangemessen scheint demnach nicht die «menschliche Sprache» schlechthin zu sein, sondern unsere *heutige Sprache*, der diese Dimension des Ausdrucks und der Bedeutung während der letzten drei- bis vierhundert Jahre ausgetrieben worden ist. Die Schwierigkeit – oder Unmöglichkeit –, etwas zu artikulieren, ist aber nur die Außenseite eines tieferliegenden Problems: Was wir nicht in Worte kleiden können, konnten wir – bereits vorher – auch gedanklich nicht fassen, oder anders herum: Wenn wir auf ein vollkommen fremdes Terrain geraten, für das uns alle Vergleichsmaßstäbe fehlen, so wird hierdurch auch unser Beobachtungsvermögen getrübt – weshalb es uns nachher nicht nur an Worten fehlt, um das Erlebte mitzuteilen, sondern bereits an erinnerten Einzelheiten, für die wir nach Worten suchen könnten.

In genau dieser Situation aber scheint sich ein heutiger, durchschnittlich areligiöser Nordamerikaner oder Europäer zu befinden, den es unversehens «ins Jenseits» verschlägt. Stünden ihm traditionelle Himmelsvorstellungen zu Gebote, so könnte hierdurch zwar seine Beobachtung in gewisser Weise verzerrt werden; andererseits verfügte er dann jedoch über ein Vokabular, ein bestimmtes Denkmuster, die ihm erlauben würden, seine Beobachtungen zu ordnen und nachher zu artikulieren. Da er aber weder über dieses traditionelle Monokel noch über eine alternative Sehhilfe für sein völlig ungeübtes «inneres Auge» verfügt, kann er uns nach seiner Rückkehr wenig mehr berichten als die Tatsache seiner Fassungslosigkeit. Er gleicht einem Südseeinsulaner, der in die Antarktis geschleudert wird und uns nun erläutert, charakteristisch für diese Eiswelt sei der augenfällige Mangel an Palmen; oder jenen Reisenden in ferne Länder, die uns im Detail nur beschreiben können, was sie an zu Hause erinnert – die Einrichtung des örtlichen Sheraton-Hotels –, und im üb-

Aus einem Kirchenlied

Zum Paradiese mögen Engel dich
    begleiten,
die heiligen Märtyrer dich
    begrüßen
und dich führen
in die heilige Stadt Jerusalem.
Die Chöre der Engel mögen dich
    empfangen,
und durch Christus,
der für dich gestorben,
soll ewiges Leben dich erfreuen.

rigen versichern, daß die ansässige Bevölkerung «humorvoll, gütig und gastfreundlich» sei.

An den dokumentierten Berichten von Schwellenerfahrungen irritiert daher weniger das Problem der Glaubwürdigkeit als die «metaphysische Blindheit» der Zeugen. Verzweifelt versuchen sie, uns eine Vorstellung von jener übernatürlichen Ferne zu vermitteln, aus der sie zurückgekehrt seien. Aber diese scheint enttäuschenderweise kaum mehr zu sein als eine Spiegelung der heute auf Erden gängigen Vorstellung von «Ferne» – deren Inbegriff eben der «Fernsehschirm» ist –, nebst einigen vagen Hinweisen auf die «drüben» herrschende Gastfreundschaft und Güte.

Die mehr als kühne Folgerung, daß durch diese Zeugen alle erheblichen Glaubenssätze der Menschheit nun «bewiesen» seien, weist der sympathische Dr. Moody (anders als seine Kollegin Kübler-Ross) entschieden zurück. Diese Behutsamkeit ist sicherlich berechtigt, denn die Autoren legen kein «Beweismaterial» vor, sondern eine Reihe eindrucksvoller Berichte von Erfahrungen, deren Kernbehauptungen sich jeder «wissenschaftlichen» Nachprüfung entziehen. Wer behauptet, die Existenz eines Jenseits sei nunmehr «bewiesen» und alle wesentlichen Einzelheiten der dortigen Verhältnisse seien «bekannt und belegt», begeht einen ziemlich simplen logischen Fehler: Die Tatsache, daß eine Reihe von Leuten unter bestimmten – möglicherweise auch reproduzierbaren – Voraussetzungen vergleichbare Visionen (Träume, subjektive Erlebnisse) hat, «beweist» nach den unbarmherzigen Gesetzen der Logik keineswegs, daß diese Visionen Geistreisen in eine andere Realität sind.

Dieser Beweis wäre selbst dann nicht erbracht, wenn sich die komplette Menschheit (ausgenommen nur einige Millionen Ärzte und Krankenschwestern, die sich zur Reanimation bereithalten müßten) zu einem vorbestimmten Zeitpunkt in den Zustand des klinischen Todes versetzen ließe und aus diesem mit der übereinstimmenden Gewißheit zurückkehrte, einem Lichtwesen nebst «Fernsehmattscheibe» begegnet zu sein. Denn bekanntermaßen lassen sich auch

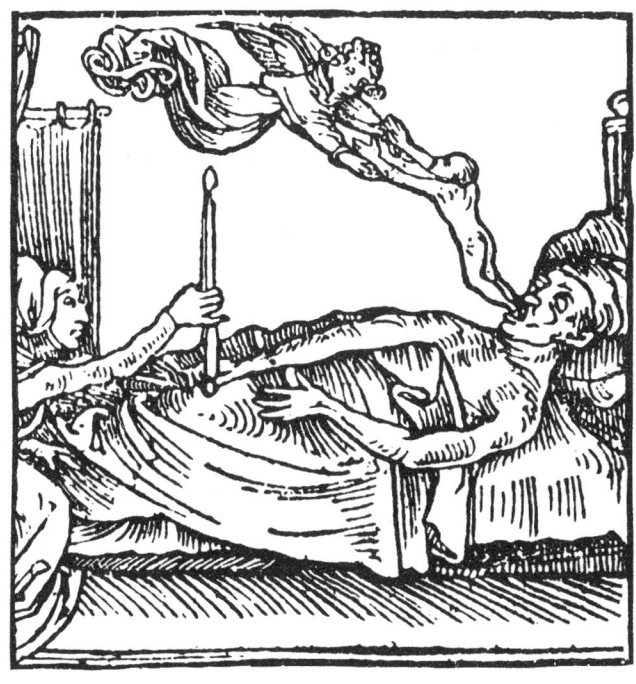

Ein Todesengel führt die Seele eines sterbenden Mannes in den Himmel, Holzschnitt, 16. Jhdt.

durch gewisse Drogen bestimmte, recht genau voraussagbare Wahrnehmungen hervorrufen, und wir müßten demnach für ebenso «bewiesen» ansehen, daß uns ein LSD-Trip in eine mit orangefarbenen Monstern bevölkerte «andere Realität» entführt. Innerhalb des logischen und naturwissenschaftlichen Systems verfügen wir *per definitionem* über keine Mittel, um folgende Möglichkeit auszuschließen: Der «klinische Tod» könnte ein Zustand sein, in dem unser Gehirn uns die Vision eines wolkenförmigen Astralleibs, einen Tunnel, ein Lichtwesen und besagte «Fernsehmattscheibe» vorgaukelt – eine letzte Fata Morgana, die ultimative Form der «delirierten Wunscherfüllung» (S. Freud), ehe nach Herz- und Lungentätigkeit auch die Gehirnfunktion erlischt. So bedauerlich dies zweifellos ist: Nicht einmal eine Feldstudie im Umfang mehrerer Galaxien könnte den gewünschten Beweis erbringen.

Ich möchte aber nicht mißverstanden werden: Was spricht andererseits gegen die Annahme, daß diese Menschen ihren Schutz- und Todesengeln begegnet sind? Gerade die Tatsache, daß diese nüchternen und diesseitig fixierten Zeugen auf ein solches Szenario keinesfalls gefaßt waren, erhöht ja die Glaubwürdigkeit ihrer subjektiven Erfahrung. Nur sollten wir uns nicht dem Irrtum ergeben, daß mit rationalistischen Mitteln die Existenz einer Sphäre bewiesen werden könne, für die dieser Rationalismus nur noch einen negativen Begriff bereithält: Nach ihm kann es jenseits der Ratio nur das Irrationale geben, also Täuschung oder allenfalls «unbeweisbare Glaubenssätze».

Im übrigen, bestünde tatsächlich diese Möglichkeit – oder läge es in der Absicht Gottes –, daß wir auf dem Wege des Komas metaphysische Gewißheiten erlangen, so wäre dieser Weg vermutlich schon einige tausend Jahre früher entdeckt und mit mystischem Eifer beschritten worden. Indes scheint es sich eher umgekehrt zu verhalten: In unserer heutigen, auf die physischen Verhältnisse reduzierten, von aller metaphysischen Wahrnehmung abgeschotteten Welt wird den Menschen nur in lebensbedrohlichen Extremsituationen die Existenz der Engel bewußt. *Da wir selbst diese Welt so eingerichtet haben*, öffnet sich der Himmel über uns nur noch in den Momenten der Todesgefahr und des Sterbens. Und sofort erfahren wir in diesen Augenblicken wieder, was wir unser Leben lang hätten wissen können: Die Engel sind wie seit jeher präsent.

«Mein Engel war bei mir»

Zeugnisse vom Wirken der Schutzengel in heutiger Zeit

Das komplexe engelkundliche Wissen der alttestamentarischen Zeiten und des ersten christlichen Jahrtausends – von den heroischen Engeln Jehovas bis zu den großen angelologischen Systemen und Visionen – ist den meisten Menschen heute kaum mehr präsent. Dagegen hat sich der Glaube an den persönlichen Schutzengel als bemerkenswert widerstandsfähig erwiesen. Von dieser Überzeugung, daß uns «von der Wiege bis zur Bahre» ein himmlischer Hüter zur Seite stehe, ist insbesondere die sogenannte Volksfrömmigkeit niemals abgerückt, und die gegenwärtige «Renaissance der Engel» scheint vor allem an diese ungebrochene Tradition anzuknüpfen. Mittlerweile werden dramatische oder ergreifende Berichte von Menschen, die durch Intervention ihres Schutzengels aus Not und Pein gerettet wurden, einer gerührten und erfreuten Öffentlichkeit in Zeitschriften und Fernsehmagazinen, in Büchern und Tageszeitungen präsentiert. Eine Flut lokaler bis nationaler Umfragen beweist uns, daß beachtliche Minderheiten und teilweise – je nach Landstrich – sogar Majoritäten von der Existenz und dem wirksamen Eingreifen der Schutzengel überzeugt sind.

Ein Problem werden wir allerdings, trotz der unabsehbaren Anzahl der Zeugenberichte, auch in diesem Kapitel nicht lösen: die Frage, ob Engel «wirklich existieren». Die Antwort hierauf hängt einzig und allein davon ab, was wir unter «Wirklichkeit» verstehen. In zahlreichen Hochkulturen herrschte (und herrscht) die Überzeugung, daß Traum und Vision uns den Zugang zu einer anderen, sogar höherrangigen, mit unserer physischen Welt verbundenen Realität er-

Drei Engel, Detail, von Ridolfo Ghirlandaio, 16. Jhdt.

Mein Engel

O Engel rein, o Schützer mein,
Du Führer meiner Seele,
Laß mich dir anbefohlen sein,
Daß ich vor Gott nicht fehle!
Bei hellem Tag, bei finstrer Nacht,
Dein Licht in mir laß scheinen;
Halt über mich getreue Wacht,
Mein Herz richt nach dem deinen!

Trag mein Gebet zu Gottes Thron,
Und fleh für meine Sünden;
Durch seinen eingebornen Sohn
Hilf mir Vergebung finden.
Weck mich aus meiner Trägheit
    auf,
Zum Eifer mich antreibe;
Halt vor, wie kurz der Lebenslauf,
Den Tod ins Herz mir schreibe!

Deutsches Gebet (17. Jahrhundert)

Daß du aber noch lebest, sollst du
dem Schutze und Schirm der heiligen Engel zuschreiben.

Martin Luther

öffnen. Dagegen treffen wir in unserer gegenwärtigen westlichen Zivilisation beispielsweise auf die Auffassung, daß die «sonderbaren Bilder, Gedanken und Emotionen», die uns im Traum durchrasen, lediglich «Datenschrott» seien, der nächtens gelöscht werde, damit unser Gehirn-Computer morgens wieder aktionsbereit sei.

Es kommt also darauf an, ob wir unsere Erde (und unseren Kopf) für eine magische Kugel halten, die in einem mysteriösen Universum schwebt – oder für eine platte Scheibe, genauer gesagt, für eine «Festplatte» voller Daten, die teils verifizierbar, teils eben «Ausschuß» seien. Wer der letzteren Anschauung anhängt, wird jede Form des Glaubens an Engel als Resultat eines jener Programmierungsfehler ansehen, für die der Biochip unter unserer Schädelplatte leider anfällig sei. Wer andererseits schamanische Weltbilder bevorzugt, wird den visionären Übergang in eine ebenso reale Welt der Geister und die Vermischung beider Wirklichkeiten als schiere Selbstverständlichkeit betrachten und seine vernagelten Zeitgenossen bedauern, deren übernatürliches Sensorium verkümmert sei.

Wahrscheinlich sollte ich an dieser Stelle gestehen, daß ich die physische Realität – ohne im mindesten ihr Gewicht zu leugnen oder ihr Vermögen, uns einzigartige Freuden und Sorgen zu bescheren – für einen häufig stark überbewerteten Fetisch halte. Verschiedentlich wurde versucht, mir die Vorzüge dieser strengen Weltsicht zu erläutern, doch ohne rechten Erfolg. Wären wir außerstande, die gebieterische Wirklichkeit gewisser Schöpfungen des Traumes und der Phantasie, der bildenden, poetischen und musikalischen Künste zu erfahren – was wäre durch diese «mentale Umprogrammierung» gewonnen? Umgekehrt wurde ich während meiner Vortrags- und Forschungsreisen – überwiegend in den katholischen Landstrichen Italiens oder Süddeutschlands – vielfach auch mit der Bitterkeit gewisser Engelfreunde konfrontiert, die ein glühendes Bekenntnis zur Engelwirklichkeit von mir zu erwarten schienen: «Glauben Sie an die reale Existenz von Engeln – ja oder nein?»

«Sie haben mir eben erzählt», antworte ich dann etwa, «daß Sie ein Engel, als Sie fünf Jahre alt waren, aus dem Dorfteich gezogen und so vor dem Ertrinken gerettet hat.»

«Und Sie glauben mir?»

«Ja.»

«Also glauben Sie auch an die objektive Realität der Geistwesen, die ...»

«Nein.»

Ich halte es für eine schwer verzeihliche Untugend, anderen Menschen ins Wort zu fallen, aber auch die Geduld eines Angelologen ist begrenzt. Und die Vorstellung einer «objektiven Realität» scheint mir einfach ein Irrglaube zu sein, den ich bei jeder Gelegenheit zu erschüttern versuche – ein Unterfangen, das nicht nur in dörflichen Vortragssälen für einige Verwirrung der Geister und für erhebliche Erhitzung der Gemüter sorgt. Dennoch sollten wir zu unseren Überzeugungen stehen: Engel sind diskret. Sie erscheinen nur denen, die an sie glauben, die sie rufen, die das Gespräch mit ihnen suchen – wobei dieses Suchen, Rufen und Glauben ein weitgehend unterbewußter Vorgang sein kann. Auch wenn neuerdings einige «Ruf deinen Engel»-Lernprogramme in Umlauf gebracht wurden, scheint mir die Kommunikation zwischen Menschen und Geistwesen nach wie vor kein spezielles Training zu erfordern – sofern man sich zumindest augenblicksweise von der doch recht beengenden Vorstellung freimachen kann, daß unser gesamtes Universum ein physisches und mentales Fitneßstudio sei.

Tatsache ist jedenfalls, daß Engel auch jenen Zeitgenossen im Traum erscheinen, die im Wachzustand jeden Engelverkehr mit einem Beiklang peinlicher Entrüstung leugnen würden – in diesen Fällen vollzieht sich die Kommunikation hinter dem Rücken des bewußten Ich. Und Engel erscheinen selbstverständlich (wovon uns bereits die Zeugen Moodys und Kübler-Ross' eine gewisse Ahnung vermittelten) in Augenblicken höchster, lebensbedrohlicher Not. In diesen Momenten scheint sich selbst in den zähesten Skeptikern eine

Drei Engel, Detail aus dem Magnificat der heiligen Jungfrau Maria *von Sandro Botticelli,*
ca. 1483-1485

Schleuse zu öffnen, eine Hoffnung, ein uralter, nie ganz erloschener Kinderglaube hervorzubrechen – und siehe da, das Stoßgebet «funktioniert», der Engel erscheint, rettet uns und verschwindet sogleich wieder hinter dem diskreten Schleier, hinter dem er sich zu verbergen pflegt, um unsere Vorstellungen von Eigenwürde, Willensfreiheit und Selbstherrlichkeit nicht zu verletzen.

Auf jeder meiner Reisen – keineswegs nur durch die erwähnten katholisch-ländlichen Gebiete – vergrößert sich meine Sammlung wundersamer Berichte vom Wirken der Schutzengel um weitere eindrucksvolle Schilderungen, und ebenso stetig erreichen mich auf dem Postweg neue Zeugnisse vom lebensrettenden oder notmildernden Eingreifen der himmlischen Boten. Abgesehen von seltenen Fälschungen und gelegentlichen Dokumenten beklagenswerter geistiger Verwirrung, geben uns diese Schilderungen nicht den geringsten Anlaß, an der Wahrheit der Berichte und der Glaubwürdigkeit der Zeugen zu zweifeln.

Keiner dieser Berichte vermag – um den heiklen Punkt nochmals zu berühren – die «objektive Realität von Engeln» zu beweisen. Doch sie alle zusammen flößen uns die Ahnung ein, daß der unsere Epoche beherrschende Wirklichkeitsbegriff ein wenig zu karg gefaßt sein mag. «Denn ich sage euch: Ihre Engel im Himmel sehen stets das Angesicht meines himmlischen Vaters.» *(Matthäus 18, 10)*

Beginnen wir unsere willkürliche Auswahl aus dem Archiv heutiger Engelzeugnisse mit einem Bericht, der von Skeptikern in der Tat als «reines Phantasiegespinst» beiseite gewischt werden könnte. Eine heute (1995) neunundvierzigjährige Bäuerin aus dem Allgäu erzählte mir:

Ich war fünf Jahre alt, als ich im Hof meiner Großeltern am Waldrand spielte. Hinter den Ställen war die Jauchegrube, und ich bin auf dem Bretterrand balanciert, als ich plötzlich das Gleichgewicht verloren hab' und mehrere Meter in die Tiefe gestürzt bin. Ein furchtbarer Gestank, ich habe geschrien, aber kein

Der Schutzengel

Du Engel Gottes, der du für mich
    bestellt bist
Vom lieben Vater der Barm-
    herzigkeit,
Als Hüter gleichsam über die
    Schar der Heiligen
Die Runde zu machen um mich
    diese Nacht;

Entferne von mir jegliche
    Versuchung und Gefahr,
Umgib mich auf dem Meer der
    Unrechtmäßigkeit,
Und den Engen, Krümmungen
    und Meeresstraßen,
Bewahre mein kleines Boot,
    bewahre es immerdar.

Sei du eine helle Flamme vor mir,
Sei du ein leitender Stern über mir,
Sei du ein glatter Pfad unter mir,
Und sei ein freundlicher Hirte
    hinter mir,
Am heutigen Tag, in dieser Nacht
    und immerdar.

Ich bin müde und ein Fremder,
Führe du mich zum Lande der
    Engel;
Denn Zeit ist es für mich
    heimzukehren
Zum Hofe Christi, zum Frieden
    des Himmels.

Keltisches Gebet

Mensch hat meine Schreie gehört. Ich weiß noch, wie
ich gebetet habe: «Lieber Gott ...», und sofort war er
da. Jedenfalls glaub' ich bis heute, daß das mein Engel
war. Eigentlich habe ich nur seine leuchtende Hand
gesehen, die mich aus dem Dreck gezogen hat, und
ganz kurz sein Gesicht oben in der Öffnung: wie von
einem Jungen, so einem fünfzehn-, sechzehnjährigen
Burschen, aber strahlend, unirdisch schön. Dann hab'
ich schon draußen, auf der Wiese, gesessen, fünf Schritte neben der Grube, von oben bis unten verdreckt,
und ich hab' gar nicht mehr geschrien. Ganz still bin
ich dagesessen, bis meine Großmutter mich gefunden
hat, und sie hat nachher immer erzählt, daß ich als
erstes gesagt hätte: «Ich hab' einen Engel gesehen ...»

Zugunsten dieses Berichtes können wir lediglich anführen,
daß das fünfjährige Mädchen den Sturz in die Grube keineswegs «geträumt» haben konnte, da sie in der Tat mit Jau-
che übergossen war; daß sie sich an keinem anderen Ort der-
art beschmutzt haben und daß auch kein menschliches
Wesen sie mit der Hand aus der Grube gezogen haben konnte, da die Kleine sich zum Zeitpunkt der Katastrophe drei
Meter unter der Erdlinie befand. Natürlich können wir keinen unbeteiligten Zeugen für diese wundersame Rettung
aufbieten, für die sich aber so leicht auch keine «natürlichere»
Erklärung ersinnen läßt.
    Traditionell treten die Schutzengel vor allem als Hüter der
Kinder hervor, was wir je nach Temperament mit der noch
unverkümmerten sensuellen Empfänglichkeit des sehr jungen Menschen oder mit dessen größerer Hilfsbedürftigkeit
erklären könnten. Auch wenn die Aktivitäten der Schutz-
geister in ländlichen Gebieten einen gewissen Schwerpunkt
zu haben scheinen, wird in zahlreichen Fällen auch im städ-
tischen Bereich das Eingreifen behütender Engel bezeugt. So
berichtet der heute fünfunddreißigjährige Sohn eines wohl-
habenden Unternehmers, der damals in einer süditalieni-
schen Stadt eine Ladenkette betrieb:

Engel, Florenz

Ich war acht oder neun Jahre alt und auf dem Weg in die Schule, als neben mir am Straßenrand ein Fiat anhielt und ein Mann mich in den Wagen zerrte. Ich heulte und schrie, aber der Mann sagte, ich solle den Mund halten, sonst würde er mich erschießen. Er hatte eine Pistole. Vorn im Wagen saßen zwei weitere Männer. Sie sagten, sie würden mich in ein schönes Haus am Meer bringen, und wenn meine Eltern gehorsam wären, käme ich bald wieder frei. Ich begriff, daß sie mich entführt hatten. Wir fuhren mehrere Stunden lang, dann waren wir bei dem Haus am Meer. Sie sperrten mich in den Keller, in ein dunkles Loch, und am nächsten Tag kam einer der Männer nach unten, sehr wütend, und sagte, daß etwas schiefgegangen sei und sie mich erschießen müßten. Auch die beiden anderen Männer kamen in den Keller, und plötzlich war noch ein vierter da, viel jünger als die anderen. Er stand hinter ihnen, und ich verstand nicht, was das bedeutete – dieses Leuchten, das von ihm ausging. Die drei Männer, die mich entführt hatten, standen völlig reglos da, wie Skulpturen, und der andere winkte mich zu sich her. Auf einmal spürte ich eine Art Sog, ich wurde regelrecht angesaugt, und ich weiß noch, daß ich seine Hand ergriff – dann flogen wir durch die Luft. Alles ging sehr schnell. Plötzlich war ich wieder zu Hause, und meine Mutter schimpfte, weil ich die Schule geschwänzt hätte. Ich habe versucht, es ihr zu erklären, aber ich glaube, sie denkt bis heute, daß ich ihr damals einen Bären aufgebunden hätte. Und doch sehe ich noch nach mehr als fünfundzwanzig Jahren alles so deutlich vor mir, als wäre es gestern gewesen …

◁ *Schutzengelgruppe von Ignaz Günther, 1763*

Von guten Mächten treu und still umgeben,
behütet und getröstet wunderbar, –
so will ich diese Tage mit euch leben
und mit euch gehen in ein neues Jahr;

noch will das alte unsre Herzen quälen,
noch drückt uns böser Tage schwere Last,
Ach Herr, gib unsern aufgeschreckten Seelen
das Heil, für das Du uns geschaffen hast.

Und reichst Du uns den schweren Kelch, den bittern,
des Leids, gefüllt bis an den höchsten Rand,
so nehmen wir ihn dankbar ohne Zittern
aus Deiner guten und geliebten Hand.

Doch willst Du uns noch einmal Freude schenken
an dieser Welt und ihrer Sonne Glanz,
dann woll'n wir des Vergangenen gedenken,
und dann gehört Dir unser Leben ganz.

Laß warm und still die Kerzen heute flammen
die Du in unsre Dunkelheit gebracht,
führ, wenn es sein kann, wieder uns zusammen!
Wir wissen es, Dein Licht scheint in der Nacht.

Wenn sich die Stille nun tief um uns breitet,
so laß uns hören jenen vollen Klang
der Welt, die unsichtbar sich um uns weitet,
all Deiner Kinder hohen Lobgesang.

Von guten Mächten wunderbar geborgen,
erwarten wir getrost, was kommen mag.
Gott ist bei uns am Abend und am Morgen
und ganz gewiß an jedem neuen Tag.

Dietrich Bonhoeffer

(Die Verse entstanden 1944 im KZ, wo Dietrich Bonhoeffer
1945 von den Nazis ermordet wurde.)

Bliebe zu ergänzen, daß der Entführungsversuch nie wiederholt wurde und die Eltern des Jungen sich auch nicht an die Polizei wandten – da sie seiner Geschichte nicht glaubten und im italienischen Süden ohne zwingende Gründe kaum jemand die Gesetzeshüter konsultiert. Daher können wir auch in diesem dramatischen Fall keine «objektiven Beweise» beibringen; Tatsache ist allerdings, daß das ehemalige Entführungsopfer, das einer in religiösen Dingen gleichgültigen Familie entstammt, unmittelbar nach seiner Rettung ein brennendes Interesse für metaphysische Fragen entwickelte. Von der (wie er sagt) «Hohlheit des offiziellen Katholizismus» bald schon enttäuscht, begann er als junger Mann auf eigene Faust dem wundersamen Phänomen der Errettung durch Engel nachzuforschen und verfügt heute über eine bedeutende Sammlung historischer Zeugnisse, die er – falls er verschiedentlichem Drängen doch noch nachgeben sollte – eines Tages veröffentlichen wird.

In unzähligen Fällen erweist sich uns die Glaubwürdigkeit eines Engelzeugen so einfach wie eindrucksvoll dadurch, daß die Begegnung mit dem himmlischen Gesandten die Weltsicht, Überzeugungen und Lebensführung des Betreffenden von Grund auf und für immer verändert. So auch im folgenden Fall:

Mehmet, ein junger Mann kurdischer Abstammung, der mittlerweile in Deutschland um Asyl nachgesucht hat, hatte sich in den Gebirgen seiner Heimat dem bewaffneten Separatismus angeschlossen, der die Loslösung Kurdistans vom türkischen Nationalstaat mit militanter Gewalt zu erzwingen versucht. Nach einem mißglückten Attentatsversuch geriet Mehmet im Alter von neunzehn Jahren in die Hände der politischen Polizei. Er wurde den Folterknechten übergeben und grausamen Qualen ausgesetzt, über deren genaueren Charakter wir schweigen werden. Mehmet wurde erniedrigt und gepeinigt und litt unerträgliche Schmerzen. Dies ist die Geschichte seiner Rettung:

Engelreigen, Ausschnitt aus Geburt
Christi *von Sandro Botticelli,*
um 1500

Am Ende des zweiten Tages verschwand plötzlich der
Schmerz, so rasch, als wäre ein Schalter ausgeknipst
worden. Ich war bei vollem Bewußtsein, ich sah und
hörte alles, was um mich herum passierte, aber ich
empfand nichts mehr. Ich war in meinem Körper, den
die beiden Männer quälten, aber ich war gleichzeitig
weit weg, unerreichbar. Ich sah mich wie in einem
Spiegel, und ich weiß noch, ich war erschüttert, zum
erstenmal zu Tode erschrocken, als ich meinen mit
Wunden übersäten Körper in diesem Spiegel erblickte.
Aber gleichzeitig *wußte* ich, daß mir ... nichts mehr
passieren konnte. Endlich ließen die beiden von mir –
von meinem Körper da unten (ich glaube, ich sah sie

von oben) – ab und ließen mich allein. Aber ich war nicht allein. Ich spürte eine … Präsenz, dicht neben mir, überall rings um mich her, die mich wie eine Wolke aus Licht und Wärme einzuhüllen schien. Dann, ganz unvermittelt, hatte ich das Gefühl, von hoch oben in meinen Körper zurückzustürzen. Es war wie der Sturz in ein schwarzes Loch, und ich verlor (in diesem Moment erst!) das Bewußtsein. Im Schlaf spürte (oder träumte) ich, wie eine warme Hand meinen Körper berührte. Finger fuhren sacht über alle meine Wunden, Energieströme schienen in mich einzudringen, und … mir hat das nie irgendwer erklären können – als ich einige Stunden später erwachte, hatten sich alle meine Wunden geschlossen, die Quetschungen waren verschwunden, sogar ein Knochenbruch an meinem linken Fußgelenk war über Nacht verheilt! Als die türkischen Geheimpolizisten an diesem Morgen in meine Zelle traten, starrten sie mich an wie einen Geist. Sie untersuchten erschrocken meinen Körper und wagten es kaum, mich zu berühren. Noch am selben Tag ließen sie mich frei …

Mehmet, der früher keinen Funken Interesse für religiöse Fragen hatte und, wie er selbst sagt, ein «beinharter Materialist» war, hat sich unmittelbar nach seiner wundersamen Rettung von seiner bewaffneten Widerstandsgruppe gelöst und auf abenteuerliche Weise bis nach Deutschland durchgeschlagen. Die Umstände seiner Errettung aus dem Gewölbe der Folterer hat er vor der deutschen Asylbehörde, die seinen Antrag zu Protokoll nahm, wohlweislich mit keinem Wort erwähnt. Doch schon in seinen ersten Tagen auf deutschem Boden hat er sich einer Gruppe belesener Moslems angeschlossen, deren Schriftgelehrte ihn seither in die reiche angelologische Welt und Tradition des Islam einführen.

Mühelos könnten wir mit Berichten dieser Art ganze Bände ehrfurchtgebietenden Umfangs füllen – was uns aber dem

Als er [Petrus] am Außentor klopfte, kam eine Magd namens Rhode, um zu öffnen. Sie erkannte die Stimme des Petrus, doch vor Freude machte sie das Tor nicht auf, sondern lief hinein und berichtete: Petrus steht vor dem Tor. Da sagten sie zu ihr: Du bist nicht bei Sinnen. Doch sie bestand darauf, es sei so. Da sagten sie: Es ist sein Engel.

(Apostelgeschichte 12, 3-1)

Darum bekennt die Kirche ihren Glauben an die Schutzengel und verehrt sie mit einem eigenen Fest und empfiehlt uns, wir sollten uns ihnen häufig im Gebet anvertrauen, etwa in den bekannten Anrufungen des Schutzengels. Es ist, als ob solche Gebete sich die schönen Worte des heiligen Basilius zu eigen machten: «Jeder Gläubige hat einen Engel als Beschützer und Hüter neben sich, der ihn zum Leben führen soll.»

Papst Johannes Paul II.

Kern des Mysteriums auch nicht näher zu bringen scheint. Man hat eine gewisse «Ungerechtigkeit» darin erblickt, daß die Auswahl der Geretteten und Erlösten offenbar ziemlich willkürlich erfolgt.

Tagtäglich sterben Kinder infolge ihrer Arglosigkeit, werden Entführungsopfer ermordet und Kriegs- oder politische Gefangene in den Foltergewölben zahlloser Länder getötet – zu schweigen von den Millionen und Abermillionen Kriegs-, Hunger- und Seuchenopfern in aller Welt. Besonders zahlreich sind die Berichte jener Zeugen, die durch wundersames Eingreifen ihres Schutzengels vor dem sicheren Unfalltod im Straßenverkehr gerettet wurden. Angesichts der periodisch veröffentlichten Statistiken des Sterbens auf unseren Straßen will es zumindest den Mathematikern der Gerechtigkeit hier am wenigsten einleuchten, daß regelmäßig einige Promille der potentiellen Unfallopfer durch zielsichere Intervention von Schutzengeln gerettet werden. Andererseits lesen wir gerade in dieser Rubrik unserer lokalen Zeitungen auffällig häufig die Wendung «kam wie durch ein Wunder mit dem Schrecken davon» – was uns den Schluß nahelegt, daß selbst hartgesottene und notorisch nüchterne Zeitgenossen wie Gerichtsreporter, Verkehrspolizisten, Pannendienstler (die übrigens in Deutschland «gelbe Engel»[*] genannt werden) oder – in diesen Fällen unnötigerweise herbeirasende – Notärzte sich keinen natürlichen Reim auf solche «Ausnahmen von der Regel» machen können.

Betrachten wir kurz eine willkürlich ausgewählte Erfahrung dieser Sparte, berichtet von Sigrid, einer dreiundvierzigjährigen Handelsvertreterin, die zwischen Würzburg und Nürnberg in ihrem Audi 8 mit Tempo zweihundert über die Autobahn raste:

Als ich im Rückspiegel den Porsche sah, scherte ich auf die rechte Spur ein. Ich war übermüdet. Viel zu

---

[*]Im Original deutsch. – *(Anm. d. Ü.)*

Laute spielender Engel, Fresco von
Melozzo da Forli, ca. 1480

spät sah ich den Kleinwagen, der vielleicht hundert
Meter vor mir über die Fahrbahn schlich. Als ich auf
die Bremse trat, geriet mein Wagen ins Schlingern.
Der Porsche war längst vorbei. Ich schleuderte auf die
linke Fahrbahn zurück, glaubte einen Moment, daß

ich mein Auto wieder unter Kontrolle bekäme, aber es brach immer wilder nach beiden Seiten aus und krachte Sekunden darauf links in die Leitplanke. Ich war wie gelähmt. Tatenlos beobachtete ich, wie ich wieder nach rechts geschleudert wurde, über alle Spuren hinweg und auf ein Waldstück zu. Vor mir tanzten die Bäume. Ich schloß die Augen und wartete nur noch auf den Aufprall. Plötzlich spürte ich, wie *irgend etwas* meinen Wagen packte, scharf in die Höhe riß und dann weich zu Boden sacken ließ. Als ich die Augen öffnete, stand ich mit meinem Audi auf einer kleinen Lichtung, zehn Meter von der Autobahn entfernt. Ich stieg aus. Ich begriff es einfach nicht. Ich hatte keinen Kratzer abbekommen! Hinter mir waren die Bäume, so dicht, daß man im Schrittempo vielleicht hätte hindurchkommen können, aber mit Tempo hundertfünfzig durch die Luft schleudernd? Ich stand unter Schock. Ich untersuchte die Bäume, einen nach dem anderen von der Lichtung bis zurück zur Autobahn. Aber ich fand keine Schramme, gar nichts – *irgend etwas* hat mich damals über die rechte Leitplanke und alle diese Bäume hinweggehoben und auf der Lichtung abgesetzt.

Wie Sigrid mir versicherte, glaubt sie nicht an Engel – nicht vorher und im Grunde auch nachher nicht. Eine Weile hat sie versucht, sich «einen Reim darauf zu machen», angestachelt – wie sie selbst zugibt – von der Neugier eines Zeitungsreporters, der sie drängte, sich «zu erinnern», daß ein geflügelter Engel ihren Audi gepackt und über den Wald geflogen habe. Aber sie erinnert sich an überhaupt nichts dieser Art. Da war irgend etwas gewesen, «das an den Naturgesetzen gedreht hat, verstehen Sie, und obwohl das seltsam klingt: Eigentlich paßt mir das überhaupt nicht.» Anfangs

Engel am leeren Grab, Westfälisches Altarbild, um 1200 ▷

Zwei Engel, Detail aus Sixtinische Madonna *von Raphael, 1513/1514*

sei es ihr «fast peinlich» gewesen: «Warum gerade ich?» Sie glaubte auch zu spüren, daß mit der irregulären Rettung eine bestimmte Botschaft verbunden war: «Bessere dich. Denk über das Leben nach! Tu was gegen die Katastrophen auf dieser Erde!» Aber sie konnte sich darauf nicht einlassen: «Ich bin der falsche Mensch dafür, verstehen Sie? Ich kann nicht mein Leben umkrempeln und als … als Wanderprediger durch die Lande ziehen.» Eine Zeitlang hat sich Sigrid noch «mit UFO-Berichten und solchen Dingen» beschäftigt, dann aber diese ganze Erfahrung samt Engeln und Außerirdischen zu den Akten gelegt. «Natürlich ist irgend etwas in mir zurückgeblieben. Ich fahr' nicht mehr so schnell wie früher, und manchmal denk' ich heute noch über diese Sache nach …»

Was also zeichnet die Geretteten gegenüber jenen, die ihrem Schicksal überlassen blieben, aus? Selbst unsere zuletzt zitierte Zeugin, obwohl von der rätselhaften Auswahl eindeutig begünstigt, fand die anscheinend waltende Willkür geradezu empörend. Wenden wir uns in dieser Frage an die traditionell engelfreundliche katholische Kirche, so bekommen wir auch von dieser Seite nicht viel mehr als ein schwerverständliches Murmeln über die «Unerforschlichkeit Gottes» zu hören.

Tatsächlich verwickelt uns das Eingreifen von Schutzengeln in einige schwerwiegende philosophische Probleme. Die besonders dem Materialismus sämtlicher Spielarten zu Herzen gehende Überlegung, daß «kein Engel einfach die Naturgesetze manipulieren kann», gehört hierbei noch zu den philosophischen Bantamgewichten. Wie aber steht es um unsere Willensfreiheit, wenn Schutzengel (wie uns in zahlreichen Berichten versichert wird) sogar Selbstmordkandidaten in letzter Sekunde in den Arm fallen?

Allgemein wird die Intervention eines Schutzengels, der einen Todgeweihten «gegen alle Wahrscheinlichkeit» rettet, so verstanden, daß «die Zeit des Betreffenden noch nicht abgelaufen war». Bedeutet das aber nicht, daß unser Schicksal vorherbestimmt ist, unsere persönlichen Entscheidungen

Die Unschuld *von William-Adolph Bouguereau*

und die Ränke unserer Gegner, unser Hoffen auf Glück und unsere Spekulation auf den günstigen Zufall nichts als eitle Illusionen sind? Und heißt das nicht, daß in Wahrheit vorher schon alles festgelegt ist und die höheren Instanzen sogar drastisch eingreifen, sowie irgend etwas dem großen Plan zuwiderläuft? Verschiedentlich wird uns hierauf geantwortet, daß eben auch das Eingreifen der Engel zum großen Plan gehöre – womit aber die Willensfreiheit vollends in der Falle zu sitzen scheint.

Wir werden auch diese Frage – wie so viele Mysterien, denen wir im Zusammenhang mit dem Wirken der Engel begegnen – nicht lösen können und müssen uns mit der Feststellung begnügen, daß sie gerade in unserem Zeitalter des Massensterbens (der Hungersnöte, Kriege, Katastrophen, Genozide) zu den größten Herausforderungen des Engelglaubens zählt. Wie wir im Schlußkapitel sehen werden, verliert diese Frage keineswegs ihre Dringlichkeit, wenn man versucht, Erscheinung und Wirken der Engel mit ufologischen Theorien, Erfahrungen und Spekulationen zu erklären.

ENTFÜHRT VON HIMMELSBOTEN

UFO-Mythen beflügeln die Engelrenaissance

LÄNGERE ZEIT war die Kommunikation zwischen Ufologen und Angelologen etwa so ergiebig wie der Austausch zwischen NASA-Astronauten und vatikanischen Himmelfahrtexperten: Beide sprachen scheinbar von derselben «Sache» und redeten doch mit Ingrimm aneinander vorbei. Doch seit die Ufologie ihre «materialistische Phase» zu überwinden beginnt, beobachten wir erstaunliche Verständigungs- und sogar Verschmelzungsprozesse zwischen beiden Gruppen, die früher so eifersüchtig ihre himmlischen Claims verteidigten.

Sicherlich tun wir Erich von Däniken nicht unrecht, wenn wir diesen Pionier der Ufologie als einen der Erzväter der materialistisch orientierten Alien-Forschung bezeichnen. Mit bewunderungswürdiger Energie suchen er und seine Jünger seit Jahrzehnten unseren Planeten nach Spuren außerirdischer Raumfahrer ab, die in früh- und vorgeschichtlichen Zeiten die Erde besucht und der damaligen Menschheit ihren Stempel aufgedrückt hätten. Vermutlich gibt es kaum noch eine Religion, eine mythische oder legendäre Überlieferung, die nicht in diesem Sinne gedeutet worden wäre: Alle Götter, alle Engel oder sonstigen lufttüchtigen Dämonen, die in ferner und fernster Vergangenheit von gleich welchen Völkern verehrt wurden, waren samt und sonders raumfahrende Abgesandte von anderen Sternen. Von deren überlegener Technologie geblendet, waren unsere Vorfahren überzeugt, daß es sich um Götter oder Engel handeln müsse, und noch die alttestamentarischen Texte, die manch einer irrtümlich im jüdisch-christlichen Sinne deutet, künden – wenn man sie richtig zu lesen versteht – in der Hauptsache von Raumfahrt, Atomspaltung und verwandter Hochtechnologie. Gewisse rätselhafte Bauwerke der Inka- oder Aztekenkulturen waren prähistorische Landebahnen für Außerirdische; extravaganter Kopfschmuck auf Steinzeithöhlenmalereien entschlüsselt sich als Helm nebst Antenne; auch der reiche Mythenschatz, der vom untergegangenen Kontinent Atlantis oder vom kollabierten Planeten Phaeton handelt, fließt ungehemmt in das Staubecken dieser ungemein elastischen Theorien.

Zu deren Kernstück zählt zweifellos die Überzeugung, daß etwa die Erzählung vom Sündenfall der Himmelssöhne, die sich laut *Genesis* und *Henochbuch* mit Menschentöchtern vermischten, recht verstanden von einer *genetischen Kreuzung* zwischen Außerirdischen und Menschen berichte. Dieser ging allerdings eine Reihe mißglückter gentechnischer Manipulationen voraus. Mit deren Resultaten – Dinosauriern und anderen ungeschlachten Kreaturen – unzufrieden, ließ der oberste Versuchsleiter einige Köpfe rollen, darunter den des Laborvorstehers Satanel, ehe er sich mit größerem Geschick selbst ans Werk machte: Auch die göttliche Schöpfung Adams war nach diesen Spekulationen ein gentechnisches Experiment, und diesmal eines, das sich sehen lassen konnte. Da aber die lüsternen Himmelssöhne des *Henochbuches* – eine meuternde Fraktion triebhafter außerirdischer Astronauten – dazwischenfuhren, war unter rassischen Gesichtspunkten wiederum alles verpfuscht. Was wir «Sintflut» nennen, war in Wahrheit die kontrollierte Entfesselung von Wassergewalt – etwa durch Zündung von Atombomben in geeigneten Ozeanen –, durch welche die rassisch mißratenen Kreaturen wie Kreidestriche auf einer Schiefertafel ausgelöscht wurden. Als genetisches Material für die Neuzüchtung behielten die Außerirdischen nur Noah und seine Frau zurück, und wieder begann alles von neuem.

Wir können diese Periode der Extraterrestrier-Forschung als materialistisch, biologistisch und *rassisch* bezeichnen, weil ihre Vertreter recht unbekümmert voraussetzen, daß die

Michael und der Drache *von Michele Giambono, 15. Jhdt.*

Außerirdischen (woher immer sie kommen mögen) im Prinzip menschlichen Lebensbedingungen unterworfen sind und diese nur ungleich besser durchschaut und sich zunutze gemacht haben. Diese von fernen Sternen herbeigeflogenen Kreaturen waren körperliche Wesen wie wir und biologisch der menschlichen Rasse sogar so eng verwandt, daß der genetischen Kreuzung und der Befriedigung außerirdischer Lüsternheit keine nennenswerten physischen Hemmnisse entgegenstanden. Wie Menschen bewegten sie sich in Raum und Zeit, und alles in allem unterschieden sie sich vom damaligen Menschentypus nicht stärker, als wir Heutigen uns von unseren dumpfen Urahnen abheben: Für den voradamitischen Menschen wären auch wir, dank Laser, Genetik und Atomkraft, nichts Geringeres als Götter und Engel. Von seinem ehrfürchtigen Staunen gewinnen wir – nach diesen Theorien – ein angemessenes Bild, wenn wir uns die Verblüffung eines Urwaldbewohners aus Neu-Guinea vorstellen, der versehentlich auf das Startgelände der Ariane-Rakete gerät.

Inzwischen haben uns aber die fortschreitende Weltraumphysik und die unablässig sich erweiternden Erkenntnisse der Raum- und Zeitforschung die Ahnung eingeflößt, daß unsere irdischen Lebensbedingungen nur eine Spielart, möglicherweise einen Grenzfall der kosmischen Verhältnisse darstellen. «Jenseits» unserer materiellen Welt der Körperlichkeit, des Raumkontinuums und der einförmig fließenden Zeit scheinen bemerkenswert andere Bedingungen zu herrschen, unter denen – allgemein gesagt – die *Energie* sehr viel weniger streng in Materie gebunden ist und statt dessen freier, feinstofflicher, sehr viel weniger kompakt – wenn überhaupt – verkörpert fluktuiert. Wie auch immer wir uns das Leben unter diesen Bedingungen vorstellen mögen: Es ist ohne Zweifel weder Raum noch Zeit, noch Materie in ähnlicher Weise unterworfen wie wir. Nichts anderes aber verkünden uns sämtliche Engelmythen seit jeher: Engel sind Menschen, befreit von Raum, Leiblichkeit und Zeit.

Und genau dies ist auch der Punkt, an dem die heutige

Ufologie und die undogmatische Angelologie sich zumindest berühren. Keinesfalls können wir die komplexen mythischen und frühhistorischen Zeugnisse vom Wirken der Himmelsboten mit «technischer Naivität» unserer Vorfahren erklären, die von Dingen wie Atomspaltung und Gentechnik nichts verstanden. Vielmehr wäre umgekehrt die Annahme naiv, daß die mythischen Engel, die unseren Urahnen erschienen, einfach eine Art Übermenschen waren, auf einem technologischen Stand wie die Menschheit heute oder in einigen Generationen. Gegen diese Theorie, der ein im Grunde recht heimeliges Kosmosbild zugrunde liegt, sprechen einige mittlerweile gesicherte Annahmen.

Erstens: Auch wenn sich der inzwischen angejahrte Traum, «mit Lichtgeschwindigkeit durchs All zu fliegen», gelegentlich erfüllen sollte, würde uns das nur in die Lage versetzen, einen winzigen Winkel des Universums zu durchmessen.

Zweitens: Gäbe es in diesem kosmischen Krähwinkel eine Zivilisation, die unter grundsätzlich ähnlichen Bedingungen wie wir lebte und den Trick mit der Lichtgeschwindigkeit beherrschte, so hätten sich diese Kreaturen uns ohne Zweifel längst bemerkbar gemacht – und zwar gewiß auf etwas deutlichere Weise als nur durch vagen UFO-Spuk. Wären sie uns technologisch um einige (oder gar um viele) Generationen voraus, ließe sich kein Grund ersinnen, weshalb sie sich (ob in friedlicher oder feindlicher Absicht kommend) vor uns andauernd verstecken sollten. Wären sie uns nicht nennenswert überlegen, so hätten sie auch nicht die technischen Möglichkeiten, um ihre Raumfahrzeuge magisch auf- und wieder untertauchen zu lassen. Deshalb wirkt alle Ufologie, die darauf beharrt, daß die Außerirdischen verkörperte Kreaturen und ihre Raumfahrzeuge materielle Gebilde im irdischen Sinne seien, so hoffnungslos närrisch: Sie kann uns einfach nicht erklären, wie und weshalb dieser theatralische Zauber vor sich gehen soll.

Drittens: Wie gesagt, auch die fortgeschrittene Naturwissenschaft, die ihre materialistischen Kinderschuhe abzustrei-

Amor von Etienne Maurice Falconet, 1757

fen beginnt, nötigt uns heute zu der Überzeugung, daß unsere irdischen Lebensbedingungen keinesfalls als kosmischer Regelfall angesehen werden können. Vielmehr trennt uns, als physische Kreaturen, ein *Schleier der Materialität* – eine Art Vorhang aus Raum, Zeit und Körperlichkeit – von der Wahrnehmung jener außerirdischen Realitäten, die eben nicht unseren Lebensbedingungen unterworfen sind. Und genau hiervon zeugen sämtliche ernst zu nehmende Engelberichte seit Anbeginn.

Um es ein wenig überspitzt auszudrücken: Die beliebte These «Was unsere naiven Vorfahren als Engel, Dämonen etc. interpretierten, waren in Wirklichkeit Außerirdische in ihren UFOs» ist offenkundiger Unsinn, sofern wir unter «Außerirdischen» menschenähnlich verkörperte, nur technisch und wissenschaftlich fortgeschrittenere Wesen von anderen Planeten verstehen. Was aber, wenn wir diese These einfach umdrehen: *Was wir heute als UFOs, Außerirdische (in einem physischen, materiellen Sinne) zu begreifen versuchen, sind in Wahrheit immaterielle Geistwesen jener Art, die in früheren Zeiten selbstverständlich als Engel bezeichnet wurden?*

Wenn bereits der alttestamentarische Ezechiel von radförmigen, mit lichterartigen Augen bestückten Engeln sprach, würde das nach dieser Umkehrung nicht etwa bedeuten, «daß schon der Prophet in Wirklichkeit UFOs sah». Wir würden dann vielmehr aus dieser Überlieferung (und einer Fülle weiterer Indizien) schließen, daß auch die heutigen Zeugen, die von UFO-Sichtungen berichten, in Wahrheit Engeln begegnet sind – also *immateriellen Wesen* und keineswegs Hightech-Astronauten von fernen Galaxien, wo mehr oder minder die gleichen Lebensbedingungen herrschen wie bei uns.

Diese Annahme ist – nicht nur – für den Angelologen fast unwiderstehlich: Sie erlaubt uns, das herausfordernde, mittlerweile millionenfach dokumentierte Phänomen der Ent-

Nike von Samothrake, 3./2. Jhdt. v. Chr. ▷

Musizierender Engel *von Rosso Fiorentino, um 1519*

führung von Menschen durch «Außerirdische» mit einigen zentralen Überzeugungen und Glaubenssätzen westlicher wie östlicher Kulturen in Einklang zu bringen. Tatsächlich ist die Gewißheit, daß neben unserer materiellen noch (mindestens) eine immaterielle Welt existiert, nahezu in allen Völkern so tief verwurzelt, daß es offenbar töricht wäre, sie auf dem Altar eines Materialismus zu opfern, der unser (westliches) Denken seit ein paar Jahrhunderten beherrscht und längst begonnen hat, an seinen eigenen Voraussetzungen zu zweifeln. Die tiefe Gewißheit, daß Geistwesen die Sphären ringsum beleben, scheint mir ungleich *weiser* zu sein als die bornierte Behauptung, daß nicht existieren könne, was wir nicht zu sehen, zu wiegen und zu messen vermögen. Das Farbspektrum oder die Tonskala sind erheblich breiter und differenzierter, als unsere physischen Augen und Ohren jemals wahrhaben können – und doch haben all jene Schwingungsfrequenzen bereits «existiert», ehe die Wissenschaft sie nachzuweisen vermochte. Umgekehrt spricht der gewaltige und komplexe Fundus der Überlieferung für die Annahme, daß Menschen früherer Zeiten sehr viel selbstverständlicher über gewisse *meta*physische Sinne verfügten, kraft derer sie mit immateriellen Wesen kommunizieren konnten.

Bemerkenswerterweise bewegt die fortgeschrittene Naturwissenschaft sich mittlerweile auf Erkenntnisse zu, die diese mythenalten Überzeugungen glanzvoll bestätigen würden: Verschiedene *Parallelwelttheorien* beispielsweise gehen von der Annahme aus, daß «neben» unserer Realität noch diverse weitere Realitäten bestehen – nur daß dieses «neben» kein räumliches oder raumzeitliches Nebeneinander meint, sondern die parallele Existenz verschiedener Wirklichkeiten, in denen jeweils völlig andere räumliche, zeitliche und materielle beziehungsweise energetische Gesetze herrschen. Da unsere physische, sinnliche Wahrnehmung vollkommen durch Raum, Zeit und Materialität bestimmt und begrenzt wird, haben wir normalerweise keine Möglichkeit, jene anderen Realitäten wahrzunehmen oder gar in eine solche Parallelwelt überzuwechseln.

Jedoch versichern uns die ältesten Weisheitsbücher der Menschheit seit jeher, daß unsere irdische Wirklichkeit durch einen «Schleier», einen «Vorhang» von der anderen, «jenseitigen» Welt getrennt sei – und während die meisten (westlichen) heutigen Menschen allenfalls noch zu hoffen vermögen, daß sie durch den *physischen Tod* in dieses Jenseits überwechseln werden, sind der Verkehr und die Kommunikation zwischen den Welten für andere Zeiten (zum Beispiel die alttestamentarischen) und für andere Kulturen (etwa die schamanische) bare Selbstverständlichkeit. Die natur- oder grenzwissenschaftlichen «Parallelwelttheorien» nähern sich also auf gewundenen Wegen jenen uralten Verheißungen der Mythen, Propheten und Visionäre, die von parallel existierenden, unseren Raum- und Zeitgesetzen nicht unterworfenen Welten immer schon wußten.

Die Vorstellung einer solchen Welt «neben» der irdischen schließt folgende Annahme ein: Da die dort beheimateten Wesen der Tyrannei von Raum, Zeit und Körperlichkeit nicht – oder sehr viel weniger strikt – unterstehen, sind die (räumlichen) Wände ihres Universums sozusagen porös, und der Zeitfluß, der bei uns unerbittlich in eine Richtung strömt, könnte dort eine *gezähmte* Macht sein, vergleichbar unserem elektrischen Strom, den wir nach Belieben beschleunigen, anhalten, verstärken, abschwächen und dessen Flußrichtung wir sogar umkehren können.

Mit einem Wort: Die dort ansässigen Kreaturen genießen die Freiheit, sich in Parallelwelten zu begeben, beispielsweise in unsere irdische, wobei sie diese «Reise» keinesfalls als raumzeitliche Bewegung nach Menschenart erfahren werden.

Es ist zweifellos schwer, sich dies alles vorzustellen. Ebenso zweifellos haben Engelzeugen aller Zeiten genau dies versucht: uns die Eigenart der Geistwesen begreiflich zu machen, die – von Raum, Zeit und Leiblichkeit befreit – in unseren Gefilden erscheinen und wieder verschwinden können, wie es ihnen (oder einer sie beherrschenden Macht) beliebt. Ob wir diese Eigenart der Geistwesen nach dem Mo-

Krypta-Engel, Friedhof Père Lachaise, Paris

dell der historischen Engelzeugnisse zu begreifen versuchen oder nach dem Muster, das uns die Parallelwelttheorien anbieten, ist in diesem Punkt einerlei: So oder so handelt es sich bei den Geistwesen nicht um menschenartige Kreaturen, die es nur in Hochtechnologien wie der Kernfusion etwas weiter gebracht haben. Vielmehr sind es (ob Engel oder «Parallelweltbewohner») Wesen, die unseren irdischen Existenzbedingungen überhaupt nicht unterliegen und daher Raum, Zeit und Materialität selbst zu überwinden und zu manipulieren vermögen, statt wie wir bloß (und allenfalls) die Folgen dieser für uns unveränderlichen «Naturgesetze».

Um die Situation in einem Bild zu fassen: Gleicht die Menschheit einem Schachspieler, der verbissen versucht, innerhalb der vorgegebenen Regeln seine Position zu verbessern, so sind jene Geistwesen imstande, *diese Regeln selbst* zu verändern: Raum und Zeit zu überwinden, von «einem Weltraum in den anderen» zu wechseln und zwischen Materialität und Immaterialität zu rochieren, wie kein Schachkönig dies je vermag.

Engelkundige und Engelgläubige aller Epochen haben immer schon gewußt, daß die himmlischen Wesen genau dies vermögen. Insofern überraschen uns die Erkenntnisse und Spekulationen der Parallelwelttheorien, der fortgeschrittenen Weltraumphysik oder der Zeitforschung keineswegs.

Der Raumzeitlose: Angelo

Zum Abschluß dieses Buches werde ich eine Begegnung vom Herbst 1994 schildern, die ich noch immer recht verwirrend finde und für die ich bis heute keine wirklich befriedigende Erklärung gefunden habe. Hierzu aber erst noch eine kleine Abschweifung: Wenige Monate später stieß ich auf das in Amerika erschienene Buch *Abduction*, in dem der Psychiater und Harvard-Professor John E. Mack – neben einer ganzen Anzahl weiterer Fallstudien – eine Erfahrung dokumentiert, die Angelos Bericht in einigen Punkten ähnelt. Professor Mack hat in hypnotischen Therapiesitzungen seine Klienten befragt, die allesamt überzeugt sind, von Außerirdischen entführt und in deren UFOs einer Serie komplizierter und teilweise demütigender Untersuchungen unterzogen worden zu sein. Neben einigen ziemlich bizarren Details (die sich im wesentlichen um die alten «rassischen» Ideen drehen) stößt man in den hypnotischen Protokollen immer wieder auf die Überzeugung der «Entführten», daß die «Außerirdischen» keine in unserem irdischen Sinn verkörperten Kreaturen, sondern immaterielle «Lichtwesen» seien, Gestalten aus schierer Energie. Und ein einziger Gewährsmann des Autors – ein amerikanischer Maler und Kunstprofessor namens Carlos – bringt seine «Entführungserfahrungen» ausdrücklich mit Engelerlebnissen und einer ganzen komplexen angelologischen Welt in Verbindung, die in allen anderen Fällen keine Rolle zu spielen scheinen. Carlos' Bericht wirkt ziemlich glaubwürdig und in einigen Passagen aufwühlend, und obwohl man zunächst annimmt, seine intensive künstlerische Beschäftigung mit Engelmotiven habe seine Vision (oder Erfahrung) der «Außerirdischen» beeinflußt, verhält es sich in Wahrheit offenbar umgekehrt: Nachdem er bereits in frühester Kindheit unvergeßliche Begegnungen mit «Lichtwesen» hatte, hat er deren künstlerischer Gestaltung und kunsthistorischer Erforschung sein gesamtes Leben gewidmet. Seine Begegnungen mit Engeln, die malerische Auseinandersetzung mit Licht und Energie und schließlich sein Zusammentreffen mit den «Außerirdischen» stellt daher eine Serie zusammengehöriger Erfahrungen dar, die für ihn allesamt eines bezeugen: die Existenz einer immateriellen «höheren» Realität, der wir alle entstammen und in die wir nach unserem physischen Tod zurückkehren werden.

Wie bei Carlos, der an einer Atemwegserkrankung leidet, stehen auch Angelos Erfahrungen mit Lichtwesen in engem Zusammenhang mit einer lebenslänglichen *Krankheitsgeschichte*. Angelos bürgerlicher Name ist weitaus weniger spektakulär als sein aus Trutz und Schutz gewähltes Pseudonym, aber in seinem himmlischen Decknamen drückt sich nicht nur eine gewisse Exzentrik aus (die sicherlich auch), sondern mehr noch ein berechtigter Anspruch: Nie zuvor bin ich einem Menschen begegnet, der die Existenz und Präsenz von Engeln als so selbstverständliche Wirklichkeit erfährt wie er. Angelo, heute achtundzwanzig Jahre alt, studiert Philosophie und Theologie in einer belgischen Großstadt.

Seit seiner frühen Kindheit leidet er an einer unheilbaren
Herz-Lungen-Krankheit, und nach allen ärztlichen Progno-
sen beträgt seine Lebenserwartung höchstens noch zwanzig
Jahre. Mehrmals befand er sich an der Schwelle des Todes,
doch die heimtückischen Erstickungsanfälle, die ihn seit seinen ersten Lebensjahren heimsuchen, sind für ihn seit jeher
«doppelbödige, nein, bodenlose Erfahrungen», wie er sagt:

Während ich furchtbare körperliche Qualen leide
(Herzstechen, Lungenschmerzen, Hustenkrämpfe),
fliege ich wie ein Vogel aus diesem hinfälligen Körper
heraus und bin frei – frei von Leid und Schmerzen,
frei von Fleisch und Angst, überhaupt von allen

Apokalypse, Holzschnitt, 15. Jhdt.

Grenzen befreit. Jeder erklärt mich für verrückt, wenn ich das sage, aber mir ist dann jedesmal, als ob ich *nach Hause* zurückkehren würde.

Tatsächlich hat Angelo einige üble Erfahrungen mit der Psychiatrie gemacht, nachdem seine Eltern, als er vierzehn, fünfzehn Jahre alt war, zu dem Schluß gekommen waren, daß ihr Sohn an Anfällen «pubertärer Verrücktheit» leide. Anders als der erwähnte Professor Mack hatte ich keine Gelegenheit, meinen Gewährsmann durch psychologische Fachleute untersuchen zu lassen. Aber ich darf versichern, daß Angelo, mit dem ich über Monate hinweg ausführliche Gespräche geführt habe, auf mich den Eindruck eines äußerst sensiblen, hochintelligenten und geistig durchaus gesunden jungen Menschen gemacht hat. Allerdings ist er aufgrund seiner Erfahrungen mit borniertem und tyrannischen Psychiatern und gewissen zynisch-spottlustigen Mitmenschen sehr auf seine Anonymität bedacht. Ich war daher betrübt, aber nicht sonderlich überrascht, als er mir zwar erlaubte, seine Erfahrungen für mein Buch zu verwenden, kurz darauf jedoch den Kontakt zu mir abreißen ließ. Dies ist sein Bericht von einer Engelbegegnung, die etwa aus seinem neunten Lebensjahr datiert:

> Ich bekam einen dieser Anfälle und war kurz davor, das Bewußtsein zu verlieren. Ich erinnere mich, daß ich furchtbare Angst hatte und Schmerzen, als ob meine Brust zerreißen würde. Plötzlich schoß ich aus etwas Weichem, mich Umschmiegendem hervor, um mich herum wurde es gleißend hell, und ich spürte, daß ich von schwebenden Lichtwesen umgeben war. Ich wurde von einem intensiven Glücksgefühl überwältigt – keine Schmerzen mehr, keine Beklemmungen, keine Hustenkrämpfe ... keine *Schwere* ... Erst allmählich dämmerte mir, daß ich hier schon so oft gewesen war, daß ich meinen Körper verlassen hatte und daß dies hier meine eigentliche

Heimat war. Hier kam ich her, aber es war so lange
her, und in meinem Bewußtsein war nur eine ferne
Erinnerung. Alles um mich herum war Licht, Energie,
und auch ich selbst … Ich war in meinem Körper,
ich sah genauso aus wie sonst, aber ich war nicht aus
Fleisch, ich war ein Wesen aus Licht *wie sie.*

Ich befürchtete, daß meine Frage töricht klingen würde, aber
ich fand sie wichtig genug: Wo hielt sich Angelo während
dieser Erfahrung (oder Vision) auf? Hatte er den Eindruck,
unter der Zimmerdecke zu schweben wie die Zeugen von
Kübler-Ross und Moody, die uns durch naturalistische Schilderungen aus Operationssälen verblüffen?

Ich habe mein Leben lang darüber nachgedacht, und
ich weiß jetzt, daß wir, wenn wir unseren physischen
Körper verlassen, gleichzeitig aus all dem heraustreten,
was wir «Realität» nennen. Stell dir vor, daß dein
Mund sich öffnet und die Seele herausfliegt – wie auf
den alten Bildern –, und im gleichen Moment fliegt
sie durch einen Riß in dem Zelt aus Raum und Zeit,
das uns normalerweise so fest umschließt. Ich will
nicht sagen, daß die Erde *verschwindet,* wenn wir
unseren Körper abstreifen und sie nicht mehr mit
unseren physischen Sinnen wahrnehmen. Aber sie
wird unsichtbar, oder sie *verwandelt* sich … Wenn
ich meinen Körper verlasse, verlasse ich sofort auch
diese Erde und bin in einem ganz anderen Raum,
ohne Materie, alles ist nur Licht und Musik und
Gefühle, viel intensiver als hier, nicht gedämpft …
ohne Sprache, ohne Gedanken, denn alles, was
man denkt, was man fühlt, *existiert* …

Am ehesten, sagt Angelo, könne man «den Raum», in dem
er sich sofort nach seinen Austritten aus seinem Körper befinde, «mit diesen kindlichen Vorstellungen vom Himmel
vergleichen» – «als ob die Kinder und ganz früher die Seher

immer schon recht gehabt hätten und alles, was nachher kam, das Erwachsenwerden des einzelnen und der Menschheit, nichts als ein Irrweg war».

> Der Kosmos, aber nicht als kalter, schweigender Weltraum, sondern als blinkender, gleißender, klingender Himmel, ohne Schwere, ohne Schmerzen, ohne Angst ... Man fliegt dort herum, aber es ist ganz anders, als auf der Erde zu fliegen, man schwebt und ist ein Teil von allem, was um einen herum ist. Ich weiß, daß ich dorthin gehöre. Von dort komme und dorthin zurückkehren werde. Immer wieder. Und irgendwann für immer.

Aufgrund dieser «Körperaustrittserfahrungen» – wie er das Phänomen nicht ohne Selbstironie nennt – ist Angelo zutiefst davon überzeugt, daß unser irdisches Leben nur eine kurze Etappe «zwischen den Raumzeitlosen der Seligkeit vorher und nachher» darstellt.

> Ich *weiß*, daß und wo wir sind, bevor wir geboren werden, und wohin wir nach dem Tod zurückkehren werden. So viele Menschen haben es vor mir erfahren, und viele haben es besser beschrieben, als ich jemals könnte: Wir alle sind Wesen aus Licht, wir alle sind immer schon dort gewesen, und wir alle haben die Aufgabe, einmal auf der Erde zu leben und dann dorthin zurückzukehren. Geboren werden, Wiedergeburt ... Ich habe gelesen, was du mir gegeben hast (Carlos' Berichte aus dem Buch von Professor Mack), aber ich kann das so nicht bestätigen. Er schreibt, die Rückkehr in den physischen Körper sei für ihn etwas «Ekliges», wie das Eintauchen in eine fettige Substanz, aber das ist nicht so, nicht bei mir. Ich habe erfahren, immer wieder, daß Fleisch und Licht ein und dasselbe sind. Wenn du zurückkehrst, in deinen Körper, verwandelt sich auch dein Fleisch für einen unmerk-

Schutzengel von Stefan Lochner, 15. Jhdt.

lich kurzen Moment in Energie. Wie wenn ein Lichtpfeil in eine glühende Wolke eindringt, und das ist – die Heilung. Ich weiß, damit soll man vorsichtig sein, aber ich glaube nicht, daß die Ärzte, die Medizin mir jemals geholfen haben. Es ist die Rückkehr, das Fleisch wird in diesem kurzen Moment intensiv mit Energie durchstrahlt. Verwandelt. Als würde der Körper vollkommen neu aufgebaut, jede Zelle, und danach fühle ich mich monatelang, oft ein ganzes Jahr lang völlig gesund, ohne Anfälle, ohne Beschwerden, «berstend vor Energie», wie man sagt.

Angelo ist, wie erwähnt, durch seine bis in die frühe Kindheit zurückreichenden Engelbegegnungen auf die reiche Tradition der Angelologie und die üppige Überlieferung der Engelvisionäre gestoßen. «Ich wußte von den Lichtwesen, *ich wußte, daß ich selber eines bin,* bevor ich überhaupt sprechen konnte und bevor ich erfuhr, daß es in Kirchen und Museen Engelbilder gibt.» Natürlich sei er nie einem Engel mit Flügeln, weißem Hemd und Harfe begegnet, fügt er lachend hinzu, aber er habe diese Bilder auch immer als «rührende Versuche» gesehen, mit unseren irdischen Mitteln darzustellen, was anders überhaupt nicht begreiflich zu machen sei.

Im Alter von achtzehn Jahren – also vor ziemlich genau einem Jahrzehnt – machte Angelo zum erstenmal die Erfahrung, daß er mit den Lichtwesen in Kontakt treten konnte, auch wenn er nicht an einem aktuellen Erstickungsanfall litt. Es war Sommer. Er ging in einem Park in seiner Universitätsstadt spazieren, und die Wiesen und Wege ringsum waren voller Menschen, die herumschlenderten, in der Sonne lagen, sich mit Ballspielen vergnügten.

Plötzlich war ich weg. Etwas saugte mich aus diesem Park heraus. Unmittelbar vorher war ich neben einem Baum stehengeblieben und hatte – ohne zu wissen, warum – direkt in die Sonne gesehen. Eine Lichtwolke schien auf mich zuzuwirbeln, sie sackte durch

die Bäume und umschloß mich, und dann war ich …
Ich weiß noch, wie ich aufstöhnte: O Gott! Ich war
in einem Raumschiff. Dabei fand ich diesen ganzen
UFO-Quatsch immer peinlich, Aberglaube für die
Fitneß-Generation. Es war eine Art Schleuse, ich weiß
nicht, ob schon im Raumschiff oder zwischen der
Erde und dem Schiff, aber ich wurde durch diese
Schleuse gesogen oder wehte hindurch, immer
schneller, und plötzlich begriff ich – die Verwandlung,
es war … wie immer: das Licht.

Und doch war es diesmal anders. Die «Verwandlung», oder
die «Körperaustrittserfahrung», stockte sozusagen auf halber
Strecke, und er spürte «ein Kribbeln, ein Wirbeln, eine pul-
sierende Hitze überall in meinem Körper», als wäre in jeder
Zelle ein «winziges gleißendes Licht angeknipst» worden.
Sein Gewebe «vibrierte», er spürte die Schwingungen, «und
ich begriff, daß ich ‹nicht Fisch, nicht Fleisch› war», auf hal-
bem Weg zwischen «irdischem Körper und Licht».

Ich trat aus der Schleuse heraus. Um mich herum sah
ich in Umrissen das Innere eines Raumschiffs:
Armaturen, Displays, rotierende Lichterketten, auch
Gesichter, Personen vor Monitoren, aber dies alles war
durchsichtig, wie ein Schleier, wie eine Illusion … Und
dahinter sah ich, ineinander geblendet, *beides*, unsere
irdische Welt und den Kosmos, tief, schwingend,
wunderbar – und ich verstand. Ich hörte die
Botschaft, ich nahm sie auf, es war wie Stimmen, wie
Gedanken, beides zugleich: *Diese Raumschiffe sind nur
Bilder, auch sie sind Bilder, wie die geflügelten Engel, all
das und immer schon, um den Menschen zu helfen, als
Brücke, obwohl es all das in Wirklichkeit nicht gibt …*

Dann sei er in dem Park wieder zu sich gekommen – «zurückgekehrt» –, unter dem Baum, in die Sonne starrend, und
«in meinem Kopf klang noch die Botschaft nach».

Grabengel, Mailand

«Welche Botschaft?» fragte ich.

Es war gegen Ende meines letzten Gesprächs mit Angelo.
Er sah mich an. Ich sollte gestehen, daß sein Blick mir nicht
behaglich war. Es war ein glühender, ekstatischer Blick, und
dazu Angelos Lächeln: viel zu *weise* für sein Alter, ironisch-
wissend, aber auch resigniert.

«Geh», sagte Angelo leise, «und erzähle den Menschen,
was du gesehen hast ...»

Ich nickte – eine seltsame, beklemmende Sekunde –, als
hätte *er mir* diesen Auftrag erteilt. Wenig später ging er, und
ich verstand: Von seiner Seite war alles gesagt.

Es mag sein, daß ich mit diesen Blättern versucht habe, den Auftrag auszuführen. Angelo, wo immer du heute sein magst – dir widme ich dieses Buch.

«Geh und erzähle den Menschen ...»

Florenz, im Juni 1995

Anhang

Bibliothek der Engel

Engel in der Heiligen Schrift

Die Apokryphen. Verborgene Bücher der Bibel. Augsburg 1994

Die Bibel. Gesamtausgabe. Einheitsübersetzung der Heiligen Schrift. Stuttgart/Klosterneuberg 1982

Engel in Vision und Angelologie

Angelo: Der Raumzeitlose. Gesprächsprotokolle des Autors (unveröffentlicht)

Blawatsky, Helena Petrowna: Die Geheimlehre. Eine Auswahl. Calw 1987

Eggenstein, Kurt: Der Prophet Jakob Lorber (Textauszüge und Kommentar). Düsseldorf 1991

Hildegard von Bingen: Scivias – Wisse die Wege. Salzburg[3] 1955

Pseudo-Dionysios Areopagita: Über die himmlische Hierarchie. Stuttgart 1986

Swedenborg, Emanuel: Himmel und Hölle. Zürich 1977

Thomas von Aquin: Summa Theologica. Heidelberg 1951ff.

Engel in Dichtkunst und Philosophie

Baudelaire, Charles: Die Blumen des Bösen. Neuwied/Berlin 1962

Bernhard, Thomas: Frost. Frankfurt/M. 1963

Borges, Jorge Luis: Werke in 20 Bänden (Bd. 17). München 1993

Carmichael, Alexander: The Sun Dances. Edinburgh 1977

Cocteau, Jean: Der Engel Gabriel im Dorf. In: Die französische Weihnacht. Zürich 1974

Droste-Hülshoff, Annette von: Werke. Tübingen 1985

Engel. Texte aus der Weltliteratur. Hrsg. v. Anne Marie
    Fröhlich. Zürich 1991
Engelwirken – Engelspuren. Engel in Kunst und Dich-
    tung. Hrsg. v. Gudrun Stoewer. Dornach 1992
Goethe, Johann Wolfgang von: Werke (Bd. 3). Mün-
    chen 1988
Haffman's himmlisches Hausbuch der Engel. Hrsg. v.
    Mara Mauermann. Zürich 1993
Hebel, Johann Peter: Werke (Bd. 3). Berlin o.J.
Jean Paul: Siebenkäs. Stuttgart 1988
Kafka, Franz: Sämtliche Erzählungen. Frankfurt/M. 1970
Lasker-Schüler, Else: Sämtliche Gedichte. Kempten 1966
Literary Angels. Hrsg. v. Harriett Scott Chessman. New
    York 1994
Meyer, Conrad Ferdinand: Sämtliche Werke. Bern 1963
Milton, John: Das verlorene Paradies. Stuttgart 1968
Newman, John Henry: Gebetbuch. München 1928
Pascal, Blaise: Gedanken. Leipzig 1955
Prohn, Timo: Verbannt. Unveröffentlichtes Manuskript
Remisow, Alexej: Stella Maria Maris. Stuttgart 1929
Rilke, Rainer Maria: Sämtliche Werke. Wiesbaden 1955
Rossetti, Christina: Complete Poems. London 1988
Sachs, Nelly: Gedichte. Frankfurt/M. o.J.
Shelley, Percy Bysshe: Gedichte. Heidelberg 1958
Trakl, Georg: Dichtungen und Briefe (Bd. 1). Salzburg
    1987
Voltaire: Handbuch der Vernunft. Zürich 1945
Walser, Robert: Das Gesamtwerk. Zürich/Frankfurt/M.
    1978
Wundersame Geschichten von Engeln. Hrsg. v. Felix
    Karlinger. Frankfurt/M. 1989

Engel in der Theologie

Barth, Karl: Die Lehre von der Schöpfung. Zürich 1950
Bonhoeffer, Dietrich: Von guten Mächten. München 1976
Bulgakov, Sergej: Die Jakobsleiter – L'Echelle de Jacob.
    Lausanne 1987

Bultmann, Rudolf: Neues Testament und Mythologie.
  In: Kerygma und Mythos, hrsg. v. Hans Werner
  Bartsch. Hamburg[3] 1954
Eissfeldt, Otto: Einleitung in das Alte Testament. Tübin-
  gen[4] 1976
Hase, Carl-August: Gnosis oder protestantisch-evangeli-
  sche Glaubenslehre (Bd. 1). Leipzig 1869
Hierzenberger, Gottfried: Die Boten Gottes. Helfer der
  Menschheit, biblisch gesehen. Wien 1990
Johannes Paul II.: Die Engel. Stein a. Rh. 1988
Köberle, Adolf: Biblischer Realismus. Wuppertal 1972
Neues Handbuch Theologischer Grundbegriffe. Hrsg. v.
  Peter Eicher (Bd. 1). München 1984

Engel in neueren Publikationen
Adler, Gerhard: Die Engel des Lichts. Stein a.Rh. 1992
Anderson, Joan Wester: An Angel to Watch Over Me.
  New York 1994
Angels. The Mysterious Messengers. Hrsg. v. Rex
  Hauck. New York 1994
Daniel, Alma, et al.: Frag deine Engel. Ein praktischer
  Ratgeber für die Zusammenarbeit mit Engeln. Frank-
  furt/M. 1994
Gabelein, A.C.: Die Welt der Engel. Dillenburg 1986
Ginner, Franz: Das Engelbuch. Unterweitersdorf 1994
Giovetti, Paola: Engel. Die unsichtbaren Helfer der Men-
  schen. Genf 1991
Gordon, Anne: A Book of Saints. New York 1994
Godwin, Malcolm: Engel. Eine bedrohte Art. Frank-
  furt/M. 1991
Kübler-Ross, Elisabeth: Über den Tod und das Leben
  danach. Neuwied 1994
Mack, John E.: Abduction. Human Encounter with
  Aliens. New York 1994
Masello, Robert: Fallen Angels and Spirits of the Dark.
  New York 1994

Moody, Raymond A.: Leben nach dem Tod. Reinbek
    bei Hamburg 1993
Moody, Raymond A.: Das Licht von drüben. Reinbek
    bei Hamburg 1989
Taylor, Terry Linn: Die Engel waren zur Stelle. Grafing
    1994
Tyler, Kelsey: There's an Angel on Your Shoulder. New
    York 1994

Quellenverzeichnis

Texte

Bonhoeffer, Dietrich: Von guten Mächten. In: Widerstand und Ergebung. (KT 100). Chr. Kaiser/Gütersloher Verlagshaus. Gütersloh, 15. Auflage 1994

Borges, Jorge Luis: Der Engel. In: Werke in 20 Bänden (Bd. 17). Carl Hanser Verlag GmbH. München 1993

Cocteau, Jean: Verkündigung. In: Französische Weihnacht. Verlags-AG Die Arche. Zürich 1974, 1986

Lasker-Schüler, Else: Gebet. In: Sämtliche Gedichte. Kösel Verlag. München 1966

Rilke, Rainer Maria: Da ist der Engel, der den Ringern …, Jeder Engel ist schrecklich, Argwohn Josephs. In: Sämtliche Werke. Insel Verlag. Frankfurt am Main 1955

Rossetti, Christina: O Luzifer, Sohn des Morgens. In: Engel. Texte aus der Weltliteratur. Manesse Verlag. Zürich 1991

Sachs, Nelly: Der Metatron, der höchste aller Engel. In: Fahrt ins Staublose. Suhrkamp Verlag. Frankfurt am Main 1961

Walser, Robert: Der Engel. In: Das Gesamtwerk. Suhrkamp Verlag. Zürich/Frankfurt am Main 1978 (mit Genehmigung der Inhaberin der Rechte, der Carl Seelig-Stiftung, Zürich

Abbildungen
Victor von Brauchitsch, Bad Vilbel: S. 42, 53, 244
Christian Gorny: S. 74
MAGAZIN – Die Bildagentur, München: S. 28, 56, 84,
   137
Isolde Ohlbaum, München: S. 38, 138, 211

Wir danken den genannten Rechteinhabern und Fotografen
für die Genehmigung zum Abdruck.
In den Fällen, in denen es nicht möglich war, die Rechtein-
haber zu eruieren, konnte ausnahmsweise keine Abdrucker-
laubnis eingeholt werden. Honoraransprüche der Autoren
oder ihrer Erben bleiben gewahrt.